〔日〕**宫嶋博史** —— 著

戴琳剑 甘沁鑫 曲向楠 —— 译

从韩国到东亚

CONG HANGUO DAO DONGYA

宫嶋博史的东亚史新解

人文东亚研究丛书

牛建科 主编

邢永凤 李海涛 副主编

中西书局

"人文东亚研究丛书"
总　序

　　本丛书既以"人文东亚研究"命名，就有必要首先阐明我们对"人文东亚"的理解和把握。

　　关于"人文"的理解，我们接受学术界对这一概念的界定，因此不展开讨论。以下稍微展开一下我们对"东亚"概念的把握。关于"东亚"概念，学术界有地理概念（广义和狭义）和文化概念之分，而无论是地理意义上的东亚，还是文化意义上的东亚，在近代以前，可以说基本上都是指以中国为中心的中华文明及其所辐射的周边区域。这种意义上的"东亚"，呈现出文化的同源性与一体性的特征。近代以来的东亚，由于西方文化的冲击以及战争等原因，则主要呈现出差异性和多元性的特征。并且由于种种原因，也曾有"隔阂的东亚"的说法。

　　其实，从语源学的角度来考察，"东亚"一词最早起源于日本近代学术界，它是从欧洲人文学科的视角出发而被发现的一个概念，"所谓'东亚'，指包括作为文明起源的中国，以及与中国构成同一个文明圈的朝鲜、日本等地域，可以称之为中华文明圈"。而作为文化上区域概念的"东亚"，"乃是一个在以中国为中心的文明圈里，通过从中国以外的国家、地区来观照此文明的新型学术视角而构筑的文明论或文化史概念。这里所谓'新型学术视角'，即成立于欧洲而日本最先接受过来的历史学和考古学，以及文献学、文化史学、宗教史学、艺术史学等。这样，在 20 世纪的早期已经获得这些学术视角的近代日本，率先建立了

1

文明论或者文化史上的'东亚'概念"。[1] 不过，直到第二次世界大战结束，被近代日本学术界所建构的"东亚"概念，不仅仅是一个文化历史概念，它同时还是一个"历史的政治性概念，而绝非单纯的地理概念"[2]。也就是说，追根溯源的话，我们今天所使用的"东亚"概念，是一个被近代日本学术界所建构，并逐渐带有特殊时代背景及意识形态色彩的概念。

20 世纪 80 年代末，随着"冷战"结束，在重建世界新秩序的过程中，围绕着自身的定位问题，日本学术界开始将"亚洲"或"东亚"作为重要问题加以重构；而在 20 世纪 90 年代的韩国学术界（知识界）也兴起了"东亚论"，试图超越国家层面来思考地域之间的实际情况，具有了"何为东亚"的问题意识。这些思潮中有关"东亚"的理解，越来越具有一种去意识形态化的趋势，并作为一个区域文化的概念被使用。因此，学术界也有"文化东亚"的说法，我们觉得"文化东亚"是一种对既有状态的描述，尚缺乏把"东亚"作为一种方法的视角。而"人文东亚"则是在承认"文化东亚"的基础上，运用人文的方法对"文化东亚"进行研究和探索，以期在对既有状态进行描述的前提下，对理想状态进行一种尝试性的建构。这是我们将本丛书命名为"人文东亚研究丛书"的初衷。本丛书由"翻译"和"研究"两个系列组成。即将推出的是"翻译"部分，待时机成熟再推出"研究"系列。

诚如学术界的通常理解，"文化东亚"主要指中国、朝鲜、韩国、日本、越南，其中以中、日、韩为主体。作为文化上的"东亚"，在古代以儒释道及巫俗思想来认识和理解世界、社会与人的生活。而进入近代以来，面对西学的冲击，在如何实现传统向现代的转换过程中，东亚各国所选择的道路大相径庭。究其原因，当然有境遇的不同使然，但文化上或思维上的不同，应该是最为根本的。因此，为了真正把握东亚看

---

[1] 参阅［日］子安宣邦著、赵京华译：《近代日本的亚洲观》，北京：生活·读书·新知三联书店，2019 年，第 122 页。
[2] ［日］子安宣邦著、赵京华译：《近代日本的亚洲观》，第 56 页。

似相同的文化背后更为本质的区别，我们试图打破文史哲的学科界限，在大人文的视野下来思考东亚世界。

"人文东亚研究丛书"，旨在从哲学、宗教、历史、文学、民俗等多个角度来认识东亚世界，推动对东亚的跨学科式研究，展现学界的最新研究成果或有特点的研究成果。这既是与早期日本学术界有关"东亚"的研究在方法上保持了一定的连续性关系，更是在当代学术语境下对带有特殊历史性色彩的"东亚"研究的超越。更希望能够发挥人文东亚的精神，为实现东亚的共同理想做出我们的努力。

出于组织翻译本丛书的具体语境和目的，"人文东亚研究丛书·翻译系列"主要选译的是日本、韩国学界的名作或两国著名学者的代表作，还有欧美学者有关日韩研究的力作，目的在于加深对中国两个最重要邻居的进一步理解。这也与当前我国大力发展区域与国别研究的目的一脉相承。从选译范围来看，主要是对日、韩两国及对东亚的整体性研究，其内容大体上涉及日、韩两国的佛教研究、儒学研究，日本的神道研究、哲学研究，等等；还涉及日本与韩国的社会学、民俗学、考古学等相关研究。另外，以"他者"视角，关注欧美学者眼中的"日本学"等研究成果也是本丛书的一大特色。"人文东亚研究丛书"，既传承经典，又激励创新，更希望推出多学科相互交叉的综合性研究成果。希望本丛书能为学界带来一抹新绿，也能为大家的学术研究提供一定的支持和帮助，更希望得到学界同仁的支持与厚爱。

组织出版本丛书的另一个缘由是，山东大学的东方哲学研究（尤其是日本哲学研究）素有传统。20世纪80年代，山东大学哲学系就成立了东方哲学教研室，是国内为数不多的东方哲学教研室之一。同时，山东大学还成立了国内较早的日本研究中心，其后，又成立了韩国研究中心。改革开放四十年来我国所取得的经济社会发展成就，以及随着全球化时代到来而产生的各种挑战，使以中国、日本、韩国等国家为核心的东亚地区的重要性日益提升。另一方面，改革开放以来，国内哲学、宗教、社会文化方面的研究越来越重视欧美地区、重视"西方"的研究成果，而在国际上具有重要影响力的东亚区域的研究还未得到应有的重视，相关研究成果的译介也需要进一步加强。

有鉴于此，山东大学哲学与社会发展学院刘森林院长，着力倡导在发挥山东大学传统优势学科引领作用的前提下，致力于发展以哲学与宗教文化为中心、跨学科、以东亚整体为对象的东亚研究，力争通过五到十年的努力，恢复山东大学在日本、韩国的哲学、宗教文化研究方面的传统优势地位，并希望通过对以中国、日本、韩国为主的东亚作跨学科的整体性研究，提升山东大学哲学与宗教等相关学科的国际国内知名度，为学科建设和人才培养作出重要贡献，取得更大成就。因此，"人文东亚研究丛书"，既是对山东大学学术传统的继承，也是在新形势下对这种学术传统的进一步发扬，是历史与现实的一种有机结合。

之所以出版本丛书，除了时代的需求和学术传统的机缘外，还要特别感谢我校哲学系 80 级校友、湖北贤良汽车投资有限公司董事长胡为胜先生的慷慨捐助，是胡为胜校友的善举，才使这一研究计划得以最终实现。

"人文东亚研究"编委会
牛建科代笔
2020 年 10 月

中文版序

不知是否命运使然，甲辰龙年至今已有两部拙稿在中国汉译付梓，分别是原刊行于 1995 年之《兩班：李朝社會の特權階層》（"中公新书"，东京：中央公论社）和与岸本美绪教授共著之 1998 年版《明清と李朝の時代》（东京：中央公论社），两种译稿分别由中西书局（《兩班：朝鲜王朝的特权阶层》）和贵州人民出版社（《明清与李朝时代》）出版发行。两部作品问世已二十五年有余，却又机缘巧合在同一年被译介至中国。而今"三喜临门"，连 2013 年刊于韩国之《我的韩国史学习（나의 한국사 공부）》也即将与中国读者见面，于我而言，欣喜之余不免受宠若惊。抑或这暗示了中国国内开始更为关注韩国以及东亚？我对此饶有兴致。

迄今为止，我一直以韩国史为中心开展研究，同时兼顾包括中国史、日本史在内的东亚史。因韩国史在日本属于边缘学科之故，从研究生时期开始，我主要混迹于中国史研究者和日本史研究者中间。也因此，在发表与韩国史相关内容或撰写相关论文时，我常常推敲叙事方式，致力于让周围其他专业学者亦能产生共鸣。将韩国史与中国史、日本史进行比较遂逐渐成为一种研究习惯。毫不夸张地说，正是得益于这种习惯，我才能够提出"东亚小农社会论"。

"东亚小农社会论"旨在批判旧有通说，即把东亚传统社会视作封建社会；同时呼吁跳出西欧中心主义来把握东亚的独特性。距离最初提出该主张已过去了三十年，但我个人对于该理论而今的有效性和生命力依然信心满满。真心期待中国读者的批判与高见。

最后借纸一方，向将本书译成中文并积极推进出版的戴琳剑、甘沁鑫、曲向楠三位老师深表谢忱。

宫嶋博史

2024 年 4 月 28 日于首尔

译者说明

为使读者更好地理解本书内容，在此对部分书中用语作如下说明。

一、书中出现的"韩国"一词，在不同语境下或指 1948 年成立的大韩民国，或指南北分裂之前的整个朝鲜半岛。

二、韩国学界通常将朝鲜半岛历史上的高丽王朝时期（918 年—1392 年）及朝鲜王朝时期（1392 年—1910 年）分别称作"고려시대（高丽时代）"和"조선시대（朝鲜时代）"；本书对此分别译作"高丽时期"和"朝鲜时期"。

三、对于韩国历史上的土地和户籍账本，韩国学界通常分别称作"토지（土地）대장"和"호적（户籍）대장"，其中"대장"的对应汉字有两种用法：一作"大帐"，二作"台帐"。本书对于"대장"的译语一律取"大帐"。[1]

四、关于"유교（儒教）"一词，除了在引文原文中出现时予以保留以外，其余情况根据不同语境一律译作"儒学"或"儒家"。

五、对于第一人称的译法，在第一章、第三章、第十二章中译成"我"，其余章节中译成"笔者"，这是考虑到上述三章内容较之于其余

---

[1] 目前学界对于此两种用法处于混用状态，未加区分。按韩国国立中央图书馆、韩国国立中央博物馆所藏户籍资料，其书皮上多记为"大帐"；但辞典中亦将"土地台帐"和"户籍台帐"两种用语收入，且未阐明其来源。按李卲昡之言，"大帐"与"台帐"的混用，源于"台帐"一词在辞典上的含义，以及在相关研究初期，权威网站建立史料数据库时对于"台帐"一词的使用（［韩］李卲昡：《朝鲜后期户籍的文献学检讨（朝鲜 後期 戶籍의 文獻學的 檢討）》，韩国高丽大学国语国文学科博士学位论文，2016年，第 19—21 页）。此问题涉及"台帐"一词在朝鲜半岛的传入始末，此处按下不表。

1

部分更偏向于随笔性质的缘故。

六、脚注中的韩文文献一律译成中文（在参考文献中会标示原文），日文文献直接使用原文标示；其中引用文献格式不一致或存谬的部分全部由译者加以校订并统一。

目　　录

前　　言

现今我们生活的家园——地球，正面临着巨大的考验。每天有许多国家的孩子因极度贫困所造成的营养失调而死去；而就算在世界的另一角——在支配着世界上大部分财富的所谓的发达国家里，人们也在无休止的竞争当中处于疲惫不堪的状态。身处这样的时代，历史学能做些什么，又应该做些什么呢？大概每一个历史学者都会苦恼于类似这样的提问吧。

本书汇集了本人最近十年间所执笔的论文。虽然各篇论文因不同的目的分别在各种不同的场合写成，但它们都是本人作为日本的韩国史研究者，在思考该如何应对当今人类所面临的时代性课题时的产物。从这个意义上来说，它们是一脉相通的。

面对时代性课题，窃以为自己能做且应该做的，可以归结为以下两点，这也是本人所希望承担起的责任：

第一是对于历史的认识，特别地，本人要批判迄今为止在东亚史的认识中仍占主流的理论框架——欧洲中心论，并希望同时能提出理解东亚和韩国史的新范式来替代前者；

第二是超越存在于日、韩两国之间的互为对立的历史认知，探索如何营造出能够相互尊重并相互学习的历史研究氛围。

这两个问题并不是互相独立的，因为以欧洲为中心的历史认识正是导致韩国与日本对立的重要原因。日、韩两国说不定是受到欧洲中心的近代主义影响最多的国家了。那么，找寻认识东亚历史的新理论框架，这或许正是我们探究人类的普遍性课题的终极目标。

基于上述问题意识，本人至今为止发表了不少论文；而本书中所汇集的，是其中特别为探索新的历史理解而执笔的一些部分。

第一部收录的是与东亚"小农社会论"——可以说这是促使本人重新构想东亚史的关键契机——相关的论文，以及本人在该文章写成前后问题意识变化的轨迹。换言之，这一部分相当于本人作为历史学者的一份简历。

第二部收录的是"小农社会论"的分论当中本人自认为非常重要的一些文章。其中通过探讨东亚各国在农业经营、土地所有、国家体制、身份制、统治阶层和家族史等方面的相同点和不同点，注重从新的角度来重新审视韩国历史上的朝鲜王朝时期。除此之外，本人也曾撰写过关于科举制度、农业技术等方面的比较史性质的论文，不过并未收于本书当中。

第三部主要以近代过渡期为对象，所收录的文章主要讨论的是如何理解作为小农社会的东亚与欧洲的近代的相遇过程。特别是第十一章中所提出的"儒家式近代"这一概念，将从根本上重新审视"近代"这一概念本身，以展示在"小农社会论"之后本人的思考所到达的阶段。第十二章与其他部分略显不同，虽是随笔形式，但窃以为其作为探讨历史研究与历史小说之间关系的文章，与今后一些重要的课题有所关联，故收录于此。

第四部与其称之为实证研究，不如说是本人对于今后韩国研究乃至东亚研究的方向性问题的一些相关思考。

本人最初是在经济史领域开启学术生涯的，但为了研究如上所述的各种课题，也不得不开始涉猎其他领域。读者读到书中内容时应该也会对此有所察觉。也正因此，在叙述上不免会出现疏漏未及之处。对此还望读者朋友予以谅解，并多有指正为盼。

本书得以顺利付梓，最该感谢本人如今所任职的韩国成均馆大学东亚学术院，感谢其良好的学术氛围以及周围优秀的学人同僚所给予的照顾。对于为本人能够执笔各篇论文提供各种机会的诸位师友，在此深表谢忱。另外，超越书库的李载民（音译）代表促成了本书的出版，对此一并表示感谢。

宫嶋博史
2013 年 1 月 1 日

第一部

批判东亚的欧洲模型论："小农社会论"

第一章　构思"小农社会论"之前[1]

一、我的研究经历：从东京到首尔

我是一名研究韩国史的日本人。当然，作为一个个体，一个出生并成长在日本——这个国度在文化上与韩国有诸多相似之处——并且希望生活在 21 世纪的个体，我着实拥有着与许多韩国学者相同的感知力和问题意识。但若作为在日本生活了 50 余年的日籍韩国史学者，毋庸置疑，在进行研究时也兼具不同于韩国学者的视角和思考方式。我在这方面强烈感受到自己与韩国学者的立场差异，因此在面对韩国史学界的各种争议时，或有无法站在韩国学者角度去感同身受的时候。但反过来，读者们所期待的，不应该正是我明确地从日本学者立场出发所发出的声音吗？

（一）加入"部落问题研究会"

我自高中以来就痴迷于历史，故大学入学之初便产生了进入东洋史学科[2]学习的想法。当时在东洋研究这一块领域，京都大学比东京大学更具名气，所以我便报考了京都大学并被顺利录取。但入学后，专业课未能激发我的兴趣，反而是之后参加的名为"部落问题研究会"的社

---

[1]　本文曾刊于《历史批评》（韩国）第 60 辑（高阳：历史批评社，2002 年）。当时受编辑部之托，他们希望我梳理迄今为止的个人研究履历、研究朝鲜时期以及土地调查事业的相关文章。我从日本东京大学离职后，自 2002 年 5 月开始任职于韩国成均馆大学东亚学术院。借此机会，我也决定将自己对于朝鲜后期历史样貌的思考，以及与土地调查事业相关的些许想法进行一番整理。

[2]　东洋史在日本学界特指中国史。——译者注

团活动让我十分热衷并倾身其中。部落问题在日本社会由来已久，指代遭受歧视的、所谓"未解放部落"（在职业和婚姻问题上一直受到差别待遇的地区，其起源至少可以追溯到德川幕府时期）的相关问题。这个社团虽然谓之研究会，实际上是一个以儿童会或青年会活动为中心的实践型社团。而在我的故乡大阪，所遗留下来的部落是最多的。可能加入"部落问题研究会"一事，也与我个人的成长环境有关吧！

进入大学之后，我不怎么去听课，只待在社团活动室，一到晚上就为了儿童会活动而去走访部落。此间渐渐开始对歧视问题产生兴趣，同时也开始关注在日韩人（朝鲜人）这一群体——因为他们很多人都生活在部落里。当时，在日韩人总联合会留学生同盟的办公室就在我们社团隔壁，所以偶尔也有机会与他们聊天。

大学二年级时，日本爆发了"大学斗争"（20 世纪 60 年代末日本大学爆发的学生运动，揭露了大学的民主化等问题，学生之间的暴力对抗也很严重）；等到大学三年级结束时，课程基本都停了。虽然这段时间我在东洋史学科的生活与上课无关，但大三结束后亦不得不思考未来该何去何从。之后我就像高中时迷上推理小说一样爱上了历史书籍，并在学习部落历史的过程中意识到，历史研究不单单是研究过去，同时也需要与当下紧密相连。因此我开始思考：是继续留在东洋史学科读研呢，还是选择与东洋史领域中的歧视问题最具关联性的韩国史作为研究方向？彼时读到许南麒的叙事诗《火绳铳之歌》，我在感动之余，也对韩国史产生了兴趣。

当时京都大学没有开设韩国史的相关课程，而文学部语言学科的课程中有韩语初级和中级课程。大四时，我一边修韩国语初级课程，一边学习基础语法，授课教师是就职于大阪外国语大学的外籍教授金思烨先生。不知是否是金先生羞于听到日本人不标准的发音，他除了让刚从韩国留学归来的藤本幸夫（现任富山大学教授）单独练习过之外，几乎没有让学生们进行过发音练习。因此，我的韩国语发音是很晚才习得的。

由于大三几乎没有上课，我放弃了四年内毕业的想法，第五年才开始学习。但由于毕业论文的主题定为"20 世纪 20 年代的劳动运动",而校内并没有人能对此进行指导,所以我最终是由朝鲜史研究会的安秉珆、姜在彦、井口和起等先生共同指导的。当时关于劳动运动的研究处于低潮期,在韩国也只有金润焕先生的论文,所以我自然而然需要参考朝鲜民主主义人民共和国的研究。当时首先开始的是翻译工作:借助辞典来翻译从井口先生处借来的《1920 年代马克思 – 列宁主义的普及和劳动运动的发展》([韩]金仁杰著)一书,辞典则是金思烨先生从韩国带回来的《精解韩日辞典》([韩]金素云编)。这本辞典我直到现在也还偶尔用到,在当时,1970 年发行的第 7 版的价格是 1 800 韩元。彼时韩元与日元的汇率是 1:3,故对于贫困的学生而言,韩国书籍的价格无异于天价。总之,得益于朝鲜民主主义人民共和国的研究和《东亚日报》的缩印本,我完成并提交了毕业论文,题为"1923—1925 年朝鲜劳动运动的历史意义"。虽然现在看来,这篇论文稚嫩青涩,但我也自此开启了学术生涯。

(二)研究生阶段

1972 年,我耗时五年毕业,但彼时"大学斗争"的余波未平,毕业论文答辩和研究生入学考试仍然无法使用文学部大楼,只能在校外进行。不仅如此,由于毕业典礼无法正常举行,毕业证书也只能改由学校办公室单独发放。尽管如此,我依然顺利毕业并升入了研究生院。犹记得刚入学时去系主任办公室,他告诉我:"宫嶋君,学习韩国史固然不错,但进高校就职这条路还是放弃吧。"尽管早有心理准备,但这句话仍不啻为晴天霹雳。彼时日本的大学当中,只有东京大学和天理大学有韩国史研究人员,因此系主任的话在当时是不无道理的。

考上研究生后,我的研究方向发生巨大的转变,契机则是我在日本史研究会近代史分科作有关毕业论文的报告时得到的批评与建议。当时有人指出,要研究殖民地问题的话,关于农民或农民运动的问题也许比劳动运动更为重要。我认为这非常值得参考,于是决定在攻读硕士学位期间研究农民问题，并开始私下看一些研究报告和材料。

硕士期间有三件事对我未来的研究方向产生了决定性的影响：1. 与中村哲先生的会面；2. 拜读金容燮先生的研究成果；3. 加入"中国农书研究会"。

虽然我在本科阶段就见过中村哲先生，但听他的课则是在读研入学以后。这堂课从日本帝国主义论出发，一直讨论到殖民地问题，并从阅读马克思文献开始一路延伸至经济学的基础和经济史研究方法，令人获益匪浅。不过，真正教人醍醐灌顶的还是金容燮先生的研究。我们的第一次会面是在朝鲜史研究会研究班的"甲申政变研究会"聚会上，当时我拜读了先生的量案（专指朝鲜时期土地账本的用语，参考第四章）研究，而自己也正在构思硕士论文的同时，开始着手研究大韩帝国末期日本统治下的地主制的相关问题。那时每天忙不迭地阅读刚寄到研究室的《东亚文化》，这些画面如今还历历在目。除此之外，农书的相关研究也对我产生了根本性的影响。

正当我期待金容燮先生的农书研究中出现新的研究方向时，恰巧东洋史研究室以研究生为中心举办了"中国农书研究会"，令我获益良多。尤其是讲读农书《齐民要术》（此书成书于 6 世纪中国的北魏时代，其中有对华北地区的农业的详细记述）时，我了解到了旱地农法（干燥气候地区出现的农耕方法，其核心技术是保存土壤中的水分；中国华北地区即运用了该农法，而《齐民要术》则是介绍该农法的农书之集大成者），这对日后理解韩国农业史而言颇有助益。

就这样，攻读硕士学位期间我开始寝馈书中，硕士论文则决定关注 20 世纪初实现日韩合并的过程，并将焦点置于农村经济的变动上。因为我认为，若对文学部人文地理学科研究室收藏的 1900 年前后的新式户籍——大韩帝国时期编写的户籍，又称"光武户籍"——加以利用并研究上面所记录的雇佣信息的话，说不定会有新的发现。于是读研第二年暑假，我利用 1910 年前后的统计年谱，对农业生产变动的庞大数据进行了计算——这得益于彼时刚问世的电子计算器，如果没有它，这项工作无异于天方夜谭。同时，我将一篇有关朝鲜后期农业技术的小论文作为附录，以此完成了硕士论文。

升入博士学习阶段之后，我首先修改了硕士论文并将其发表在杂志上，同时对土地调查事业[1]逐渐产生兴趣。想要研究殖民地农业问题，首先必须要掌握土地调查工作的实际情形。但是，当时连最基础的相关资料都十分缺乏，在这种情况下，具体研究无从下手。所以，我只能先尽可能地收集能得到的资料，此外别无他法。

博士第三年结束之后，正如系主任之前所说的，就业遥遥无期。因此，我暂时在韩晳曦先生——在日朝鲜人实业家兼基督教史学者——创办的青丘文库中做兼职，主要负责韩国相关书籍的收集与整理工作。在当时，就算是大学这样的研究机构，也并没有系统地收集整理过韩国史的相关资料。而我得以在工作之余遍览诸书，亦不失为一大幸事。

青丘文库兼职期间，我正式学习了韩国语发音和会话，但直到彼时为止仍未去过韩国。虽然当时赴韩本就不易，但我也一度自认为，应当读完了自己研究领域里的所有日本资料后才能赴韩。不过，一篇论文改变了这一想法。

博士课程结束两年后，我如愿进入日本东海大学工作，便准备搬往关东地区。一日，我接到了一通令人欣喜的电话，是京都大学时期的前辈金鸿植打来的。金兄的博士学位是在京都大学的农学部获得的，但他却是笔者唯一一位在韩国史方面可以与之畅所欲言的朋友。他回韩国之后失联甚久，不过偶然间，我在某杂志上发现了有关金兄任韩国温阳民俗博物馆馆长的报道，于是便写信给他，就此恢复了联络。而那通电话则是他到日本后打过来的。此后我们又见过几次，我从他口中得知韩国学界的新动向。有一次，他给了我一篇论文并叮嘱一定要仔细阅读。那篇论文就是李荣薰先生的博士论文。

---

[1] 土地调查事业是指 1910 年至 1918 年日本在殖民地朝鲜所展开的大规模国土调查工作，目的在于确保殖民地属性的土地所有关系。——译者注

该论文题目为"朝鲜后期土地所有的基本结构与农民管理"，文中竟然对金容燮先生的研究进行了全面批判。我一直将金容燮先生奉为标杆，而对他的批判于我而言无疑又是一大冲击。文中的批判基于对朝鲜时期量案的缜密分析。彼时我第一次深感赴韩的必要性：因为只参考日本的资料的话，根本无法研究土地调查事业，要想直接查阅量案就必须前往韩国。

二、意外的误解——殖民地近代化论者

（一）查阅量案

我第一次到达韩国的时间是 1987 年 3 月。赴韩之前，我自认为韩语尚且及格，然实际交流时才发觉听力不过关，也因此吃了不少苦头。于是，我决定白天在首尔大学的奎章阁阅读材料，晚上到酒馆练习韩语会话和歌曲。而每天带我去酒馆的人正是金兄——彼时他是庆熙大学教授。我学习韩语会话虽然起步较晚，但现在尚能说得过去，这都是得益于金兄的帮助。

当时奎章阁位于首尔大学图书馆一楼，想看量案的话需要借缩微胶片后到四楼阅览。我刚到韩国时，学生运动势头正劲，学生们每天都在图书馆前的广场上集会。《晨露》[1]这首歌一唱完，示威游行便马上开始，而警察发射的催泪弹也随之而来。当时坐在图书馆里看到这般场景，不得不反复自问：为什么要跑来这里做这个研究？以至于后来看到韩国的世界杯后援和烛光示威时，我总能回想起 1987 年 6 月的炽热。

回到量案的话题上。初次看到的量案所带来的欣喜出乎意料。从形式上看，大部分量案的样式是相似的；但细看便会发现，每个量案都有微妙差异，各具特色。于是我暗下决心，目之所及处尽可能地多浏览。

---

[1] 《晨露（아침이슬）》是 1970 年的韩国大众歌谣，最初由杨姬银演唱。——译者注

经过如此之查阅，我认为朝鲜时期的量案大体可分为三类：第一类是18世纪的庚子量案，第二类是19世纪后期即所谓开港期的量案，最后是1900年前后的光武量案。那么这种时期上的差别意味着什么呢？思考这个问题的同时，我也渐渐开始勾勒出土地调查事业的轮廓。

光武量案在区分量案之时能带来些许启示。虽然早在金容燮先生的论文中就见过它，但初次看到实物后，我才了解其中还存在两种不同类型，且记录了各块耕地的实际面积——这是之前的量案所没有的。那么之前的量案既然是土地账簿，为何没有记录面积呢？为解此惑，我认为需要从根本上重新考察量案的特征。

迄今为止，量案被看作地税征收的一般账簿，但其更为重要的功能，不应该是在分配收租权（代行国家征收地税的权力）上所起到的作用吗？举例而言，朝鲜时期的量案深受中国鱼鳞图册（明清时期的土地账本，详参第四章）的影响，其中按千字文顺序标示字号便是很好的例子；但鱼鳞图册的字号以区域为单位，而量案则是以每5结田为单位。我由此联想到，产生这种字号的原因在于需要以字号为单位来分配收租权。量案的三种类型的发展也可以从这一观点出发加以把握，即：在以分配收租权为目的的结负[1]制的解体之后，量案才开始向着测量实际面积的方向发展。

（二）关于土地调查事业

若从上述观点出发来评价土地调查事业，可以认为它的历史意义在于促使结负制变为町段步制（日本传统的土地面积单位，1町步约等于1公顷，1町＝10段＝300步，步等同于坪）的同时，终结了收租权的分配。结负制是旨在将土地所有与政治体制相结合的制度；而从这一点来说，我认为土地调查事业废除了结负制，是确立了近代土地所有制的

---

[1] 结负是朝鲜半岛历史上所特有的单位。负是粮食产量单位之一，另外还有把、束等（1负＝10束＝100把）；结是每产出100负粮食所需要的土地面积。所以结负不仅与土地实际面积有关，还与土地的等级有关。详参第四章。——译者注

一项工作。

查阅量案的过程中，我确信已经树立了理解土地调查事业的基本立场，所以后续工作就比较轻松了。在翻阅了韩国国立中央图书馆的土地调查事业相关资料后，我坚信，加上在日本收集的资料，一定能做出关于土地调查事业的新研究。而在韩国国立中央图书馆发现的、与《朝鲜土地调查纲要》和《课税地见取图》的诞生过程相关的书籍，也提供了关于土地调查事业实施过程的宝贵信息。因此，我第一次驻扎韩国就收获满满，其成果便是 1991 年出版的首部作品《朝鲜土地调查事业史研究（朝鲜土地调查事業史の研究）》（东京：东京大学东洋文化研究所，1991 年）了。

该书出版之后的 1991 年 4 月，我决定再次赴韩。此行有家人陪同，目的是为下一个课题研究做准备，需要更加详细地调查韩国资料，尤其是量案。不过，刚落地我就得知，我的书在韩国学界遭到了不少批判，其主要针对的是书中把土地调查事业视为实现近代化的一环这一立场。这令我倍感意外。

我所主张的是，土地调查事业虽然实现了韩国土地制度的近代化，但那并不是日据的影响，而是由于朝鲜时期已经进入了收租权式土地管理解体的过程，所以才可能实现。而日本实施这一政策，自然是为了更加有效地统治殖民地，绝非出于善意。不知为何，这一主张却被认为是对日本帝国主义的美化而遭受质疑。

立足于韩国史学界的主流观点之"内在发展论"（该论调认为韩国的历史大体上据其内生力量发展得来，而其目的在于批判日据时期日本学者所提出的"他律性论"和"停滞论"，即认为韩国历史是他律性的，缺乏内在自我发展的可能性）将土地调查事业的目的视为掠夺土地，这是一种自相矛盾的说法。因为农民的土地所有在朝鲜后期若有所发展，那么靠土地调查事业是无法轻易掠夺的，且该事业本身就会举步维艰。在我看来，认为土地调查事业让农民的土地大量流失，这种见解着实低估了当时的农民。我迄今依然无法理解自己的观点如何能与"美化日本帝国主义"画上等号,只能怀疑批评家们是否精读过书中内容了。

看待近代化的立场差异之大,这一点也令人印象深刻。我虽然将土地调查事业视为近代化政策,但其中只字未提对近代化本身的肯定。土地制度实现了近代化只是客观事实;我反而认为,相比于前近代,近代的统治可能是更加森严、更加恐怖。若只着眼于批判殖民地时期"日治"的暴力性和前近代性,则恐将忽略对近代本身的批判,同时这也不利于准确把握韩国在光复后与日本、美国之间的关系。

(三)最终归宿:成均馆大学

在 1987 年初次赴韩之前,我曾于 1981 年从日本东海大学调到东京道立大学,又于 1983 年 10 月调赴东京大学东洋文化研究所。虽然历经周转才求得教职,但也正因如此,我才能在一个更好的环境下从事研究工作。尤其是在道立大学两年半左右的时间里,我度过了最为充实的教授生涯,许多韩国史研究者参与研究生课程并展开了热烈讨论。如今日本的韩国史研究的中坚力量,如赵景达、大和和明(已故)、西田信治、並木真人、姜昌一、月脚达彦等人,彼时亦有加入,这对我而言助益良多。尤其是一同阅读开化派以及开化思想的相关论文,促使我对尚未涉猎的政治史和思想史领域产生了兴趣,同时也意识到在研究经济史时未曾感受的儒学思想的重要性。彼时对近代思想史的共识是:其开端始于实学思想,经过开化思想后发展至爱国启蒙运动。我不禁对此产生疑问:韩国难道没有自成一脉的思想史发展轨迹吗?基于此,我不得不思考在经济史研究中马克思主义发展阶段论的局限性,并立足于上述问题意识写了《朝鲜史研究与所有论》一文,借此开始了对韩国史发展脉络的新一轮探索。

进入东京大学东洋文化研究所后,授课压力减轻,而且长期的出国机会也有了相应保障。1987 年的赴韩之旅正是得益于此。东洋文化研究所有多位以亚洲为中心从事人文科学及社会科学研究的人员。那里的氛围不仅重视文献研究,而且重视田野调查,最吸引人的是还能与研究中国、东南亚、印度、伊斯兰等不同地区的其他专家碰撞出思想火花。上文言及的拙作的出版，也得益于研究所出众的研究条件。我对研究所有着不同于他人的留恋。而工作十年期间，那里的内内外外发生了许多改变，因教授们的工作繁忙，相互讨论的机会和之前的活跃氛围也都渐渐消失。在意识到研究所亟须改革之后，机构虽然也做了许多努力，但作为历史悠久的研究机关，改革绝非易事，个中艰难很快便浮上水面。

而从研究本身出发，我也开始思考，作为研究所中唯一一个研究韩国的人，又能有何种作为？尽管韩国是与日本关系最为紧密的国家，但日本国内的韩国研究领域不仅人数上比中国研究的少，而且研究环境也更为落魄。虽然相对于我的研究生时期而言改善了很多，但东洋文化研究所作为日本的代表性亚洲研究机构之一，其中研究韩国的只有一个人，这却是不争之实。这种情况不得不迫使人质疑研究韩国的学者的存在意义。同时，由于日常生活中接触的大部分人都不是研究韩国的，只能时常与研究中国、日本的学者讨论。这或许有助于开阔视野，但也令人倍感疲惫。我一直主张，东洋文化研究所内需要出现以包括中国、日本在内的东亚整体为对象而进行的研究，但这却得不到积极响应。

在此郁郁不得志之时，我收到了成均馆大学东亚学术院的邀请。对于主张从东亚视角出发研究韩国史的我而言，这是千载难逢的机会。众所周知，因为有关朝鲜时期的史料在韩国被大量发掘，其学术情报上的领先程度令日本望尘莫及。而且最为重要的是，对于研究韩国的人而言，能在研究对象本国开展研究确是至高无上之荣耀。承蒙东洋文化研究所的多年关照，做出离开的决定实属不易，但我几经考虑后最终决定前往成均馆大学。

另一方面，为了把握土地调查事业的历史地位，同样有必要与中国台湾和大陆地区的相关事业进行比较分析。东亚地区与其他地区相比，可以说其近代土地制度的确立相对较为顺利；从这一点而言，也需要重新认识东亚地区前近代社会的特征。总之，研究课题之繁多，让我意识到已经到了该跳出日本、走向更远的地步。

三、所谓"小农社会论"之假设

（一）土地调查事业的近代性与殖民地性质

对于从研究土地调查事业转而研究朝鲜时期历史的我而言，朝鲜时期作为土地调查事业的前提，是拥有自相矛盾的两面性的；这同时也是土地调查事业自身的两面性：近代性与殖民地性质。因此，在朝鲜时期历史研究中，如何从总体上把握这一两面性也是最大的难题。而对于迄今为止的历史研究方法本身，是否也有必要重新进行批判性的反思呢？"小农社会论"正是基于上述问题意识的产物。以下将简述该理论的基本框架以及相应的朝鲜时期历史的研究方向。

土地调查事业中所展现的近代性与殖民地性质，要从政治与经济两个方面来加以把握。尽管在政治上的体制变革以失败告终，但在经济上，不仅较为顺利地实现了所谓土地调查事业的巨大变革，而且之后的一系列经济、社会变化也都相当迅速。为了全面理解这一看似矛盾的现象，需要从根本上反思既有的历史理论和研究方法。因为在既有研究当中，无论是遵循马克思主义的还是批判马克思主义的，在涉及近代化问题时都预设了一个前提，即近代化是存在于政治和经济的不可分割的关系之中的。该前提的背后隐含着如下逻辑：近代化的基准需要从欧洲社会近代化的历史经验——从封建制社会到近代资本主义社会——中去找寻（日本近代史研究中也提出过"半封建制"理论，用以说明近代日本在政治、经济层面的矛盾，这亦是一种欧洲中心主义的体现）。

欧洲学界的最大课题，是如何克服其近代化进程中社会身份制的形成。从经济角度，尤其是土地所有的角度而言，如何废除贵族阶层的土地占有特权是十分重要的问题；而近代出现的议会，即可视为支持国王的全国课税权的一种机构，它认为土地占有权是需要被废除的对象。如此看来，在欧洲，由身份制所形成的旧社会在近代化的过程中，经济与政治之间确实是密不可分的关系。但在韩国，从根本上而言，实现近代化的道路其本身便与欧洲有所不同。

（二）两班是身份吗？

虽然土地调查事业的实施由日本这一外部力量推动，但其开展过程能够如此顺畅无阻的最大原因，却在于两班这一旧统治阶层的无力抵抗。他们不同于欧洲的贵族阶层，并不占有土地。朝鲜时期的两班，在土地上与非两班阶层相比没有任何特权，量案即充分说明了这一点。

初看量案时令人印象深刻之处，便是两班与包括奴婢在内的一般庶民同时作为土地所有人被登录在册。或许有人认为这无关痛痒，但在考察朝鲜社会的特征时，这一点却显得尤为重要。例如，与同时期日本的检地账（日本的土地账本，参考第四章）相比，量案的特征就显而易见了：丰臣时期以降，在日本的检地账中，土地所有人作为"名请人"被登录在案的只有农民身份，武士身份则无法成为"名请人"——因为武士不属于土地所有人，而是土地占有人。另外在欧洲，从中世纪到近代，领主是负责制作土地账本的，所以在土地账本中不可能出现领主的名字，这一点在日本也同样如此。

众所周知，在朝鲜时期，制作量案的主体是国家，国家以外的个人或机构无权开展量田工作（参考第四章）；从国家层面而言，即便是两班，作为土地所有人时也与一般庶民处于同等位置，在土地方面无任何特权。也正因此，两班同样会作为土地所有人被登录在量案上。无土地占有之特权，这才是朝鲜时期——严格说来是朝鲜后期——量案的最大特征，而探寻其意义就成了理解朝鲜时期历史的必要课题。

两班通常被视作朝鲜时期的统治身份或统治阶层。但若基于上述观点，则似乎有必要重新审视两班的性质。在身份制相关的既有研究中，户籍大帐是材料来源的不二之选；而同量案一样，户籍大帐中也登记着两班阶层。但迄今为止尚且无人发问：为何户籍大帐中会登记两班阶层？如何能将其与两班这一统治身份关联到一起？

　　有关户籍大帐的研究始于日本学者四方博，他一开始便将两班定义为身份的一种。而这种把未经解答的命题作为前提的研究方法是否有失偏颇呢？他的论文《关于李朝人口的不同身份阶级的观察（李朝人口に関する身分階級別の観察）》（《京城帝国大学法文学会第一部論集》第10册，1939年），对户籍大帐研究产生了决定性的影响，其中的分析是将两班的统治阶级身份作为前提的。但是另一方面他又指出户籍大帐的存在并非为了掌握身份，同时也展示了户籍大帐中的职役类结构。自此，关于户籍大帐的研究主要是针对这两种区分，即职役与身份（阶级）类的区分，来试图给出合理的解释路径。但我认为，更为根本的问题在于，两班究竟能否被视为表示身份的概念呢？

　　四方博的这一前提，其逻辑从某种意义上而言是毫不复杂的：前近代社会是由身份制构成的社会，"身份"大体上与"阶级"含义并无二致。这一前提本身总结自欧洲或日本的历史，而现在被直接套用在朝鲜时期的社会之上。那么，是否需要重新考察该前提本身呢？

　　朝鲜时期以朱子学作为治理国家的基本理念，并视宋代以降的中国为模范。然而彼时的中国社会并不是由身份制构成的：和朝鲜王朝一样，鱼鳞图册和赋役黄册等普通的中国国家账簿上也登记有士大夫阶层——这对于士大夫阶层是非特权身份这一点而言，既是因又是果。朝鲜时期的量案和户籍大帐上登记着两班阶层，这或可理解为受到中国的影响；但问题在于，朝鲜是身份意识极强的社会，诸多方面无法直接套用朱子学理念，故其实际情况与中国社会大相径庭。依托于国家理念上的"良贱"[1]而出现的身份划分，和从社会上根深蒂固的"班常"[2]意识中产生的矛盾纠葛，这些才是朝鲜时期最大的历史特征。然而在表达这一特征时，若将"两班＝统治身份／阶级"这一点作为前提，那么从一

---

[1]　良贱制是将所有百姓分为"良人"与"贱民"的身份等级制度。——译者注
[2]　朝鲜时期，法律上的身份制度虽然为良贱制，但由于两班势力日益壮大，不亚于一种身份阶层，故现实中存在两班阶层与非两班阶层（常民），这种区分称作"班常"。——译者注

开始就等于自我设限、画地为牢了。

"小农社会论"方法，正是为了批判迄今为止的研究趋势——以欧洲的历史脉络来研究朝鲜及东亚社会——而提出的。

（三）两班的历史特点

我第一次明确意识到要用小农社会这一概念来研究朝鲜社会，是从1994年发表《东亚小农社会的形成（東アジア小農社会の形成）》[1]（参考第二章）一文开始的。之后数年间虽然一直致力于书写《东亚小农社会论》一书，但碍于需要大量阅读而止步不前。另一方面，最近不少学者开始有意识地使用小农社会这一概念，但一般仅停留在经济学范畴内或描述农村社会特征之时；而我所构想的"小农社会论"，则是关于国家或社会体制整体的、高度概括的系统性概念。

利用小农社会概念研究朝鲜社会时，其线索仍然是两班。如前所述，土地调查事业在短时间内得以实现的最重要原因在于两班不是土地贵族。那么，两班为何不是土地贵族呢？依我所见，两班之所以会失去土地贵族的身份，大致上有两大原因：一是国家体制的问题，二是农业生产力的问题。

首先就国家体制而言，最重要的是关于两班的收租权分配之变迁。针对统治阶层的收租权分配始于高丽王朝后期；朝鲜王朝成立前夕政府所施行的科田法[2]，则旨在控制高丽末期的私田，即整治收租权分配下的土地紊乱问题。但在朝鲜初期，收租权分配体系依旧存在，官员以及闲良品官[3]的土地特权地位也同样受到保护。像这样，土地的收租权本是两班强有力的经济基础；然而朝鲜世祖时期将其改为职田法（只赋予

---

[1] 该文载于《アジアから考える［6］—長期社会変動—》（东京：东京大学出版会，1994年）。
[2] 科田法是把向农民收取田租的收租权按照职役分配给国家机构或官吏的土地分配制度，初实行于1391年，并成为朝鲜初期两班官僚社会的经济基础。——译者注
[3] 闲良品官指处于闲散状态的官人。闲良在朝鲜初期特指辞去原本官职并赋闲在家的人。——译者注

现职官员土地收租权的一项制度），成宗时期施行官收官给制度（在该制度下，原本向土地所有人个人缴纳的职田地税，改由政府代为收取后直接支付给土地所有人，借此防止土地所有人私自征收超额税款），明宗时期又废除了职田法。这一系列过程中，分配给个人的收租权在原则上遭到废止。到了 16 世纪后期，两班的土地特权虽然在制度层面上不复存在，但另一方面，很多时候他们通过"折受"（赋予某个人或某机构特定区域开垦权的手续）来获得大面积土地的开垦权，这为他们的农场管理提供了支撑；而维持这类直营地的管理，则有赖于动员其底下的大量奴婢。因此，收租权的废除，并不意味着两班作为土地贵族的特征也一并消失殆尽。

其中另一个重要因素是集约型农业的发展。东亚地区集约型水稻作业的全面发展始于中国宋代，并在 16 世纪的中国得以完成——在韩国和日本则是 16 世纪至 18 世纪。确立集约型水稻作业的关键，在于该作业在江河大川的中下游地区的开展成为可能——而在此之前，它只能在山间狭窄的平原地带才能够实现。

亚洲地区的水稻作业大体上可分为三种类型：第一，干燥的平原地带的旱田水稻种植法（直播法，代表性地区为印度，作业时不用插秧）；第二，湿润的山地间的移植型水稻种植法（照叶树林[1]地带由来已久的插秧法，旨在除去杂草）；第三，热带山地的火田式水稻种植法。东亚地区的集约型水稻作业，可以理解为是移植型水稻种植法在广阔平原地区上的普及。在印度及东南亚三角洲地区，旱田种植法时至今日依然占据着主导地位；移植型水稻种植法的普及，则要等到所谓的绿色革命（Green Revolution，20 世纪 40 年代至 60 年代推行的事业，以玉米、小麦、水稻等为对象来开发高产量品种，用以解决粮食问题）到来之际了。而包括越南红河三角洲在内的东亚地区，与其他地区相比，早在 400—500 年之前就经历了这个过程。随着这种独特的集约型水稻作业

---

[1]　即常绿阔叶林。——编者注

的普及，东亚地区的人口抚养能力达到当时罕见的水平。不仅如此，这一水稻作业的发展也使得统治阶级在农业生产中占据有利位置。

具体到韩国，成书于 1492 年的农书《农事直说》中便明确表露了向集约化发展的意向。但到 16 世纪为止，由两班阶层管理的直营地依旧大量存在。而且与中国江南或日本列岛相比，韩国的气候更为干燥，尤其是梅雨季开始较晚，故插秧季时难以确保充足的水分，这使得河川中下游地区的集约型水稻作业发展迟缓。但随着韩国独有的干田直播法（耕作初期缺乏水源的情况下栽培水稻的农法）技术的发展与普及，广阔的平原地区也得以实现大面积种植水稻；至 17、18 世纪，已然发展为以农民小经营为主导的农业生产形态。其带来的结果，便是奴婢人口的骤减与两班从农业生产中的抽离。

（四）超越欧洲模式下的朝鲜历史影像

如上所述，朝鲜时期的两班，虽然在失去土地贵族的性质这一点上与中国的士大夫相似，但在另一方面仍具有不同之处：一言蔽之，即两班阶层的世袭与固化。我认为这是韩国社会的固有特征。朝鲜王朝在国家体制层面以朱子学作为国家建设的宏大设计（grand design），其核心在于由通过科举选拔出的官员对全国进行中央集权式统治。但是由于异于中国的诸般社会性质，政府的上述努力与现实之间多有龃龉。

反观中国，历经唐代末期至五代十国的动荡之后，从前的贵族阶层彻底没落，取而代之的是依靠科举制度登上历史舞台的官僚阶层。与之相比，韩国在高丽、朝鲜两个王朝更迭期间并未出现类似的动荡，故以往的统治阶层得以顽强地存续下来。不仅如此，日后通过科举晋升两班阶层的人，大部分亦出身这类统治阶层。也因此，朝鲜时期的科举轻个人而重门第，其性质较之中国更为闭锁。

这种情况下，一开始能成为两班的社会根基范围便十分狭窄了，故在 15 世纪王权相对较强的时期时，两班的地位并不稳固，其身份的固化现象也并不明显。但从 16 世纪开始至 17 世纪，随着免除两班军役一事成为普遍现象，两班这一地位开始得以世袭，其身份的固化逐渐凸显。因此，朝鲜时期虽然欲以朱子学为核心理念来构建国家框架，却诞生了两班这一异于中国士大夫的独特统治阶层；反过来，也正因为两班阶层的确立，朱子学理念才得以渗透到社会的方方面面。

当称呼两班为朝鲜时期的统治阶层时，需要充分考虑到两班阶层特殊的确立过程。两班这一地位并非依据法律条文得以确定的，所以不存在"身为两班"的证据，也不存在决定两班之间地位高低的标准。正因此，两班阶层内部的竞争之激烈便在所难免了。可以说，朝鲜王朝前后得以延续五百余年，两班的存在形式在其中起到了举足轻重的作用。而前文言及的19世纪后期朝鲜政治上的混乱以及经济上的骤变，亦是由上述朝鲜时期的诸般特征，尤其是以两班为核心的国家体制所引起的。

作为韩国史学界的主流观点，"内在发展论"和"资本主义萌芽论"希望从欧洲来寻找自身发展模式，这一点在分析朝鲜社会独有的特征以及由此决定的迈向近代过程中的特征时，不免会产生许多问题。而笔者所构想的"小农社会论"，也旨在能克服囿于欧洲模式而被创造出的朝鲜历史影像。

（五）东亚视角的必要性

我所提出的"小农社会论"并不只限于韩国。正如文中亦多次提及中国与日本，"小农社会论"的最终目标是理解整个传统社会的面貌以及其迈向近代过程中的特征。将东亚社会视为小农社会时，其共同点中首先映入眼帘的是集约型水稻作业的问题，进而便是由此决定的统治阶层的存在形式。中国的士大夫与朝鲜的两班并非土地贵族，这已无需赘言；而在近世日本的武士身上，也很难捕捉到作为土地贵族的特征。除了大名与少数上层武士以外，大部分武士在领地中都是完全被隔离的存在；而大名对领地的支配同样是居于幕府强有力的统治之下的。明治维新以后，从"秩禄处分"（废除武士特权的政策）到"地租改正"（1873年施行的明治政权的田租改正法）的过程当中，武士们面对特权被剥夺之时毫无还手之力，这也可归因于其作为土地贵族的性质不够明显。此外，武士作为土地贵族的脆弱性也表现为在帝国议会中所拥有的权利的弱化。在欧洲，近代议会的成立是为了促使贵族和领主接受国王的课税权；与之相比，日本的近代议会却无权反对天皇征税，这便缺失了作为议会最重要的一项权利。

相同地，中国的士大夫和朝鲜的两班在王权面前鲜有独立性，所以在近代过渡期消除他们的特权就显得轻而易举了；不过与此同时，能够牵制王权和国家权力的主体也一并消失。东亚社会的上述形态，在以朱子学作为政治理念——只将民众作为统治的对象，虽然承认其抵抗的权利，但并不视其为政治主体——时，其问题便浮上水面了。自近代以来，时至今日，东亚社会依然难以确立其政治主体，可以说这同样源于上述传统以及迈向近代的过程。从这一点而言，"小农社会论"的提出同样是为了批判东亚社会的现状。

综上所述，为了厘清韩国迈向近代的过程，更需要有放眼东亚全局的视野。此处补充一点，东亚的"小农社会论"对于我这个研究韩国史的日本人而言还有一层意义，即在理解日本传统社会时，能以其与东亚之间的共同点为切入点，以此克服日本史研究中的"脱亚"之倾向。所谓的脱亚倾向始于日俄战争前后，彼时为了强调日本与欧洲的同质性，日本史研究中开始肯定封建制的存在。与此同时，中国史、韩国史研究中开始否定封建制的存在。作为对该倾向的质疑，我所提出的"小农社会论"也不得不站到"内在发展论"——将朝鲜社会定义为封建社会，并支持朝鲜后期为封建制解体期的说法——的对立面：因为与战前日本的封建制论如出一辙，"内在发展论"同样试图将欧洲模式套用在本国史上。既然日本封建制论是意识形态的产物，"内在发展论"又何尝不是呢。

第二章　东亚小农社会的形成[1]

一、朱子学与小农社会

（一）儒学，尤其是围绕朱子学的讨论

20 世纪 70 年代以降，韩国和中国台湾地区经历了急速的资本主义发展；进入 80 年代，中国大陆的经济开发取得了进展。在这一新局势下，我们对数年前围绕东亚地区经济发展和儒学关系所展开的激烈讨论仍然记忆犹新。这场讨论现在已完全冷却，讨论之所以没有得以进一步发展的原因之一，恐怕是围绕经济发展和儒学关系的讨论不可避免地带有其恣意性。儒学，尤其是中国宋代以后形成的新儒学（也就是"朱子学"）是极具综合体系性的思想和世界观，由于所关注的朱子学的内容不同，其与经济发展关系的讨论也可以随之任意展开，这是这场讨论难以摆脱的恣意性之所在。

在将东亚置于儒学这一共同的范畴下审视，并讨论其与近代化乃至资本主义经济发展关系的过程中，东亚社会何以发展成儒家社会这一根本性问题从未被提出和认真议论。但是笔者认为，东亚社会发展成为儒家社会的背景中，内含了以下将要阐述的重要问题。

当试图把东亚社会视作儒家社会时，儒家通常是指朱子学以降的儒学，因此本文的讨论也只限定于朱子学以降。中国宋代以后形成的宋学之主体，毋庸赘言是被称作士大夫的阶层。这一士大夫阶层，无论是与

---

[1]　此文韩文版曾由陈商元（韩国）翻译并载于《人文科学研究》第 5 辑（釜山：东亚大学人文科学研究所，1999 年）。

中国宋代以前的统治阶层相比，还是与世界其他地区的前近代统治阶层相比，都是具有独特性的。关于其独特性，岛田虔次有很好的说明：

> 士大夫是什么呢？他们是在唐代伴随科举制度而产生，并至宋代成型的一种难以撼动的势力，一个独特的统治阶级。在经济方面，他们经常成为地主，但这不一定是必要条件。士大夫的特征，首先建立在他们是知识分子这一点上，换言之，建立在他们保持着儒教经典之教养——身为"读书人"——这一点上。进言之，由于儒学式教养（这同时也意味着道德能力）的缘故，由有望通过科举而晋身执政者（官僚）的一群人所构成的阶层，就成了一种完美的存在形态。……那并不是基于出生的封闭式的身份，而是基于能力的开放式的阶层。其所谓的能力，便是儒教经典的教养能力了。[1]

这样的士大夫阶层的存在形态，倘若与欧洲的领主阶层比较，其差异是十分显著的。在作为知识精英的这一点上，与伊斯兰世界的乌力马（ulama）阶层具有共通之处，但在通过科举成为官僚的理想这一点上，两者间却存在很大的不同。

依靠朱子（朱熹）而得以显现出体系最大化的宋学，若离开了上述士大夫阶层的社会存在形态，其思想体系就无法被理解。在政治思想的层面，朱子学把以皇帝为顶点的官僚制统治体制作为大前提。虽然在朱子学以降的儒学中，围绕着集权与分权的思想对立一直存在，但即便是以分权倾向为目标，也是在官僚制统治体制结构内维持其主张的。而如欧洲封建社会的政治思想等，则以国家统治之私的分割作为本质。在这一点上，两者具有决定性的差异。

从经济基础的层面又应如何看待士大夫阶层呢？正如岛田虔次所言，

---

[1] ［日］岛田虔次：《朱子学与阳明学》（东京：岩波书店，1967年），第14页；［日］岛田虔次著，［韩］金锡根、［韩］李根雨译：《朱子学与阳明学》（首尔：喜鹊文库，1986年），第20—21页。

他们大多是地主，但地主并不是必要条件，而且不是所有的地主都属于士大夫阶层。如我们所知，围绕着士大夫阶层的地主性质，中国史研究者之间展开过许多论争。围绕着地主和其对立面的佃农之间的关系，即"地主—佃农"关系究竟是身份统治、隶属关系，还是经济关系占主导这一问题，存在过两种尖锐的相互对立的见解。一种是将"士大夫—地主"阶层看作类似于欧洲中世纪领主阶层的存在，进而导出了中国封建制论。但是这一见解没有实证出宋代以后地主拥有独立的统治机构、实行领域性统治的层面，因此只是部分地指出了地主所具有的领主的一面。[1]

可见，士大夫阶层作为以朱子学为代表的宋学的主体，无论在政治层面还是经济层面，都是十分独特的社会存在，其世界观、社会观的形成，理所当然是以他们的社会存在形态为前提的。不过，在朱子学作为外来思想被接受的朝鲜[2]和日本，情况则有所不同。因为在朝鲜或日本，并非一开始就存在社会结构和朱子学之间的对应关系。而且朱子学是作为士大夫这一统治精英的思想而成立的，较之宗教色彩，更带有强烈的政治、经济、社会思想的性质。因此在朝鲜或日本，朱子学的理念和社会现实之间必然会产生各种背离。即便如此，朝鲜和日本，尤其是朝鲜，为什么对朱子学的接受能达到如此深的程度呢？

在过去将东亚社会视为儒家社会的讨论中，上述内容从来没有被视作过一种问题意识；儒家社会的存在本身通常是一种想当然的前提，论及的都是其特征或比较异同。本章将结合这一地区社会结构上的变动，对为何儒家社会在东亚得以形成这一问题进行考察。发轫于中国宋代的朱子学及其在朝鲜、日本的逐渐普及，如果这意味着东亚儒家社会的形成，那么这一形成难道不是因为该地区的社会结构层面存在同质性的变化才变得可能吗？本章将从这一立场出发，对与朱子学的形成和接受相适应的社会结构变动进行探究。

---

[1]　参见［日］足立启二：《中国封建制論の批判的検討》(《历史评论》第 400 号，东京：校仓书房，1983 年)。

[2]　本章中"朝鲜"一词单独出现时指代整个朝鲜半岛。——译者注

（二）作为小农社会的东亚

那么与朱子学的形成和接受相适应的社会结构是什么呢？窃以为，本章标题中所揭示的"小农社会"正是与之最为相适的社会结构。故此处有必要对小农社会的含义进行一些说明。

所谓小农社会，是指在农业社会中，无论是拥有自己的土地，还是租借他人的土地，基本上只是依靠自己及家庭劳动力而独立进行农业管理的小农，其存在占支配地位的社会。即使使用自己及家庭成员以外的劳动力，其地位都是次要的。这样的小农社会，很容易被理解成超越时代和地区的普遍性存在形态；但其实到了某一时期以后，像东亚地区这样小农占压倒性比重的社会反倒成了例外。

当试图把东亚视为小农社会时，能发现这一社会与其他农业社会相比具有以下两个重要特征。第一个特征可以归纳为：不存在中世纪及近代欧洲较为典型的、基于领主阶层大土地所有的直营地管理。进而言之，也可以说是不存在基于政治统治阶层的大土地所有的直营地管理。政治统治阶层的大规模直营地，不仅在中世纪及近代的欧洲，在西亚、拉丁美洲也是普遍可以看到的。在东亚地区，像中国的士大夫阶层或朝鲜的两班阶层这样的政治统治阶层，有时也可能是大土地所有者，但一般情况下他们不直接管理自己的土地，而是让佃农进行租佃耕作。管理主体是佃农的这一特征，与其他地区的大规模直营地是互有区别的。

东亚小农社会还有一个重要特征是农业劳动者——往大了说，是难以称作独立经营主体的农业从业者[1]——仅有少量存在。众所周知，在与东亚相毗邻的东南亚至印度次大陆的广袤地区，农业从业者当中的劳动者所占比重是相当高的，直至今日仍成为该地区的一大问题。在东亚地区，即使自身不拥有土地所有权，以佃农身份成为土地管理的主体也是普遍现象，这一点是与东南亚和印度农村结构的根本差异。

---

[1]　包括自己管理的自营农和从属于他人经营的农业劳动者。——译者注

本章中的小农社会虽然具有以上含义，但笔者认为东亚小农社会的形成是比较晚近的现象。具体而言，中国经过宋代至明代的长时间变迁逐渐形成了小农社会，朝鲜半岛和日本的小农社会之形成则分别在朝鲜王朝后期和江户时代（1603—1867 年）前期。而这一现象正是与朱子学的形成及其在朝鲜、日本被接受的过程几乎并行的。以下就对东亚小农社会的形成过程试作概观。

二、东亚小农社会的形成过程

（一）东亚在世界人口中占据的位置

东亚地区目前是全世界人口最稠密的地区之一，但在历史上并非一直如此。东亚小农社会的形成和这一地区的高人口密度有着紧密的联系，而东亚地区的高人口密度是在特定时期以后才发生的现象。〈材料 1〉是约翰·杜兰德（John D. Durand）绘制的世界各地区人口估测数的变动表。据此表可知，各地区的人口数变化并不一致，都在特定时期会比其他地区呈现较快的人口增长趋势。其结果是，各地区在世界总人口中所占的比重随着时间不同而呈现较大差异。

〈材料 1〉　世界人口变迁　　（单位：百万人）[1]

地区 \ 年份		1 年	1000 年	1500 年	1750 年	1900 年	1975 年
亚洲	中国	7—90（27.3%）	50—80（23.2%）	100—150（27.8%）	190—225（28.0%）	400—450（26.3%）	800—900（22.2%）
	印度、孟加拉国、巴基斯坦	50—100（30.3%）	50—100（29.0%）	75—150（27.8%）	160—200（24.8%）	285—295（/7.3%）	740—765（18.9%）

---

[1]　参考 John D. Durand, "Historical Estimates of World Population: An Evaluation", *Population and Development Review*, Vol.3, No.3, New York, 1977。

（续表）

地区 \ 年份		1 年	1000 年	1500 年	1750 年	1900 年	1975 年
亚洲	西南亚	25—45（13.6%）	20—30（8.7%）	20—30（5.6%）	25—35（4.3%）	40—45（2.6%）	115—125（3.1%）
	日本	1—2（0.6%）	3—8（2.3%）	15—20（3.7%）	29—30（3.7%）	44—45（2.6%）	111（2.7%）
	其他地区（苏联除外）	8—20（6.1%）	10—25（7.2%）	15—30（5.6%）	35—55（6.8%）	110—725（7.3%）	435—460（11.4%）
欧洲（苏联除外）		30—40（12.1%）	30—40（11.6%）	60—70（13.0%）	120—135（16.8%）	295—300（17.5%）	470—475（11.7%）
苏联		5—10（3.0%）	6—15（4.3%）	10—18（3.3%）	30—40（5.0%）	130—135（7.9%）	255（6.3%）
非洲	北非	10—15（4.5%）	5—10（2.9%）	6—12（2.2%）	10—15（1.9%）	53—55（3.2%）	80—82（2.0%）
	其他地区	15—30（9.1%）	20—40（11.6%）	30—60（11.1%）	50—80（9.9%）	90—120（7.0%）	315—355（8.3%）
北美洲		1—2（0.6%）	2—3（0.9%）	2—3（0.60%）	2—3（0.4%）	82—83（4.9%）	237（5.9%）
中/南美洲		6—15（4.5%）	20—50（14.5%）	30—60（11.1%）	13—18（2.2%）	71—78（4.6%）	320—335（8.3%）
大洋洲		1—2（0.6%）	1—2（0.6%）	1—2（0.4%）	2（0.2%）	6（0.4%）	21（0.5%）
合计		270—330	275—345	440—540	735—805	1 650—1 710	3 950—4 050

注：括号中的教字是各地区估计的最高人口数在各年份世界人口中所占的比重。

〈材料 1〉中，各年代、各地区的人口在世界人口中所占的比重大致可以分为三大集合。第一个集合是在公元 1 年和 1000 年的时点上，占世界人口比重最高的数值集合包括印度次大陆、西亚、北非及非洲其他地区、中南美洲、大洋洲等地区。这一集合除了大洋洲以外，都是在早期就出现高度文明的地区。到了公元 1000 年以后，这些地区的人口增长相对放缓。

第二个集合是 1500 年以及 1750 年占世界人口比重最高的地区，包括东亚地区的中国和日本。

第三个集合是 1900 年和 1975 年占世界人口比重最高的地区，包括亚洲其他地区（以东南亚为中心）、欧洲（苏联除外）、苏联以及北美洲。这一集合从人口史的角度看，是被称作新兴集团的地区。这一地区因工业化的发展和移民，在新时期出现了人口激增。

杜兰德所展示的数值仅仅是估值。而科林·麦克伊韦迪（Collin P. McEvedy）和理查德·琼斯（Richard Jones）采用同一方式获得的估值，某些部分与杜兰德得出的结论略有不同。[1] 即便如此，在世界人口史中，东亚地区占据了十分独特的位置这一点本身是毋庸置疑的。与其他两个集合相比，东亚的特征可以称为中间期人口增加型，1000 年至世界工业化真正意义上开始萌芽的 1750 年期间，东亚地区实现了其他地区所没有的人口急速增长。

在杜兰德绘制的表格中，朝鲜被包含在"亚洲其他地区"当中。近年的研究显示，朝鲜无疑也是在 1000 年至 1750 年期间实现了急速的人口增长。〈材料 2〉是将权泰焕、慎镛厦以及托尼·米歇尔（Tony Michell）的研究成果进行图表化后的朝鲜时期人口数估值变迁图。两项研究在绝对数值方面表现出较大差异，但是两者在总的趋势上是完全一致的：朝鲜前期（1392 年至 16 世纪末）人口平稳增长，1592 年以后人口因日本侵略而急速减少，17 世纪以后恢复人口增长，18 世纪中期以后人口出现停滞乃至略微减少。

---

[1] Colin McEvedy、Richard Jones, *Atlas of World Population History*, Penguin Books, 1978. 此估值与杜兰德的相比，人口数大体上较少，同时在中国古代的估值方面有有巨大差异。如果以此估值为基准，重新用杜兰德的方法来测定各地区在世界人口中的占比变化的话，会发现（原本第二的）中国进入了第一集合。

〈材料 2〉 朝鲜时期的人口变动[1]

（万人）

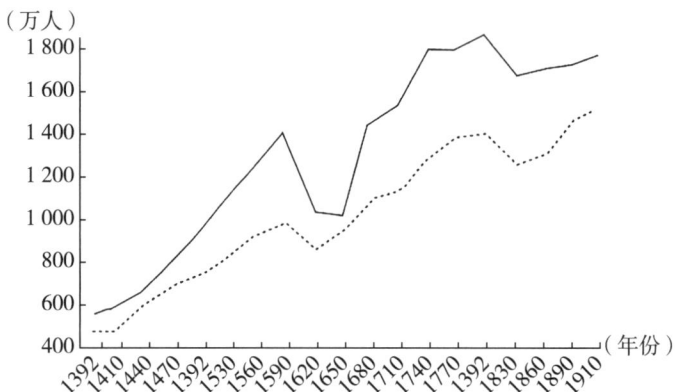

〈材料 2〉展示了进入朝鲜时期以后的人口估值，但目前还没有对更早的高丽时期（918 年—1392 年）进行类似考察的研究。不过关于高丽时期的人口变动，李泰镇曾有过一篇文章，颇有趣味。[2] 他广泛调查了高丽时期人物的墓志铭，并以墓志铭上所记载的墓主子女的内容为线索，发现高丽中期武臣政权建立（1170 年）以前，子女早死的现象十分普遍；但武臣执政以后，这一现象却比较罕见。

而且通过观察历代高丽国王的寿命，他还指出，以武臣执政前后为界，国王的平均寿命延长了将近十岁，由此推断以武臣政权建立为界出现了人口增长。当然李泰镇自己也表明，国王或墓志铭中的人物往往属于社会的最高阶层，以此来判断人口变迁有一定的局限性。李泰镇所揭示的有趣事实如果说如实反映了高丽中期以来的人口增长现象，那么〈材料 2〉中所看到的朝鲜前期的人口增长趋势应该可以理解为是前代趋势之延续。

---

[1] 本图表中，实线根据权泰焕（韩国）、慎镛厦（韩国）《有关朝鲜时期人口推定之事的试论》（《东亚文化》第 14 辑，首尔：首尔大学东亚文化研究所，1978 年）推算绘制，虚线根据 Tony Michell（英国）著、金惠贞（韩国）译《朝鲜时期的人口变动与经济史》（《釜山史学》第 17 辑，釜山：釜山史学会，1989 年）推算绘制。两者所标示的均为以 30 年为间隔的数值。

[2] 参考［韩］李泰镇：《高丽时代后期人口增加要素的产生与乡药医书的开发》（《韩国史论》第 19 辑，首尔：首尔大学国史学科，1988 年）。

根据近年来的上述研究，可以判断朝鲜也和中国、日本一样，属于中间期人口增长型。那么，东亚地区出现这样的中间期人口增长的主要原因究竟为何呢？

众所周知，关于人口增长和生产技术发展之间的关系存在不同看法，大体上可以分为将人口增长看成生产技术发展的从属变量，以及将人口增长看成独立变量这两种相互对立的看法。这一论争似乎很难解决。本章无意介入这一问题的讨论，只想从中确认东亚地区成为人口稠密地区的转变是发生在 1000 年至 1750 年之间这一事实。毫无疑问的是，该时期同时也是东亚农业史上的一大变革期。接下来，笔者将对此问题展开分析。

（二）中国宋代以后的农业变革

博闻强识的高谷好一，曾将亚洲各地的稻作区域分为四大中心区和六个周边区，对各种类型的稻作技术体系进行了介绍。[1] 发轫于中国唐宋变革期的东亚地区农业大变革，可以理解为高谷好一分类当中的"华北型直播周边区"稻作向"灌溉移植型"稻作的转变。倘若将其放在整个农业中来看，东亚地区的农业则经历了从旱作农业到稻作农业的重心转移。

众所周知，中国的农业以所谓的唐宋变革期为界，经历了巨大转变。其转变过程可以用农业先进地带从华北的旱作中心农业向江南的稻作中心农业转移来概括。对于这一通论也并非没有异见：近来针对宋代江南稻作技术的评价，便对过去的这一通论进行了批判。以下对此略加说明。

以往对宋代江南稻作农业的一般性理解可以概括如下：如"苏湖熟、天下足"的宋代俗谚所称，苏州、湖州附近太湖周边的三角洲（delta）地带是当时最先进的农业地带，在这里用堤防围筑起来的被称

---

[1]　参考 [日] 高谷好一:《アジア稲作の生態構造》（《稲のアジア史》第 1 卷，东京：小学馆，1987 年）。

作圩田或围田的水利田得到大规模开发，在圩田或围田上实施集约且高肥力的稻麦二作制。[1]

高谷好一对东南亚和三角洲稻作有过专门研究，也是最初对上述通论提出质疑的人。[2]他认为，如果借助东南亚和三角洲水文条件的相关知识来理解江南地区的三角洲，圩田或围田这样的地方其实并不具备实施集约型稻作的水利条件。而且他批判道：圩田的堤防只是自然堤防，围田地带的溪流（creek）是因漕运而存在的，并非因为水利。

换言之，根据高谷好一的主张，圩田或围田的稻作可以说是相对粗放型的，这与以往的认知大相径庭。高谷好一进而表明了自己的见解：宋代的稻作先进地带并不是三角洲地带，而是由分布许多支流的山间地区所形成的支流河谷平原地带。

立足于高谷好一的这一问题意识，近来足立启二、大泽正昭等中国史研究者也陆续发表了支持高谷好一见解的研究。[3]在足立启二、大泽正昭的研究中，对于宋代稻作集约化的代表性农学著作——陈旉《农书》的重新检讨尤其值得瞩目。他们提到，该书中记载的关于中耕除草的精心作业或施肥都是以支流河谷平原的耕地为对象而展开的，这推翻了以往通论中将陈旉《农书》所载的技术与圩田、围田的筑造直接联系起来的基本依据。足立启二还进一步论证，太湖周边的三角洲地带成为稻作先进地带要等到明代以后，其基本条件是水利设施的大范围建造，以对进出太湖的水进行调节。

以上所介绍的近年研究成果显示，中国农业的重心从华北旱作向

---

[1] 周藤吉之（日本）的《宋代经济史研究》（东京：东京大学出版会，1962年）对于这种一般性理解的确立作出了重要贡献。
[2] ［日］渡部种世、［日］樱井由躬雄编：《中国江南の稻作文化》（东京：日本放送出版协会，1984年），第79—89页。
[3] 参考［日］足立启二：《宋代以降の江南稻作》（《稻のアジア史》第2卷，东京：小学馆，1984年）；［日］大泽正昭：《"苏湖熟天下足"—〈虚像〉と〈实相〉—》（《新しい历史学のために》第179号，京都：京都民科历史部会，1985年）；［日］大泽正昭：《陈旉农书の研究——二世纪东アジア稻作到达点—》（东京：农山渔村文化协会，1993年）；等等。

江南稻作转移这一大的基本框架并未改变，但将江南稻作的发展分为两个阶段——宋代以支流河谷平原为中心的稻作阶段与明代以后以三角洲为中心的稻作阶段——似乎更为妥当。这里需要关注的是江南稻作的中心从支流河谷平原向三角洲的转移。这是因为，尽管时期和规模有所不同，稻作的区域从支流河谷平原向大河下游地区转移的现象是朝鲜和日本都曾出现过的共同现象。过去的研究中，往往强调宋代江南地区三角洲稻作的先进性，结果只凸显出朝鲜或日本稻作的隔绝性；而近年来足立启二、大泽正昭的研究则表明，江南稻作基本上可以看作和朝鲜、日本沿着相同路径发展。

（三）朝鲜与日本的农业变革

日本的中世纪到近代初期，是其历史上最大规模的大开垦时代。这一大开垦的主要舞台是位于大河川中下游地区的冲积平原地带和海岸地区的开垦地，稻作的中心地带也随之由山间地区的平坦地带向平原地区转移。平原地区最先得到开发的是籼稻（indica）类型的赤米品种，该品种因能忍受开发初期恶劣的水利条件而被大面积栽培。[1] 不过，随着战国时期（1477 年—1573 年）至近世初期（1603 年—1871 年）的大规模治水、灌溉工程的推进，平原地区耕地趋于稳定，集约型稻作也逐渐成为可能。

日本稻作的上述发展路径在规模上固然存在差异，但与中国江南稻作其实并无二致。那么东亚的另一个国家——朝鲜，其农业变革又遵循了怎样的发展路径呢？

首先，从农地开发的角度看，15 世纪至 16 世纪的朝鲜前期，在其历史上处于大规模开发时期。该时期的开发主要朝着两个方向进行。一个方向是对山间平地等荒地的开垦。笔者在另一篇揭示朝鲜时期两班社

---

[1] 参考［日］岚嘉一：《日本赤米考》（东京：雄山阁出版，1974 年）。

会形成过程的文章[1]中曾言及庆尚北道安东地区的个案，该个案暗示了山间平地随着地方两班的移民而得到开发。后文将述，现存的朝鲜村落大多位于山间平地，村落的开发者主要是地方两班阶层。

另一个方向是对全罗道、忠清道、京畿道、黄海道等西海岸地区的开发。朝鲜半岛西海岸地区是世界上少数涨落潮位差较大的地区之一，朝鲜前期利用这一潮位差展开了大规模的开发。开发的督促者主要是两班阶层。作为权势阶层，他们从国家处获得广大地域的开发权，然后动用奴婢或一般农民进行开发。

过去的朝鲜史研究中，虽然经常提及朝鲜前期的农地开发，却很少明确记述这一时期总体耕地面积扩大的情况。这恐怕是因为仅仅依据史料中关于耕地面积的统计无法证明朝鲜前期耕地扩大的缘故。例如，〈材料3〉是《朝鲜王朝实录》等资料中所体现的各个道耕地面积的变迁情况。若仅据此表，只能看出各个道之间尽管存在较大差异，但整体耕地面积基本上未有太大波动。

〈材料3〉 朝鲜时期耕地面积的变迁　　　（单位：结）[2]

道名＼年份	1404 年	1424 年	1501 年左右	1591 年（1）	1592 年（2）	1721 年
京畿	149 300	194 270	—	147 370	150 000	101 256
忠清道	223 090	236 114	231 995	252 503	260 000	255 208
庆尚道	224 625	261 438	295 440	315 026	430 000	336 778
全罗道	173 990	246 268	368 221	442 189	440 000	377 159
黄海道	90 922	223 880	101 600	106 832	110 000	128 834
江原道	59 989	65 908	34 814	34 831	28 000	44 051

[1] 拙稿：《朝鲜両班社会の形成》(《アジアから考える[4]—社会と国家》，东京：东京大学出版会，1994年)。

[2] 1404年的数据参见朝鲜《太宗实录》六年五月壬辰；1424年的数据参见朝鲜《世宗实录》地理志。1501年左右的数据参见[韩]李宰龙：《十六世纪的量田与陈田收税》(《孙宝基博士停年纪念韩国史学论丛》，首尔：知识产业社，1988年)，第304页。1591年（1）的数据参见《磻溪随录》。1591年（2）和1721年的数据分别参见《增补文献备考》卷148、卷142。

（续表）

年份 道名	1404 年	1424 年	1501 年左右	1591 年（1）	1592 年（2）	1721 年
平安道	6 648	311 770	—	153 009	170 000	90 804
咸镜道	3 271	130 406	—	63 831	120 000	61 243
合计	931 835	1 670 054	—	1 515 591	1 708 000	1 395 333

不过对于〈材料3〉中的数据，有必要进行慎重的检讨：第一，表中数据显示的是作为国家课税单位的结数，而不是绝对面积；第二，表中数据不止包含耕地面积，还包含相应时间点未被耕种的土地（此谓"陈地"，而若土地此时正处于耕种状态，则称之为"起地"）面积；第三，南部各道的结数增长、北部各道的结数大幅减少的事实显示了地区间的差异之甚。考虑到以上三点理由，直接将表中的数据看成耕地面积必然会产生诸多疑点。

首先来看第一点，关于用结数来表示的问题。朝鲜时期的耕地，根据肥沃程度分成一至六等，总共六个等级。一结土地，在一等土地与六等土地的绝对面积上相差三倍之多。因此，即使是同样大小的土地，根据六个等级中的不同等级，其结数也会相差甚远。现存的朝鲜前期的财产继承文书上记载了被继承土地的等级，可以看到，朝鲜前期的土地与后期相比，总体上被设定成较高的等级，因此前期的土地结数与后期的结数相比，其数值容易被高估。笔者曾尝试计算庆尚道地区的土地结数，发现该地区结数被高估的部分高达30%，因此只有将前期的结数减去30%，才有可能与后期的结数进行比较。

第二个问题是陈地问题。朝鲜时期，政府为了奖励开垦，形成了如下惯例：对陈地实施土地丈量（量田），并将其登记在土地大帐（量案）上。[1]虽然研究者尚未统计出具体的比例或不同时期的变化，但笔者估计，陈地占据全部土地的比重可高达百分之几十。总之，若不考虑这一

---

[1]　拙稿：《朝鮮土地調査事業史の研究》（东京：东京大学东洋文化研究所，1991年），第76—77页。

问题，只单纯地比较〈材料3〉的数据，这是毫无意义的。

第三个问题也是最大的问题，即关于朝鲜前期的耕地结数变化规律问题。北部的诸道（黄海、江原、平安）出现了结数的大幅减少，笔者认为这是朝鲜前期北部耕地结数被高估的缘故。一般认为，北部地区与南部地区相比，农业生产力较低，但朝鲜前期的量田无视当时的实情，将北部地区的耕地设定为较高的等级。与之相比，南部地区如全罗道、庆尚道耕地结数的大幅增加，则应当较接近当时实情。因此，以〈材料3〉中的数据为依据，主张朝鲜前期耕地面积变化出现停滞是不恰当的，而认为南部地区在这一时期耕地面积急速增长的看法反而较为妥当。

不过正如之前所言及的，朝鲜前期开发农地的主要舞台是在山间平地和海岸开垦地。在朝鲜，像中国江南以及日本一样通过大规模治水工程将大河川中下游流域或者广袤的全罗北道平原地带改造成优良稻作地区，这是要等到殖民地时期结成水利组合以后才发生的事，[1] 朝鲜时期这一地区的稻作尚且处在相当粗放和不稳定的状态。那么该如何理解此般差异呢？

如前所述，中国江南和日本的农业变革经历了山间平地地带的集约型稻作、冲积平原地带的开发、冲积平原地带的集约型稻作三个阶段。与之相比，笔者认为前近代的朝鲜缺少第三个阶段，取而代之的是对耕地的外延式扩张的穷追。倘若比较日本和朝鲜的耕地面积，日本地租改正时期，全国耕地面积仅有447万町步；而朝鲜实施土地调查事业时，全国的耕地面积则达到近乎450万町步的数值。朝鲜的国土面积（22万平方千米）仅相当于日本国土面积（29.2万平方千米，未实施地租改正的北海道和冲绳除外）的约四分之三，但在殖民地"开发"开始前已经保留了与近代初期日本几乎相同的耕地面积，这一点恰好展现了朝鲜时期农业发展重在追求耕地面积扩张的倾向。日本的耕地面积在地租改正以后最高增长了68万町步（北海道、冲绳除外），而土地调查事业以

---

[1]　参考［日］宫嶋博史、［日］松本武祝、［韩］李荣薰、张矢远：《近代朝鲜水利组合の研究》（东京：日本评论社，1992年）第一、二章。

后的朝鲜的耕地面积仅增加了 46 万町步，由此可见，朝鲜的土地开发在前近代时期就已经基本落幕了。

朝鲜的农业发展与中国或日本相比，之所以将重点置于耕地的外延式扩张而非集约化的发展方向，其最大原因在于自然条件的差异。与中国江南或日本不同，在实施"灌溉移植型"稻作中最重要的作业——插秧时，朝鲜很难确保稳定的水源供给。所以朝鲜没有走向大规模投资水利设施的方向，而是选择了另一方向，即开发水源供给不稳定的条件下亦可施行的稻作技术。最具象征性的便是朝鲜时期以来，稻作方面的干田直播技术或旱苗床技术的高度发展。这两种技术都是为防止插秧时期发生水源供给困难而开发的技术。[1]

干田直播或旱苗床的稻作栽培技术从渊源上说，其实属于"华北型直播周边区"稻作的谱系，但因伴有依赖人力的高度集约的中耕除草，其集约程度又与"灌溉移植型"稻作相当。随着干田直播、旱苗床技术的开发，即使在水利条件恶劣的地方，耕地的扩张也成为可能。可见，朝鲜的稻作在朝鲜时期的发展向着两个方向展开，一个是在山间平地地带的"灌溉移植型"稻作的高度发展，另一个则是在冲积平原地带"华北型直播周边区"稻作的高度发展，这基本上可以说是和中国、日本沿着相同轨道发展的。

（四）小农社会的形成

东亚的小农社会，就是在上述人口急速增长和农业技术变革这两大前提条件下才得以形成的。当然这一形成过程在任何一个地区都经历了漫长变迁，不过笔者认为中国是在明代前期，朝鲜、日本则是在 17 世纪左右基本完成了小农社会的转变。前文指出，东亚小农社会具有两大特点，即政治统治阶层大规模直营地的缺失以及独立小经营农民阶层的

---

[1]　关于朝鲜的干田直播法或旱苗床技术发达的具体情况，参考拙稿：《朝鲜農業史上における一五世紀》(《朝鲜史叢》第 3 号，神户：青丘文库，1980 年）；《李朝后期における朝鲜農法の発展》(《朝鲜史研究会論文集》第 18 号，东京：〔日本〕朝鲜史研究会，1983 年）。

普遍存在。这里笔者将探讨，以上特点又赋予了作为小农社会的东亚地区的社会结构以怎样的特征。

耕地大开发作为小农社会形成的前提，其主要的推动阶层分别是中国的士大夫阶层、朝鲜的两班阶层和日本的武士阶层，这些阶层都属于统治阶层。因此很多时候，上述阶层在开发初期不单单只推动开发事业本身，而是使用从属劳动力来进行大规模的直营地管理。日本中世纪的武士阶层本身就是农业管理的主体；朝鲜前期的地方两班阶层拥有大量奴婢，也亲自指挥农业管理。[1]

但是当开发进行到一定阶段、农业发展向集约化方向进行时，这一阶层便逐渐从农业管理中脱离出来。其原因在于，为了实现集约化，与使用从属劳动力来开展大规模的直营地管理的方式相比，将土地租借给佃农管理并从中收取地租的方式在提高生产率方面更具优势。

16世纪末的两班吴希文著有日记《琐尾录》。居于汉城（今首尔）的吴希文在朝鲜南部地区旅行期间，恰逢壬辰战争爆发。无法回到汉城的他，不得不开始了长达十年的避难生活。吴希文在日记中详细地记录了避难生活期间每天发生的事情，具体还原了当时两班生活的原貌，意义深远。日记中常有吴氏监督奴婢在其所有土地上进行农作的相关记述，其中不乏他频频责备奴婢之怠惰的情景，从中可以窥见使用奴婢管理农业的效率之低下。17世纪以来，朝鲜使用奴婢的两班直营地迅速减少，这是伴随集约化发展而产生的现象。

随着政治统治阶层的直营地管理的衰退，之前为此所使用的劳动力，即非独立的农民阶层，也随之渐渐消失。这一问题在日本所谓的"太阁检地"（丰臣秀吉在全国范围内施行的土地调查，详参第四章）的争论中是最具争议的问题：众所周知，中世纪日本大量存在的下人、所从（在身份上隶属主人的人，与下人相同）、雇佣人等非独立的农民阶层在近代以后基本消失殆尽。

---

[1]　拙稿：《朝鲜两班社会の形成》。

想必中国在宋代以后，也发生了与日本、朝鲜同样的现象，即自耕农或佃农占据了农民的大多数。在成书于 6 世纪的《齐民要术》中已呈体系化的古代华北农业，虽然是伴随着精细中耕除草的集约型农业，但由于需要大量畜力，以及随之所需的人员协作和最小面积之广等原因，无法仅仅依靠家庭劳动力来维持，从属性劳动力的存在进而成为其必要条件。这一华北农业的形态自宋代以降基本没有发生变化，近代以后的华北农业仍旧使用大量的雇佣劳动力。从这一点看，和江南地区、朝鲜、日本相比，华北是异质性的，在严格意义上难以视其为小农社会。

综上所述，东亚小农社会首先经过了人口和耕地并行增长的阶段，耕地增长稳定后继而进入了追求单位面积产量增加的集约化阶段，此后才得以形成。而小农社会的形成不仅带来了农业形态或农村结构的变化，也给社会结构或国家统治形态带来了重大变化。在社会结构和国家统治形态上，笔者想指出以下两个值得关注的特征：一个是政治统治和土地所有权的分离，另一个是民众的均质化。

首先就第一个特征而言，在小农社会的形成过程中，政治统治阶层不再从事直营地的管理，而且也丧失了对特定地区的领域性统治权。在很多情况下，前近代农业社会中的政治统治权和领域性统治权之间具有不可分割的关系，如中世纪欧洲的领主层、莫卧儿帝国时期印度的柴明达尔阶层（zamindar）；但东亚小农社会中的政治统治阶层则不具有任何领域性统治权。

中国的士大夫和朝鲜的两班对此表现得最为典型。他们虽然在科举及第后隶属政治统治阶层，但绝不会被授予一定的领地。他们往往比一般农民拥有更大规模的土地，但其土地所有权与一般农民对自己所有土地所拥有的权利是同质性的，原则上没有作为政治统治阶层的特权。日本近代武士则有所不同，但与中世纪武士相比，除了大名以及作为其高级家臣的旗本（武士的一种，虽然从直属于德川将军这一点而言无异于大名，但其统治领域较大名更小）等极小部分的上层阶级以外，大多数武士仅仅是靠俸给生活，并不拥有自己的领地。而且即使是大名或旗本，从转封（将大名的领地移至其他地区的措施）或改易（没收大名领地的措施，是江户时代针对大名的刑罚的一种）的事例中可以看出，他们对领地的统治权是相当脆弱的；还有观念认为，领地、领民是受公权力委托的。[1]

如前所述，朱子学的政治思想核心在于中央集权的官僚制统治，且全然否定领域性的分割统治体制，如此政治思想与前述政治统治阶层的存在形态是融为一体的。就近代的日本而言，由于其一定程度上否定了中世纪的分权体制，所以能够将朱子学作为政治统治理念来接受（尽管这一接受并不完整）。倘若它维持了中世纪的分权体制的话，哪怕只有一部分，也是不可能发生的。

再来看社会结构和国家统治形态的另一个特征，即民众的均质化。对农村而言，小经营农民的普遍存在是其决定性的因素。当然农民之间一直存在着贫富差距。但是正如地主和佃农的关系基本上可视作经济关系，人格上的统治—隶属关系是次要的。另外，贫富差距是极具流动性的，因此经过两三百年仍然能够维持财富的阶层反倒是例外。近代日本的武士阶层原则上不允许居住在农村，庄屋等承担基层行政任务的人员在身份上也是农民。中国的士大夫和朝鲜的两班也居住在农村地区，但这不是与生俱来的身份——农民也有向上流动成为士大夫或两班的可能性，只不过这样的上升通道十分狭窄。

作为朱子学统治理念的一君万民体制，既把民众的均质化作为前提，同时也催生了民众的均质化。近代的日本与中国或朝鲜相比，存在更加严格的身份制度。在日本，近代公民意识的形成过程是明确无疑的，且同样以民众的均质化为前提。

朝鲜和日本对朱子学这一外来思想的接受，在社会结构方面需要具备上述几个特征；也只有形成这样的条件，才有可能实现真正意义上对

---

[1]　东亚的政治统治阶层在土地所有中被分离出来，这一特征也可以成为促使这一地区迅速进入近代土地变革的一个基础条件。关于这一点可参考拙稿：《東アジアにおける近代的土地変革——旧日本帝国領土を中心に》（[日]中村哲编：《東アジア資本主義の形成：比較史の視点から》，东京：青木书店，1994 年）。

朱子学的接受。朝鲜和日本在社会结构上的变化基本上与中国宋代以后的变化沿着同一轨道，而基于此变化所形成的新的社会结构，便是此处所谓的"小农社会"这一假设性的概念了。

三、东亚历史的分水岭——小农社会形成的前与后

上节曾提到，东亚的小农社会在中国是在明代，在朝鲜、日本则是在17世纪左右形成的，而小农社会形成的意义不仅仅在于农业技术上的变革和农村结构上的变化。因为从宏观来看，持至今日的东亚社会结构上的特质也是伴随小农社会的形成而产生的，从这一意义上而言，小农社会形成前后发生了划时代的变化。与小农社会形成前后东亚地区所经历的社会结构上的重大变动相比，前近代到近代的变化反而是相对轻微的，而且可以说近代东亚的许多元素其实是得益于小农社会的遗产的。

本节将从若干方面探讨小农社会的形成之所以成为东亚历史分水岭的原因，同时就前近代和近代的连续性问题稍作讨论。

（一）现存村落的形成

柳田国男很早就对日本村落的形成时期提出过以下见解：

> 日本国土在中世纪以后的扩张，恐怕是在诸君的意料之外。例如，大阪周边的广阔水田地，在不久前才陆续实施排水，进而获得了耕地。名古屋市以西的海岸地带也是通过筑建堤防工事以防御潮水，才渐渐得以扩张，从而获得了面积可观的水田。……当然，若进入溪谷深处，可以看到两千年间没有休耕过的田地，可知耕种之事从未间断，只是从事耕种的居民在屡屡更替。战争的爆发会引发流亡，于是故址上会迁来新的百姓居住。但因洪水或其他天灾，田地又会再次荒废。时隔数十年，又有人前来进行开垦。像这样，村落成为荒野，荒野又被开发为村落，由此循环往复。考虑到这一

点，可以说，全国 18 万个左右的旧村落当中，始于足利时代（室町时代的别称，指 1392 年至 1573 年这近 180 年的时间）中叶的村落大概占到三分之二或四分之三。只不过以 400 年或 500 年之前为界，之前的定居者和之后的定居者之间有明显的早晚区分，因此之前迁入的人只会给人定居很久的感觉。[1]

如柳田所述，现存的大多数日本村落是在 15 世纪以后（足利时代中叶）形成的，小农社会形成以前就已存在的村落反而占少数。那么中国和韩国的现存村落又是在哪一时期形成的呢？

以笔者寓目所及，尚未见到追溯中国现存村落形成时期的专门研究；但就江南地区而言，考虑到该地区是唐末以后由北方迁入的大量移民所开垦的地区，现存村落大部分是唐末以降形成的，这一点无须赘言。只不过具体是唐末以来哪个时期形成的，这一问题目前尚不明确。而华南、四川、东北地区与江南地区相比，自不必说，都是属于更晚开发的地区。

关于最早进行开发的华北地区，有山县千树在战前进行调查的报告。该报告对华北的 45 个村落的形成时期、移民前的住所、村落内的强宗大族等进行了调查，其中有如下叙述：

华北现存村落的建设时期大部分是明代初期，即约 570 年前以降。这并不意味着不存在在此之前形成的村落，而是意味着这些村落因战乱或其他原因遭到了破坏，其中既有从宋代延续下来的，也有可能是在更早时期就打下基础了的。但其数量并不多，初步估计占比不到十分之一，或在二十分之一以下。[2]

明代初期在某个时段确实发生了大的、全面的社会变动，可以

---

[1]　［日］柳田国男：《日本農民史》（《定本柳田国男集》第 16 卷，东京：筑摩书房，1992 年［初刊 1931 年］），第 173 页。
[2]　［日］山县千树：《華北における現存諸部落（自然村）の発生》（北平：国立北京大学农村经济研究所，1941 年），第 1 页。

说是部落形成的一大转换期，同时也是部落在产生形态上形成了一大典型的时期。[1]

可见在华北地区，延续至战前时期的大部分村落也是在明代以后形成的。

关于韩国现存村落的形成时期，有两个十分有趣的调查，此处略作介绍。一个是作为韩国民俗综合调查的一环所进行的、以全罗南道全体村落为对象的调查，其中对村落的形成年代也进行了追溯。

〈材料 4〉即为调查结果，展现了分布在不同地理位置的村落的形成年代。据此可见，能明确形成年代的 1 891 个村落当中，形成于距今 200 年至 500 年的村落有 945 个，占比最高；500 年前形成的村落有 240 个，只占 12.7%。即是说，全罗南道现存的大部分村落是在朝鲜时期以后形成的。

〈材料 4〉　全罗南道村落的形成年代[2]

年代 位置	距今 200 年以内	距今 200— 500 年	距今 500— 1 000 年	距今 1 000— 2 000 年	距今 2 000 年 以上	不详	合计
平原村落	117	75	17	7	1	118	335
背山村落	370	522	111	29	4	626	1 662
山间村落	121	208	31	11	3	231	605
临河村落	11	18	1	—	—	20	50
临海村落	79	118	15	6	2	97	317
不详	8	4	2	—	—	32	46
合计	706 （37.3%）	945 （50.0%）	177 （9.4%）	53 （2.8%）	10 （0.5%）	1 124	3 015

注：括号中的数据是不同年代形成的村落占可以判明形成年代村落总数的比重。

---

[1]　［日］山县千树：《華北における現存諸部落（自然村）の発生》，第 30 页。
[2]　《韩国民俗综合调查报告书（全南篇）》（首尔：韩国政府文化公报部文化财管理局，1969 年），第 39 页。

〈材料4〉中还有一个意味深长的现象：从村落的位置分布看，背山村落所占的比重明显较高。这可能和背靠山冈、面向平地的地方最适合居住的风水观有关。但在平原村落当中，距今200年以内形成的较多；与之相比，背山村落则多数为距今200年至500年形成的。这也体现了村落的开发始于山地，尔后逐渐向平原地区扩散。

韩国村落的特征，在于具有较多所谓的同族村落。全罗南道的调查报告也显示，全部村落中的56.6%为同族村落。那么这些同族村落又是于何时形成的呢？该调查还对村落的门中组织和同族村落的形成时期进行了调查，其结果可参考〈材料5〉。可以看到，〈材料5〉中呈现出与〈材料4〉相同的倾向，即超过半数的同族村落也是形成于距今200年至500年的。

〈材料5〉 全罗南道同族村落的形成年代[1]

距今100年以内	距今100—200年	距今200—300年	距今300—400年	距今400—500年	距今500—600年	距今600年以上	不详	合计
36（3.8%）	139（14.6%）	169（17.7%）	228（23.9%）	132（13.8%）	126（13.2%）	125（13.1%）	465	1 420

注：括号中的数值是不同年代形成的同族村落占可以判明形成年代同族村落总数的比重。

有关韩国现存村落形成时期的另一个调查，是由庆尚北道教育委员会实施的、对村落名称的由来所进行的调查。[2] 该调查以庆尚北道全体村落为对象，追溯其名称的由来。虽然调查不是针对村落形成年代，但相当数量村落的资料中都提到了其起源，因此意义非凡。如果对调查中安东郡郡内的村落相关信息进行整理，便可得出如下结论：安东郡郡内的共1 058个村落中，有265个可以判明其形成年代。具体而言，高丽时期之前有63个（23.8%），15世纪有27个（10.2%），16世纪有48个（18.1%），

---

[1]《韩国民俗综合调查报告书（全南篇）》，第52—84页。
[2]《庆尚北道地名由来总览》（大邱：庆尚北道教育委员会，1984年）。

17 世纪有 35 个（13.2 %），18 世纪有 31 个（11.7 %），19 世纪有 19 个（7.2 %），20 世纪有 29 个（10.9 %），1592 年壬辰战争以后有 6 个（2.3%），朝鲜时期有 7 个（2.6%）。安东在整个庆尚北道亦属于较早开发的地区之一，但在那里，形成时期能追溯到高丽时期的村落，占比也还不到四分之一，而 15 世纪至 18 世纪形成并延续下来的村落则占比过半。

以上两个调查只是针对部分地区进行的，而且村落的形成年代大部分基于口口相传，因此不能断言这些调查结果就是正确的。但现存韩国村落半数以上形成于 15 世纪至 18 世纪的朝鲜时期，这一点应当与事实不会有太大出入。

综上，东亚小农社会的最基层单位——村落，其大部分是在小农社会的形成过程中得以成型的，而且这些村落基本上都存续至今。换言之，构成社会结构基底部分的村落的发展史，也在小农社会形成前后存在着巨大的断崖；与这一断崖相比，近代以后的变化主要在于村民迁徙加剧的程度，村落其存在本身的变动则是相对轻微的。

（二）家族、亲族制度的变化

说到家族制度或者亲族制度，都是具有极其保守的性质且不易发生变化的，但东亚小农社会的形成却使家族、亲族制度的存在形态发生了重大变化。在日本，"家"（イエ）的形成象征着家族、亲族制度的变化，其形成始于中世纪的武士阶层，近代以后渐渐扩散到一般农民。这样的"家"的形成是以"家"作为经营体得以成立作为基础的。随着农民经营在小农社会形成后的逐渐稳定，"家"也随之普遍形成。"家"的形成同时也是家长权力的强化过程，并伴有女性地位的下降，以及继承制度方面从分割继承向单独继承的变化。

在朝鲜，家族、亲族制度的存在样式在前期和后期也可以看出很大的差异。笔者在其他文章中也有提到，[1] 在朝鲜前期，两班阶层实行男

---

[1]　拙稿：《朝鲜両班社会の形成》。

女均分继承，母系的血缘与父系同样受到重视，作为父系血缘集团的同族集团并不稳固。但是 17 世纪以降，两班阶层逐渐实行男子优待、长子优待的继承制度，结婚后的居住形态也出现了从居住妻家向居住夫家的转变。随着父系血缘关系的重要性逐渐增加，同族间的结合也随之得到强化。作为同族结合象征的族谱，其真正意义上的编纂也是始于 17、18 世纪。

从两班阶层开始形成的这一家族、亲族制度向一般民众普及，这是 18 世纪以后的现象。相比于两班阶层，与一般民众的家族、亲族结合的存在样态相关的史料十分稀少，相关研究亦不多见；不过嶋陆奥谚利用 17 世纪至 19 世纪大邱地区户籍对非两班阶层家族结构变化的探究就显得颇有异趣。[1] 嶋陆奥谚的研究显示，从 17 世纪末到 18 世纪前半叶，在子女成长并逐渐离开父母的独立过程中，最后由剩下的幼子与父母同居的模式十分普遍，如今常见的长男留下而次子以下分家的模式则要到 18 世纪末以后才得以形成。他同时也指出，非两班阶层亲子同居形态的变化，与他们上升为两班身份的过程是同步的。

正如嶋陆奥谚所阐明的，一般民众当中开始重视"父母—长男"关系，这一变化显然是对两班阶层家族存在形态的沿袭，反映了两班家族的意识形态的下渗。尽管嶋陆奥谚在文中没有言及，但幼子同居向长男同居转变这一现象，很可能和继承制度上重视长男的变化有所关联。

中国在小农社会形成的同时，家族、亲族制度发生了怎样的变化还是没有发生变化？这一问题已超出了笔者能力范围，不易解答。不过从上田信[2] 等人以历史角度探究江南地区同族结合存在形态的研究成果来看，同族结合的强化似乎发生在明代以降。正如上田信所指出的，中国

[1] 参考［日］嶋陆奥彦：《大丘户籍にみる朝鲜後期の家族構造の変化—〈父母と同居する子〉を中心に—》（《朝鲜学报》第 144 号，奈良：〔日本〕朝鲜学会，1992 年）。
[2] ［日］上田信：《地域の履歷—浙江省奉化県忠義鄉—》（《社会経済史学》49-2，东京：社会経済史学会，1983 年）；《地域と宗族—浙江省山間部—》（《東洋文化研究所紀要》第 94 号，东京：东京大学，1984 年）；《中国の地域社会と宗族～一四—九世紀中国東南部の事例—》（《世界史への問い［4］—社会的結合》，东京：岩波书店，1989 年）。

的同族结合与地缘结合有着很深的关系；但考虑到上文关于现存村落形成时期的讨论，我们其实很难将一直存续至今的同族结合存在形态追溯至宋代之前。

由是观之，虽然中国的情况尚存诸多不明之处，但在日本和朝鲜，小农社会的形成显然伴随着家族、亲族制度的重大变革。与小农社会形成前后的这一重大变革相比，近代以后出现的变化可以说是相对轻微的。不过，从日本《明治民法》中对"家"的位置设定、朝鲜 20 世纪以后族谱刊行的盛况等现象来看，更为妥当的理解是：伴随小农社会的形成而出现的家族、亲族制度到了近代以后反而得到了强化。

（三）超越"传统 VS 近代"

综上所述，东亚小农社会的形成伴随着社会所有层面的重大变动。很明显，小农社会形成的同时，东亚社会也随之彻底重生，这是笔者想要强调的第一点。同时还要强调的一点是，伴随着小农社会的形成，社会结构上出现了种种新特征，这些特征基本上也为近代之后所继承。以下将对第二个观点稍作讨论，以此聊作小结。

伴随东亚小农社会的形成而出现的社会结构上的种种特征，过去一概通称其为"传统"。因此，"传统"与"近代"，即便两者间存在某一方是否具有更高价值的区别，然两者间的对立才是一直以来日本社会科学与人文科学界的前提。不过，基于如下两个原因，这一前提有必要从根本上加以重新检讨。

首先，如本章中所阐释的，从东亚悠久的历史来看，所谓的"传统"其实应看作是在晚近时代形成的。"传统"绝非由来已久，而是历经 14 世纪至 17 世纪的变化而一同形成的，从世界史的维度看反而相当于近代的过渡期。

其次，因为"传统"不可能随着"近代"的到来而被消解或消灭，其事态发展反而是逆向的，"传统"大部分情况下会在"近代"中不断地再生，有时还可能得到强化。能够意识到"传统"，终究是由于其并非处于消灭的节点，而是依然有意义地存在着的缘故。

　　宏观地审视东亚长时段的社会变动，可知其最大的分水岭并不是在前近代和近代之间，而是在小农社会形成的前后；换言之，应将这一分水岭置于"传统"形成以前和以后之间。20 世纪 90 年代中叶的今天，我们正处在不亚于东亚历史上小农社会形成的时期，即第二大转换期的入口。

　　（本章内容曾由朱玫单独翻译并刊于《开放时代》2018 年第 4 期。经原译者同意，本书在其译文基础上辅以部分勘误及行文习惯的修改。特此说明。）

第三章 "小农社会论"之后的学习

一、户籍大帐与历史人口学

2002年4月末，我于日本东京大学退休后来到韩国，在成均馆大学的东亚学术院担任教授。促使我做出这一决定的原因虽然很多，但主要是出于对丰富研究活动及扩大研究领域的期待。日本的韩国史研究处于边缘位置，与日本史研究自不能比，其实就连中国史和西洋史也难以企及。不仅如此，与传统悠久的印度史和最近在日本开始吸引眼球的东南亚和西亚地区的历史研究相比，韩国史仍处于劣势。此种情况虽事出有因，但也反映出与日本关系最近的韩国的历史一直以来被忽视的学术环境。因此在日本研究韩国史要有心理准备，因为即便有了研究结果，公之于众的机会也十分有限。我决定到韩国来进行研究活动，可以说大部分原因也在于此。

转眼间来韩生活已经十年。俗话说十年沧海桑田，回顾十年间的韩国生活，收获的成果较之期待的更多，作为一个研究者，实乃发自内心地感到幸福。

此处将简单回顾过去十年的研究活动。我把在韩期间的研究活动概括为三个部分，希望能帮助读者理解本书的内容。

首先是在成均馆大学东亚学术院所参与的研究项目。我所在的东亚学术院成立于2000年，该研究所以中、日、韩所在的东亚地区为研究对象，其中又以韩国为中心，旨在研究该地区的历史、文学、思想以及社会科学。它作为韩国的大学研究所，在聘请专任教授这一点上有别于其他研究所。既然安扎在如此受人关注的研究机构，我首先想做的便是创建朝鲜时期户籍大帐的数据库，并以此为基础进行历史人口学（historical demography）研究。

韩国东亚学术院的前身——大东文化研究院，在几十年前就开始推进庆尚道丹城县的户籍大帐数据化工作。我赴任之时，该项目已进入收尾阶段。参与该项目的人员当时已身心俱疲，故对于将数据范围扩大到丹城县以外地区的提议表现得十分消极。这虽然也有该工作本身的难度的原因，但我认为，根本原因在于他们看不到数据库未来的使用前景。然而，朝鲜时期的户籍大帐作为全世界范围内都前所未有的庞大史料，将其数据化并造福于诸研究人员，这项工作本身就功德无量。不仅如此，我认为若利用最近学界备受瞩目的历史人口学研究方法来对其展开研究，或可描绘出一幅崭新的朝鲜时期的图景。因此，我曾提议在丹城县（朝鲜）户籍大帐之后，将朝鲜时期史料中数量最多的大邱户籍大帐纳入数据库，同时从基础开始学习历史人口学。

多亏当时两位同事金建泰（现首尔大学国史学系教授）、孙炳圭（现东亚学术院教授）的积极响应，我们得以在学术院内部设立"韩国社会长期变动"研究小组。又恰逢韩国政府给予十年的项目经费，正好可用于推进大邱户籍资料的数据库建设。目前该项目仍在如火如荼地进行当中。

历史人口学在韩国并不为人熟知，它初现于第二次世界大战后的法国。二战时期，法国败给德国后，将战败原因归结为年轻人口太少。战争结束后，就职于法国人口研究所的路易斯·亨利（Louis Henry）希望找出法国的出生率低于其他国家的原因。于是，教区登记簿（Parish Register）进入了人们的视野，因为那上面记录着人口普查开始前的出生、结婚和死亡的数据。历史人口学，从名称中就可以看出它作为人口学的分支，是运用人口学的方法，以人口普查尚未实施的时代为对象并推测当时人口数量的一门学科。教区登记簿记载了该教区内居民们的洗礼、结婚、下葬等相关记录；通过这些记录，可以从洗礼中看出生、从下葬中看死亡，由此便可掌握关于出生与死亡的大量信息。诞生于法国的历史人口学,如今也普及到英国和日本,新的研究成果层出不穷。不仅如此,最近中国也在积极进行着相关研究。

我们的研究小组在共同学习历史人口学基础知识的同时,也十分关注其他地区的研究成果。并且,我们引入历史人口学研究方法,思考用何种方式来利用朝鲜时期的户籍资料。在日本时,由于研究韩国史的学者为数不多,所以我几乎没有开展共同研究的经验。此次管理整个研究团队,这不仅让我感受到共同研究的愉悦,和年轻人一起学习新知识这种难得的机会也是一大享受。

随着上述工作的展开,我们意识到,朝鲜时期的户籍大帐若要用于历史人口学方面的研究,会存在许多限制。历史人口学的本质是推算出生率和死亡率,因此关键在于能否准确推算出出生人数和婴幼儿死亡人数。此处的出生率(fertility)、死亡率(mortality)是人口学概念,指出生与死亡的比率。众所周知,尤其是新生儿易早年夭折的时期,能否准确推算出出生一年或十年以内死亡的人数,这对于摸清人口规模而言影响甚大。然而,朝鲜时期的户籍大帐三年一编,如果在此期间存在出生后便死亡的情况,户籍大帐上不会留有记录。不仅如此,出生后顺利长到 10 岁以上后才首次被载入户籍大帐的情况也十分多见。朝鲜时期不存在人工避孕技术,所以结婚年龄是估算一名女性一生中生育多少孩子的重要基准;但户籍大帐上大多没有记录具体的结婚信息,这无疑增加了研究难度。

因此,与欧洲、日本历史人口学领域所使用的史料相比,户籍大帐四处受限;如何突破这些限制并找到解决方案,是研究小组最大的苦恼。寻方虽然不易,但我坚信,针对户籍大帐的特性开创研究方法论,并尝试导入统计学领域的新方法,这些努力总有一天会让问题迎刃而解。

这个项目每完成一项数据库工作,便会以 CD-ROM 只读光盘的方式飨于学界,这是非同寻常之举。因为学界的信息公开虽然说是世界范围内的趋势,但多数是光打雷不下雨,资料或研究成果的公开与共享在现实当中仍是奢望。在这方面,韩国学界可以说已走在了日本前方。核心刊物的论文可以通过电脑随时随地浏览，这一点在日本无疑是天方夜谭。我最近正切身感受着这一好处。

我由于年纪的原因，无法直接参与数量庞大的户籍资料的研究，所以在团队中负责总结归纳历史人口学的理论和方法，以及整理其他地区的研究现状，并以此指导其他成员。利用户籍史料所开展的研究则交由年轻的组员们负责。本书第五章"朝鲜时期的身份制争议"和第七章"韩国的历史人口学能否实现？"就是借由研究小组的工作而获得的成果。另一个与该小组有关而进行的研究主题便是韩国的族谱了。

对族谱的兴趣始于我执笔撰写《两班》（日语版 1995 年，韩语版 1996 年）一书之时。[1] 当时我所就职的东京大学东洋文化研究所虽然也开展了收集族谱的项目，但在日本几乎没有可供浏览的族谱，所以研究无从下手。族谱与户籍大帐无疑是历史人口学中非常重要的资料。故在赴韩之后，我也得以开始族谱的调查工作。但就韩国族谱而言，何处藏有何种族谱这样的基本信息尚不完善，因此第一步需要调查族谱的收藏处。2007 年，我利用一个学期的研究年[2]——这是非常好的制度，但在日本，该制度大多时候都只是名义上的存在，实际上能利用的机会十分有限——时间来专注于对族谱的调查，主要浏览了收藏于韩国国立中央图书馆和地处韩国富川的族谱图书馆的大量族谱，其间还有幸看到尚未被学界所知晓的韩国族谱，如 1524 年汉阳赵氏的初刊族谱。调查族谱的同时，最大的收获莫过于比较具体地掌握了韩国姓贯集团的形成过程。16 世纪前后开始形成的姓贯集团，极端地说，作为现在也还存在的一种组织，其范围依然是模糊不清的。窃以为，究明这一现象存在的原因，对于把握韩国社会特性而言是至关重要的课题。族谱的调查结果已经通过几篇论文来呈现了，未来结集出版一事亦在酝酿当中。

---

[1]　中文版已于 2024 年 1 月出版：《两班：朝鲜王朝的特权阶层》（朱玫译），上海：中西书局，2024 年。——译者注

[2]　研究年是在大学或研究机构中，给予研究人员一年或一个学期的空闲时间用于自我充电或开展自由研究的一种制度。——译者注

二、东亚中的韩国与日本

上述研究如若称其为东亚学术院项目的相关研究,那另一个研究主题便是东亚学术院授课课程的相关研究了。东亚学术院既是研究机构,又是拥有研究生院的教育机构,所以我也负责研究生院的教学工作。因为学科的名字叫东亚系,所以许多课程名称都含有"东亚"一词。我就职于东京大学东洋文化研究所时也曾负责东洋史学系的研究生课程,当时只讲授韩国史的相关内容。但东亚学术院的课不仅要求涉及韩国史,很多时候还需要涉及日本和中国的相关内容,所以我无形中也接触了大量日本史、中国史的前人研究;专业领域也从经济史、社会史领域扩大到政治史、思想史和国际关系史领域。这一与教学相关的学习经历令我受益匪浅。

虽然在大学当中,教学与科研的对立问题由来已久,但至少对天性懒惰的我而言,迫于教学压力而不得不查阅大量课程所需的相关研究成果,个中收获也是能切身体会到的。通过与学生一同阅读中、英、日、韩文——中文阅读得益于许多中国留学生的帮助;而阅读英语材料的那个学期,因行文难度大、字体小,学生的译文中又错误频出,需要我逐一校正,不知是否受其影响,当时竟还出现高血压症状——的书籍和论文,我得到能够拓展"小农社会论"的机会,实属幸事。

以下不妨介绍我赴韩以后的东亚"小农社会论"的研究轨迹。我最初提出东亚"小农社会论"之时,目的在于站在日本与东亚的共同性这一视角上看待日本史问题。日本史学界一直以来力图将本国历史类比于欧洲,这种史观具有"脱亚"倾向,而"小农社会论"正是对其进行批判的有效方式。"小农社会论"的关注点在于,以形成于15世纪前后的集约型稻作为基础的小农生产主导型社会,在东亚地区是一个普遍可见的现象。不过,在强调东亚各国共同点的同时,该理论的瓶颈也随之显露。让我感受到这一瓶颈的,是三个国家的历史纷争问题。

众所周知,中、日、韩三国围绕历史认识问题存在严重的对立。这一点在历史教科书方面尤为明显，看不到一丝顺利解决的曙光。我由此意识到，像"小农社会论"这样仅仅强调东亚的共同点是行不通的。而尤其令这种意识愈发强烈的，便是"2010 年问题"了。

所谓的"2010 年问题"，是指从日本对朝鲜半岛实行殖民统治的1910 年开始算起，到 2010 年为止，正好过去了 100 年。历时 36 年的殖民统治结束于 1945 年，到 2010 年为止也已过去 65 年。换言之，2倍于殖民时间的岁月也未换回历史遗留问题的解决。而"2010 年问题"的基本认识即在于，以这百年时间点为契机，为解决历史问题创造新的转折点。我作为长期从事韩国史研究的人员，自然希望这种情况能尽快得到改善，所以才萌生了 2010 年夏天在日本举办大型论坛的想法。

事实上，在酝酿"2010 年问题"之时，我对日本史的思考也开始转到其与中、韩两国历史的区别之上。关于 2010 年那场论坛的举办过程和具体内容，可以参考由崔德寿编译的《讲述日韩合并——日本进步历史学家们口中的日韩合并之意义》（首尔：开放书库，2011 年）一书，该书已在韩国出版。我的问题意识核心在于，日本虽然也是小农社会，却没有形成儒家式国家体制——而这一体制曾登上中、韩两国的历史舞台，旨在运转整个小农社会。那么日本的历史与社会的特殊之处在哪里呢？带着这一问题意识，我发表了若干篇批判日本史观的论文，它们将会收录在另一本书《批判日本的历史认识》（预计由日本创作与批评社出版）当中。该书计划与本书同步发行，其中汇编了若干与批判日本相关的东亚比较论的文章。[1]

窃以为，从东亚视角出发审视日本史时，儒学问题最为关键。因此，我最近的精力主要放在对儒学思想和以此为基础的儒家式国家体制的相关思考上；本书也根据不同主题收录了基于这一思考而撰写的内容。1986 年，我曾发表《朝鲜社会与儒学（朝鲜社会と儒教）》（《思想》第 750 号，东京：岩波书店）一文，文中以丁若镛《论语古今注》

---

[1] 创作与批评社已于 2013 年出版此书，正式书名为《批判日本史观》。——译者注

为研究对象,分析了其儒学思想的特点。不过自此之后,对我而言,思想史仅仅作为兴趣所在,论文的撰写则未付诸行动。但自从意识到反思儒学问题的必要性以来,最近我也已经重启思想史的相关研究了。

我的研究原本始于韩国近代史,不过在做土地调查事业的相关研究的过程中,研究对象逐渐扩大到朝鲜时期。因为欲了解近代的韩国,必然要先了解朝鲜时期。当然,并不是说因此就不再对近代史感兴趣了。以对朝鲜时期的认识为基础,或可从全新视角审视近代史——凭着这一理解,我在赴韩之后曾得到若干次执笔近代史相关论文的机会。如韩国三一运动 90 周年前后举办的、由白永瑞教授策划的"关于东亚三国的近代过渡期的比较研究"论坛便是一例。本书也收录了若干篇与近代史相关的论文(参考第三部)。

迄今为止的近代史研究,其主流是将 19 世纪作为分水岭,用所谓的"日本帝国主义化"和"中、韩附庸国化"等大框架来审视全局。窃以为,打破这种 19 世纪范式并寻找符合 21 世纪现实的范式是当今重中之重的课题。本书的执笔意图从根本上而言亦源于此,尽管目前仍处于探索阶段。最近发表的有关"儒家式近代"的论文(本书第十一章"作为'儒家式近代'的东亚'近世'")当中,我提出应将 16 世纪以降视为东亚的近代的主张,在日、韩两国均反响热烈。我虽然对于近代史诸多方面不甚了了,但仍想再次强调,目前将朝鲜时期与近代割裂开来的研究方式亟须得到改善。也因此,我在授课时设定的主题完全不会区分前近代与近代。本书若能得到读者朋友在理解这种用意后的批评指正,定当铭感五内。

三、我的研究归类

我的在韩研究生活大致如上所述。2014 年 2 月是我退休的时间,这意味着我的研究生涯已经渐入尾声。于是也有了整理迄今为止的个人研究的想法。而 2011 年 6 月与 12 月所参与的两个活动,恰好成了这一想法的催化剂:6 月时,韩国历史问题研究所举办"历史角"活动,我以发表不久的"儒家式近代"为主题作了报告，并由两位讨论人进行点评，此次活动内容可参考《历史问题研究》（第26号，首尔：历史问题研究所）中的《从"儒家式近代"中窥见的韩国史》一文；12月的活动则是在日本同志社大学举办的演讲会，当时也围绕我近期的研究进行了讨论，其中参会的韩国史青年学者板垣龙太教授对我的个人研究作了全面的总结——此次演讲会上我的发言以及相关讨论的内容预计将见刊于同志社大学语言文化学会发行的杂志《言语文化》（第15号）之上。[1]板垣龙太教授的整理有些连我自己都始料未及，甚为感谢。他将我的个人研究分成以下六个部分。

第一部分是关于生产关系的研究，主要着眼于地主与农民的关系。第二部分是与生产力相关的研究，囊括了朝鲜时期的农业技术、农法等方面。第三部分是综合前两个部分后对土地所有制的研究，主要围绕土地调查事业而展开。以上三个部分既是我最初的涉猎领域，也是后续研究的基础。第四部分是与朝鲜时期统治体制相关的研究，对于两班的多维度探究即属此。第五部分是对朝鲜时期统治体制中作为统治思想的儒家思想，尤其是朱子学的相关研究，如前所述，这也是我近期的主要着力点。最后一个部分是前五个部分的综合，旨在厘清如何理解朝鲜时期的国家体制这一问题。

板垣龙太教授的如上总结不禁令我思绪万千。上述归类的实现并非我有意而为之，多数研究是为了配合研讨会或出版企划的主题，在非主观的或视情况而定的前提下所开展的；然蓦然回首，终究涉足了多个领域，如此研究之路令人恍若隔世。究其原因，也许是因为韩国史处于日本学界的边缘地位，抑或因为我身为日本人在韩国进行研究的关系。虽然不知道会收获何种评价，但至少于我自身而言，无怨无悔。研究生涯何时画上句号还是个未知数，然吾人所愿亦不过是完成未竟之业罢了。

---

[1]　［日］中纯夫：《実学思想と「際」—宮嶋博史先生の発表に寄せて—》[《言語文化》15（1），2012年]。——译者注

第二部

东亚视域下的朝鲜王朝

第四章　士大夫与两班为何不是土地贵族？

一、量案、检地帐以及鱼鳞图册的比较

东亚各国在前近代时期都有各自的土地账本。韩国有朝鲜时期的量案，日本有近世时期——丰臣秀吉时期和德川家康时期——的检地帐，中国有明清时代的鱼鳞图册。迄今为止，有关上述各国土地账本的论著颇为蔚然；尤其在日本，关于检地帐的研究不胜枚举。但是，前人研究都是从各国自己的账本出发而进行的个案研究，缺少比较史层面的考察。或许，由于土地账本是以具体资料为对象的缘故，能引起研究者兴趣的当是对该资料本身的探究与阐释；所以将它与其他地区的类似资料进行比较，这尚且还不在研究者的考虑范围之内。

本章旨在以朝鲜时期、日本近世时期、中国明清时代为对象，比较各自的土地账本。当然，最终目的是要明确三个国家土地账本的共同点。为此，本章首先将对三个国家的土地账本样式作一概观，从中管窥三个国家各自管理土地的方式，由此探讨其共同点，进而考察该共同点究竟意味着什么。

（一）朝鲜时期的量案

朝鲜半岛历史上的高丽与朝鲜两个王朝所使用的土地账本都叫量案。其中高丽时期的量案虽然均已散佚，但在样式上与朝鲜时期的量案相比应当有所区别。本章关注的是 18 世纪朝鲜时期的量案样式。[1]

---

[1]　关于朝鲜时期量案的账本样式，参考拙稿：《朝鮮土地調査事業史の研究》（东京：东京大学东洋文化研究所，1991 年）。

〈材料 6〉《尚州庚子田案》

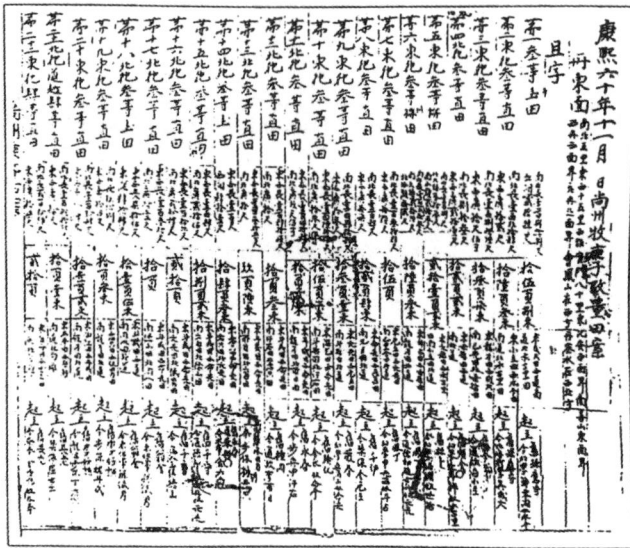

〈材料 6〉是 1721 年制成的《尚州庚子田案》。朝鲜时期的量案全都经过整理并藏于韩国首尔大学奎章阁，该田案也不例外。从 1718 年至 1720 年，忠清道、全罗道、庆尚道三道实行了量田政策，彼时尚州隶属庆尚道。

在量案中，各个土地的地番之前标有以千字文为序的字号，这点与鱼鳞图册如出一辙，可见量案曾受到鱼鳞图册的影响。但是，鱼鳞图册是机械性地根据位置用字号标注行政区域；与之相比，量案则是以每 5 结田为单位来标注字号，这一区别对量案的性质而言具有重要意义。每个字号之后紧跟着按顺序从 1 开始的序号，每一笔的耕地都是特定的，这一点与鱼鳞图册一致。即是说，每块土地都是以"某某字某某号之土地"的形式标注，用以区分字号与序号。

各块耕地的相关登记事项有：等级、形状、地目、尺数、结负数、四标（相当于鱼鳞图册以及日本中世为止的土地账本中的"四至"）、起主等。最上端的"东犯""北犯"等用语表示量田时的方向，如"东犯"便意味着量田时的方向是从西往东。这种"犯向"，依笔者陋见，是由于量案不像鱼鳞图册那样有鱼鳞图可以展示各块土地的位置分布的缘故，所以是用来代行这种功能的。等级的原则是按照肥沃程度分成从第一等（最肥沃）到第六等（最贫瘠）的六个级别。而耕地的形状有方（正方形）、直（长方形）、梯（菱形）、圭（三角形）、勾股（直角三角形）等五种基本形状。若土地形状不属于上述任何一种，则采取"裁"的方式将土地变成基本形状后再登记——量案中明确记载了这一方式。

耕地的大小通过量地尺的尺数来体现。按五种基本形状来计算面积时，先将必要的尺数标示出来，按照该尺数则可自动计算出面积。量案最大的特征是，只标注计算面积时必要的尺数，而不标示具体面积数，但同时标示的是土地结负数。结负是一种课税标准，像田税等地税都是按照结负数来征收的。结负的计算方法与土地的面积和等级相关。举例而言，第一等土地在量地尺面积为 1 万平方尺的情况下算作 1 结（100负），而同样面积的第六等土地则只按 0.25 结（25 负）来计算。算好之后，如前文所述，每 5 结田会标注字号。此处结负数与各等级的具体关系为：以量地尺面积 1 万平方尺为例，第一等为 100 负，第二等为85 负，第三等为 70 负，第四等为 55 负，第五等为 40 负，第六等为 25负——每降一个等级，就会相应减额 15 负。

另外，"起主"一词中，"起"作为对应"陈"的概念，意指"起耕中"，即正在被耕种的土地；而"陈"是指荒废的土地。所以，起主是指正在被耕种的某土地的主人，大致相当于土地所有人。但在某些特殊情况下，起主也会被加以特别标记。《尚州田案》中便有这样一例：田案中有"起延礽君房作某"字样，即该土地是由国王庶子延礽君（后为英祖国王）掌握收租权的土地，即所谓的宫庄土。那么这种情况下，土地所有人究竟是君房，还是被登记为"作"的某人，仅凭量案的记录是无法确定的。像宫庄土这样带有收租权的土地，其处理方式与一般民田不同，与鱼鳞图册中的官则地在性质上有几分相似。

尚州量案中，还记有"旧""今"两名起主，其中的旧起主是指庚子年之前，即 1634 年实施量田时的起主。在栏外用"加"所表示的土地是 1634 年量田时未登记的土地，这种情况下便不标示旧起主了。这种能体现出新旧量案关系的标识，也是源于量田的定期实施，这一点和鱼鳞图册是有所不同的。

量案起主标识的又一个特征是，除了起主的名字，连同其职役也会被一同标记。所谓职役，即每个人对国家所需要承担的役。[1] 因此，根据起主职役的不同，如果是两班职役者，则像〈材料 6〉中"且字第一号"的土地所标示的那样，代以登记奴婢的名字；若是良人职役者，则登记本人的姓名；若是贱民职役者，则只标记名字。另一方面，庆尚道的量案中登记了起主的具体职役，但是全罗道的量案中则未见此例。不过，全罗道的量案中，两班职役者同样代以登记的是奴婢的名字，良人职役者登记本人的姓名，贱民职役者只登记名字——换言之，根据起主职役的不同，登记内容会有区分，这一点同庆尚道的量案基本一致。像量案这般强调土地所有人的职役，这在鱼鳞图册中是见不到的，故值得关注。

（二）日本的检地帐

下面以宫川满所介绍的《摄津国天川村检地帐写》为例，[2] 来探讨日本的检地帐。作为所谓的"太阁检地"（从丰臣秀吉时期到德川家康初期的一系列土地普查的总称）的一环，日本在 1594 年实施了土地普查。本节的研究对象即彼时普查后的产物。

检地帐中虽然没有类似鱼鳞图功能的部分，但惯例上会另外通过"见取图"来反映耕地的位置关系。因此，在每块耕地中基本不会附上字号或者序号，只会在每块耕地的所在位置上标注详细地名。检地帐是以"村"（むら）为单位制成的，所以就算其土地管理方式略显简单，也应当是绰绰有余的。

---

[1]　役是指朝鲜时期年满 16 岁的良人壮丁无偿向国家所提供的劳动力。——译者注
[2]　［日］宫川满：《太閤検地論（第 3 部）—基本史料とその解説—》（东京：御茶の水书房，1963 年）。

各个耕地的等级分为上、中、下三等，根据不同情况还会出现更细分的"上上""下下"等等级。另外还记载有地目、面积、石高、名请人等信息。面积只标明了换算方式：300 步＝1 反，而计算面积时的基础数据（尺数等）则没有被记录下来。

检地帐最大的特征是石高的标识，每块耕地的石高按照等级、地目和面积来计算。按天川村之例，"上"等级的水田 1 亩＝1.4 石，"上"等级的旱田 1 亩＝1.2 石，等级每降一级就会减少 0.2 石——这被称为石盛（为了计算石高所需要的基准生产量）。但在预测耕地的生产量时，石高一律只看米谷产量而并不区分是水田还是旱田。此为何故呢？

虽然石高很容易会被看作一种课税标准，有如朝鲜时期的结负制，但是年贡的征收直到近世中期为止都是与石高无关的。石高发挥课税标准的作用，这还得等到被称为"定免法"的定额年贡制（每年的征收额数会提前确定的征税法）推行之后；而在此之前，它并没有承担此种功能。石高原本是作为承担军役时的一种标准，即武士们要根据自己领土的石高来承担相应的军役。所以石高带有很强的政治性。而太阁检地的最终目的，也正是在于要在全国范围内统一军役标准。

考虑到石高的上述性质，对于量案中出现的结负也就有重新思考的必要了。换言之，迄今为止的结负制都是被视为课税标准，但是除此之外应当还具有其他意义。因为若只是为了征税，只需知道面积和等级即可，何须特意计算结负？所以，就像石高是为了均衡军役一样，结负也应具有其他性质。比较合理的推测是：它原本是为了平均分配收租权——代替国家收租的权利——而被创造出的一个单位。因为为了平均分配收租权，不仅是分散的土地的面积问题，一块土地要收取多少租税也是十分重要的。如果按照这种方式来反观石高制与军役之间的关系，以及结负制与收租权分配之间的关系的话，两者便都具有军事和政治上的意义了，这在我们思考东亚的私有土地与政治权利之间的关系时均能提供重要启示。此部分见于后述。

天川村检地帐的最后一栏中，记有每块土地的"名请人"——每块土地的所有人。其特征是所有名请人只记录名字而没有姓氏——因为如果是武士身份，按照兵农分离的原则是不允许拥有土地的。当然，名请人中也有人是拥有姓氏的（就像继承古时土地豪族系谱时的情况一样），但在检地帐中一律不被标示。鱼鳞图册中登记有作为领导层的士大夫，量案中则登记有业户或起主（虽然两班的登记是以奴婢来代替），因此和检地帐相比有着很大的不同。

如前所述，检地帐是以村为单位制成的，而无论是鱼鳞图册还是量案中都没有明确标记出"村"。这一点同样关键。中国是将县划分为若干"都"，再将"都"划分为若干"图"，最后以图为单位来制作鱼鳞图册；"都"或者其下级单位"图"都仅是为了征税而划分的，与带有行政性质的"村"无关。韩国的量案是以郡和县（在朝鲜时期，郡与县是同一等级的行政区划）的下级行政单位"面"为单位制成的，而相当于"村"的单位"洞"或者"里"则并不作为量田时的单位。上述差异在考察三个国家的村落面貌时是很重要的问题点，此处按下不表。

（三）明清时代的鱼鳞图册

鱼鳞图册是宋代以降由国家负责制作的账本。中国和日本已有大量关于鱼鳞图册的研究，本章基于前人研究成果，对其账本样式作一番考察。

目前，日本国立国会图书馆以及东京大学东洋文化研究所都将鱼鳞图册作为清代史料来收藏；但是在卷帙最为浩繁的《徽州千年契约文书》[1] 中出现的一系列徽州地区的鱼鳞图册，其时期却是起于元代讫于清代的。中国曾保留的鱼鳞图册数量之浩大，可见一斑。就算只看留存至今的鱼鳞图册，其账本样式也是五花八门。本章仅以《徽州千年契约文书》中的《万历九年歙县三十七都八图君字号鱼鳞清册》（见〈材

---

[1]　王钰欣、周绍泉主编：《徽州千年契约文书（宋、元、明编）》第 20 卷（石家庄：花山文艺出版社，1991 年）。

料 7〉）为例来探讨其样式。该图册成册于明万历九年（1581 年），彼时万历年间著名的宰相张居正正主持实施所谓的"张居正改革"，其结果之一便是该图册。其中"都"和"图"都是为了征税而使用的单位，"君字号"正是前文所提到的字号。

〈材料 7〉《万历九年歙县三十七都八图君字号鱼鳞清册》

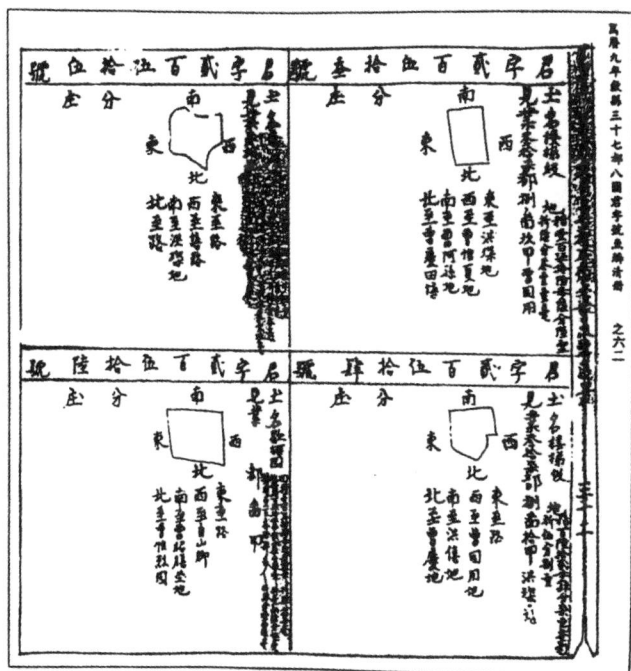

鱼鳞图册在开头一般都会有一览图，用以展示本图册中登记的所有耕地的位置。该图的形状颇似鱼身上的鳞片，想来"鱼鳞图册"也是因此而得名。和量案一样，鱼鳞图册中的每块土地都有特定的字号和序号。每块土地都记有如下事项：其所在地的土名、地目（一般而言，"地"指代水田，"田"指代旱田，"塘"指代池塘；但在徽州地区，"地"指代旱田，"田"则指代水田）、面积与折数、土地所有人的地址与姓名（"业见"部分）、土地形状图以及四至等。

该鱼鳞图册中最大的特征，在于各块土地的面积是用"积"和

"折"两种方式来标示的。其中"积"是直接标示土地面积的方式，360步＝1亩；"折"则是由"积"换算而来——"折"字本身即有换算之意。案万历《休宁县志》："万历十年籍户口，以前年九月奉旨经界田土，官民田地山塘均为一则。"即依照所谓的"征一均粮法"，不分官田民田，每个地目按照一定标准将面积换算成"折"，以此来实现公平征税。

下面介绍"折"的换算方式。此处没有官则土地，均是民则土地，而两者的区分始于宋代。宋代的官田属于国有土地，民田属于私人土地，其所有权所属有所不同；但及至明代，官田也发生了私有化。只不过，以官田系谱得以延续的官则土地，其地税负担相比民则土地要重得多。民则土地的"折"换算方法如下：水田为224步＝1亩；旱田根据肥沃程度分别有280步＝1亩、314步＝1亩、327步＝1亩之分；池塘（因通过养鱼等手段能获取收益，故也成了征税对象）为320步＝1亩。故以"折"来标示的面积并非实际面积，是考虑到经济价值后算出的各块土地的面积单位——同量案中的结负以及检地帐中的石高是一样的。

"折"的基准因地域而异。按《徽州千年契约文书》中的各种鱼鳞图册，水田基本都是224步＝1亩，旱田则存在270步＝1亩、280步＝1亩、305步＝1亩、314步＝1亩、327步＝1亩等多种换算方式，池塘则均为320步＝1亩。此外还有"山"（360步＝1亩）、"山田"（238步＝1亩）等例，大概也是根据各种土地的实际收益换算成折数来实现均税的。笔者将这种方式称为"折亩"。

有趣的是，"张居正改革"时期制成的鱼鳞图册当中，有一些只标示了折数却未标示"积"。《徽州千年契约文书》中的《万历九年歙县三十六都四图非字号鱼鳞清册》《万历九年歙县短字号鱼鳞清册》《万历祁门西都七保塘字号鱼鳞册》等，均属此列。这些账本的存在，也从另一侧面证明了国家关注的不是实际面积，而是通过折数导出的那个数字。这种账本样式，与量案中只标示结负数而不标示土地面积的方式颇为相似。

不过，与韩国的结负制以及日本的石高制不同的是，中国的折亩并没有正式发展成一种制度。例如清康熙年间，同样实行过大规模的土地丈量，彼时制成的鱼鳞图册现藏于东京大学东洋文化研究所二井田文库。从这些账本上看，并不能发现有实行折亩的痕迹。由是观之，折亩并未实现制度化。这恐怕是因为，明清时代并不存在诸如结负制与收租权、石高制与军役的关系那样，将土地制度与政治结合起来的现象。但是就算鱼鳞图册中未能反映出折亩的实施，在具体征税之时应当仍然是利用了折亩来确定各块土地的税额的，所以只不过是在账本上没有留下相关痕迹而已。

二、中、日、韩三国土地账本的共同点

通过比较上述三种土地账本，除了差异之外，也还能发现一些共同点。迄今为止有关上述三种账本的个案研究可谓各有建树，因而三者间的共同点几乎没有引起太大关注，但是其存在是昭然确实的。而找出引发这种共同点的历史因素，这对于研究东亚社会的特征而言是具有重要意义的。

三者的共同点，从账本样式上看，首先映入眼帘的莫过于量案的结负、检地帐的石高以及鱼鳞图册的折亩这三种管理土地的方法了。三者都是对账本中登记的每块土地进行面积、等级、地目——量案基本不考虑地目上的差异，只在判定等级时才会考虑——等各项的综合评价，并分别通过结负、石高、折亩的数字来量化这块土地的"纯经济价值"。之所以称之为"纯经济价值"，是因为这三种方法均不考虑每块土地的特殊情况，只根据从这块土地能获取的收益来作出绝对评价。而这种原则，某种意义上说是十分具有"近代性"的。众所周知，近代的土地地税制度所采用的方式，是对每块土地的绝对经济价值进行评估，并按其收益来征收税金。从这一点而言，结负制、石高制以及折亩制，在其理念上与现代的土地地税制度是一脉相通的。

当然，"纯经济价值"说到底只是一种理念，结负数、石高数、折亩数在实际计算过程中还是会受到其他诸般因素的影响。例如朝鲜后期在计算结负数之时，会考虑地域的特殊性。最典型的莫过于京畿地区，因其毗邻国王居住的王都，故其等级相较其他地区会更低。之所以如此，原因有二：其一是彰显国王的恩惠，其二是因为该地区百姓的负担会因为国王的行幸等原因而重于其他地区。后者可以视为经济上的原因，而前者便是政治上的原因了，故很难视之为"纯经济"的。这种现象想必在日本或中国也存在过。然而若夸大这种现象，进而认为结负、石高、折亩是一种前近代的产物，未免言过其实。因为就算是近现代的土地地税制度，除了经济因素以外，同样也要考虑其他因素，这是再正常不过的现象。

若按照上述方式来理解三种土地账本的共同点的话，那么在当时的前近代社会，这些稍显另类的方式为何能得以实行？要如何才能得以实行？一系列问题便接踵而至了。

三、消灭支配土地的特权

（一）另一种检地帐

在探讨造成上述三种土地账本中出现共同的土地管理方式的历史成因之前，先来看〈材料8〉中另一种现存的检地帐。它名为"摄津国天川水帐"，成书于天川村，并早于前述的《摄津国天川村检地帐写》，宫川满对其亦有过介绍。[1] 当时的检地帐又名"水帐"（ミズチョウ），乃因"水"（ミズ）的发音与"不见"（ミズ）（意为看不到）的发音相同——检地帐原本就是很难看到的账本。据推测，该检地帐制成于1573年至1585年间，彼时的天川村尚且属于高山氏的领地范围。当时

---

[1] ［日］宫川满：《太閤検地論（第3部）—基本史料とその解説—》。

实施的，是比太阁检地更早的战国大名检地。虽然只比前述的检地帐早了不过十到二十年，但两者的样式却截然不同。

〈材料 8〉《摄津国天川水帐》

该水帐的最大特征是记载了各块土地的"分附"之主。在表示面积的步数（此处每 300 步为 1 反）前面记有"又丞分""堂免"等字样，这便是分附之主了——"又丞"和"堂"即为该意。根据不同的耕地，也会出现只登记名请人而不登记分附之主的情况，不过这都是个例。该分附之主是从领主高山氏处获得许可，有权对各耕地收取一定时间内的份额的人，其内容十分多样。另外，"又丞"不仅仅是指代分附之主，还出现过指代名请人的情况，所以这也反映出兵农分离的实施并不彻底。要言之，战国大名检地当时，一块土地中的多重权利关系是被承认的，所以这一点可视为与太阁检地最大的不同之处。

该水帐的另一个特征则是未见到石高的记载。每块耕地所标示的是石斗数和文数——前者表示该土地的年贡高[1]，后者表示所谓的段钱

---

[1] 年贡高即年贡数，"高"意指数量。——译者注

（土地所赋的货币地税）之额。因为耕地中存在多重权利关系，所以无法实施石高制这种统一的军役赋税标准。结果，石高制只有在土地中包含的多重权利关系都得到消解，土地能够以完整的形态来被管理之后才可以发挥作用。

《天川水帐》中的上述两个特征，相互之间联系紧密。即，在土地的管理及权利关系上，它不似太阁检地中的"领主 VS 农民所有者"那般纯粹，而是在领主与农民之间存在着各种性质的分附之主，所以土地的支配关系必然趋于复杂化。而其结果，便是使每块土地要承担的年贡高变得特殊。换言之，可以理解为，像石高那样统一的土地管理方式，只有在诸如分附之主的中间人物完全消失后才变得可行。正如迄今为止的日本史研究中所指出的，太阁检地否定了分附之主的存在，将土地的支配与权利关系浓缩成领主与名请农民（在检地帐中登记为名请人的农民）两者之间的关系，由此发挥了兵农分离的作用，成为区分日本的中世与近世的分水岭。

如果日本近世的检地帐中的石高制可以按上述方式来理解的话，结负和折亩是否也能用相同方式来理解呢？即是说，结负或折亩的实施要想成为可能，是否也需要有统一的土地管理方式的成立来作为其前提呢？

（二）结负制与量案的历史变迁

"结负"一词在新罗时期的土地文书中已然有迹可循，所以其历史十分悠久；但是直到高丽中期为止，它都只是单纯地用以表示土地面积的单位而已，即 1 结＝1 顷，1 负＝1 亩。但从高丽时期的某个时间点开始，它变成了"异积同税"（例如，同样的 1 结土地，按照等级不同，其面积是不同的，但是却承担着相同数量的地税）的结负形式。[1]其原

---

[1] 关于结负制的历史变迁，参考拙稿：《朝鮮農業史上における一五世紀》（《朝鮮史叢》第 3 号，神户：青丘文库，1981 年）。

因或与分配收租权的出现密切相关。按照异积同税的结负制来管理土地，可以最便捷地实现收租权的分配。但是高丽时期是否所有土地都是根据结负制来进行管理的，这一点尚且存疑；而这也是高丽时期与朝鲜时期最大的不同。

进入朝鲜时期后，以结负制来管理土地的方式得以贯彻；能反映出这一点的，便是量田方式的变化以及"五结作字制"（即如前述的以 5 结田为 1 个单位并附上字号的制度）的诞生。关于这一过程，拙著中已略有言及，[1]另外在李荣薰的论文中也有详细介绍。[2]以下将主要参照李氏的论文来展开说明。

案《高丽史》之《食货志》有如下记录，最能切实反映出高丽与朝鲜时期的量田方式的变化：

> 公私之田，一切革去。或以二十结，或以十五结，或以十结，每邑丁号，标以千字文，不系人姓名，以断后来冒称祖业之弊。量田既定，然后分受之以法。

该史料是 1389 年高丽末期在实施所谓的"己巳年量田"之前，重臣赵浚等人上书的部分内容。其核心思想是建议在量田时取消公田（国家收租）与私田（收租权分配给个人）之分，一律按照每 20 结或 15 结或 10 结附 1 个丁号（即前文所述的字号），顺序以千字文为准；丁号中和原来一样不标示人名，以防止在量田之后出现有人将他人土地冒称为自家祖上之地这一弊端。

己巳年量田的实施最终是在三年之后，即在朝鲜开国君主李成桂掌权以后，所以与其说它是高丽时期的最后一次量田，事实上不如说它是朝鲜时期最早的一次量田。而且，己巳年量田与科田法——在该量田实施

---

[1]　参考拙著：《朝鮮土地調査事業史の研究》。
[2]　参考［韩］李荣薰：《朝鲜初期五结字号的成立过程》（《古文书研究》第 12 辑，城南：韩国古文书学会，1998 年）。

两年以后制定——有着密不可分的关系。众所周知，科田法最大的目的是要废除已经极度紊乱的私田之弊，并在私田的分配及收租权的行使上加强国家统治。上述赵浚的建议中，亦能读出要加强国家对于私田的统治力度的意图。要言之，高丽时期的量田中，不仅是公田与私田要分开处理，若为私田，还会标记其主人的姓名；而己巳年量田之时，不分公、私田，一律统一标准，按每一定的结数附上丁号，操作方式更加机械化。

从赵浚的上书中可知，高丽时期的量田中，公田与私田是分开的。对此可以假设：政府在面对私田之时，不会仔细调查其内部具体情况，只是大概了解其结数。高丽时期的土地标示中，大部分情况下以"结"为单位，标记负数与束数（10束＝1负）的情况十分罕见；这也能说明，政府对于私田的掌握是很肤浅的。从这一点而言，认为高丽中期以后出现的"异积同税"的结负制在高丽时期所有耕地中都得到严格的执行，这一看法是有瑕疵的。而从根本上对上述现象进行改革并将所有耕地一律按照结负制来处理的方式，要等到己巳年量田时才得以实现。

赵浚的上书中提到，每20结、15结、10结会定1个丁号，因此在己巳年量田时，估计也是按照这种方式来确定丁号的。但是李荣薰在文章中明确指出，1398年的量田令中已经改为"五结作丁制"（同五结作字制），之后的朝鲜时期也一直遵循这一制度。因此，国家对所有土地一视同仁，只关注其"纯经济价值"并于每5结田附以字号（丁号）——从这一点而言，结负制是对私田田主私自占有土地的一种否定，其诞生时期也正是国家开始强化对私田管理的高丽末期到朝鲜前期这段时间。所以，将结负制与日本石高制的诞生作对比的话，可以发现两者具有相同的意义。

只不过，即便在科田法制定之后，私田田主对土地的肆意支配现象仍然无法消除，许多问题悬而未决。就算是在朝鲜前期，也很难说国家实现了对于私田的全面处理。应该说，从15世纪后期职田法[1]的实施

---

[1]　职田法是只为在职官吏分配收租地的一种制度。——译者注

到 16 世纪中期职田法的废除，再到折受制——承认两班等人拥有一定地区的所有权的制度——的消灭，经历了这一系列变化之后，国家对于土地的统一管理才得以实现。就这一点而言，结负制完成的时期是 17 世纪，与日本的石高制的诞生时间几乎一致。

（三）中国的折亩制

最后再来看中国的折亩制。如前所述，折亩制并没有形成一套制度。虽然笔者认为它是在张居正改革期间才得以实施，但仍亟待更多的研究对此加以考证。

不过，就中国折亩制实施的前提条件而言，也需要从国家对土地的统一管理角度去加以认识。至少直到当时为止，中国也分明存在像职田这样特权化的土地支配的现象。正因为这种特权化的土地支配方式被废除，折亩才有了得以实施的可能。另外，现存的鱼鳞图册最早只能追溯到元代为止，但是可以说，鱼鳞图册的制作自宋代始便已存在了。厘清中国的土地支配特权之消灭与鱼鳞图册诞生之间的关系将是笔者未来的课题。

如上所见，东亚各国的土地账本之间存在相当多的共同点。而造成这种共同点出现的原因，可以归结为支配土地的特权之消失，换言之，即土地的管理权向国家集中。只不过日本近世的情况和中、韩两国略有不同，难言土地的支配权完全集中于国家手上，极少部分的上层武士将军，还有大名、旗本、御家人以及一部分臣子都拥有独自支配的领地。虽然可以说这比起中世的土地管理更加单一，却不能说支配权完全掌握在国家手里。

让我们再把视线转回到天川村的检地帐上。其封面上标有人名"石川久五"，这是天川村检地时的实际负责人的姓名。太阁检地的一大特征之一，便是检地实施的过程中，其负责人并不是该领地的领主，而是隔壁领地的领主。换言之，领主们在太阁检地时并不拥有对自己所统领地的"检断权"，所以可以说，这意味着统一的土地管理变得可行。德川幕府中期以降，大名们开始独自实施检地。可与之对照的例子则有18 世纪以后的朝鲜，每个郡县都各自开展量田，而中央政府并不能充分了解这些量田的结果。此现象应该与国家统治的弱化有关。从这一层面而言，可以说土地管理向国家集中是东亚地区的共同特征。而且对东亚地区来说，这一特征是使得近代土地所有权的成立变得简单的最重要的历史性条件。当然了，关于这一点，笔者已在其他论文中有所指出。[1]

　　问题在于，上述特征为何会在东亚地区出现？笔者认为，最大的原因在于东亚地区集约型农业生产方式的确立以及由此带来的统治阶层对于农业管理的回避。这一问题将留待日后另述。

---

[1]　拙稿：《東アジアにおける近代的土地変革——旧日本帝国領土を中心に》（［日］中村哲编：《東アジア資本主義の形成：比較史の視点から》，东京：青木书店，1994 年）。

第五章　朝鲜时期的身份制争议

一、何为身份?

迄今为止,对于朝鲜时期的身份、身份制问题,学界倾注了大量心血,研究成果数不胜数。毫不夸张地说,韩国的朝鲜史研究中能与之匹敌的,恐怕只有实学思想的相关研究了。那么,为何对于身份及身份制的研究会如此受欢迎呢?

无论如何,最重要的原因应该是户籍大帐这一资料的存世。户籍大帐中所记载的"职役"通常被认作一种身份的象征或者是与身份有着密切关系的一种存在,结果就出现了如下认识:通过对户籍大帐的分析,可以阐释朝鲜时期的身份结构以及不同阶段的变化过程。而目前可见的朝鲜时期户籍大帐之浩如烟海,其本身也刺激着大量研究成果的迭出。

但是自不必说,仅凭资料数量之庞大并不足以说明对于身份和身份制的研究盛况。而第二个原因,便在于诸多研究者有一个共识:若能清楚地勾勒出身份制的变动轨迹,那么对于研究朝鲜时期的社会变动及发展而言定会有所助益。不难看出,这一认识的背后隐藏着如下期望:由于作为前近代社会的朝鲜社会是身份制社会,所以身份制的变动或者解体均可以视作朝鲜社会迈向近代的直接标志。

对于上述两点原因,恐怕不会有人提出异议。但是笔者仍然认为,上述两点原因还不足以完全解释学界对于身份制研究的热衷。例如,就算是和日本的德川幕府时期、中国的明清时代、同时期的欧洲的相关研究进行对比,韩国史研究中对于身份及身份制的关注度依旧处在一个相当高的水平。为何会出现此种现象呢?

恐怕最大的原因还是在于朝鲜时期身份制的结构本身。即是说，身份及身份制本身不仅十分复杂，其概念也模棱两可，所以在研究者之间很难达成共识，由此才引发了学界的诸般关注。像明清时代的中国，"身份"对于整个社会而言毫无意义；反过来，像德川家康时期的日本，身份则是由法律来严格规定的。这两者的原因虽然不同，但结果却殊途同归：没有必要对身份制加以太多的关注。与之相比，朝鲜时期身份制的性质则正好夹在这两者中间，所以针对身份及身份制的讨论可谓众说纷纭，自然就有了大量的研究成果问世。

但是依笔者陋见，就算是这一点也还不足以说明一开始提出的问题。难道在其背后没有隐藏其他目的吗？换言之，朝鲜时期的身份及身份制不单单是过去的问题，在当下仍然自有其意义——有许多人认为，关于朝鲜时期的身份的诸般知识在当下依然奏效，哪个家族属于哪种身份这一问题时至今日仍旧不失意义，故学界对于身份制研究的热情一直居高不下。这应该是在中国、日本都很难见到的现象。也因此，笔者认为，其原因与上述朝鲜时期身份制的复杂性和模糊性有着密切的关系。

以上述认识为前提，笔者希望为推动朝鲜时期的身份及身份制研究继续向前迈进做一些必要的工作：对这些概念进行一个理论上的爬梳。迄今为止的研究中，因基本概念的模糊不清而招致的意见对立比比皆是，这也是笔者撰写本章的动机之一。但更为重要的问题是，关于身份及身份制的研究，在理解朝鲜的国家体制及社会结构时有着怎样的意义，即这些研究的原点为何？对此需要重新加以深究。

二、中国和日本的身份制类型

尽管关于朝鲜时期的身份及身份制已有大量的研究成果，但很难说其中的基本概念设定让人信服。更有甚者，就连朝鲜社会为何采用身份制，身份制与国家和社会结构之间是何种关系等问题，都尚未得到完满的解答。[1] 从这一点而言，金仁杰在 1987 年所提出的观点，时至今日仍然有其生命力：

> 上述问题（朝鲜后期身份史研究的问题）再次提醒我们反省身份史研究的视角与方法论的必要性。这同时也意味着，既往的朝鲜后期身份史研究并没有对身份制的历史意义——从中世封建社会角度——这一基础问题提出质疑；而现下的研究应当由此起步，从解决最基本的问题开始重新出发。[2]

据此，本章将首先通过讨论其他国家的例子来探究"身份"的概念问题，并重点关注各个前近代社会为何是以身份制社会的形式而存在。

（一）关于身份制国家的概念问题

塚田孝作为研究日本德川幕府时期——典型的身份制发展阶段——身份制的学者，对前近代社会的身份制所具有的意义有过如下阐述：

> 对于近代社会而言，人类拥有着"人"和"市民"两种属性。在这里，作为个体的诸般差异和个性，以及基于个性而发展起来的团体都被归类为"私事"而被封锁于市民社会之中；相反，在政治性的国家里面，具有普遍性的人（市民）有了公共领域的位置，并

---

[1] 迄今为止，从理论角度研究朝鲜时期身份及身份制的代表性论著如下：
　　［朝］金锡亨：《朝鲜封建时期农民的阶级构成》（平壤：社会科学出版社，1957 年）；
　　［韩］李成茂：《朝鲜初期两班研究》（首尔：一潮阁，1980 年）；
　　［韩］刘承源：《朝鲜初期身份制研究》（首尔：乙酉文化社，1987 年）；
　　［韩］宋俊浩：《朝鲜社会史研究》（首尔：一潮阁，1987 年）；
　　［韩］韩永愚：《朝鲜时期身份史研究》（首尔：集文堂，1997 年）；
　　［韩］金弼东：《差别与联合》（首尔：文学与知性社，1999 年）。
　　其中，金弼东的著述中对相关的研究史作了较好整理，但他似乎同样没有把关注点放在朝鲜时期的国家与社会为何需要身份制这一问题上。
[2] ［韩］金仁杰：《朝鲜后期身份史研究现状》（［韩］近代史研究会编：《韩国中世社会解体期的诸问题》下册，首尔：瀚宇出版社，1987 年），第 355 页。

获得了相应意义上的平等——尽管这很抽象化。与之相比，对于前近代社会来说，个体不具备双重属性，其存在的方式正是"身份"。有着特殊理解的人根据其特殊性（个性）来获得公共的地位，而在这种国家、社会的自在关系设定中充当媒介的则叫作"集团"。[1]

如上所述，一般而言在前近代社会中，个体的特殊性，例如一个人的职业，同时又作为公共领域的活动范畴，要依靠公共社会（国家）来确定其位置。并且，个体的特殊性活动并非一个一个单独地，而是以"集团"为媒介在公共领域中获取地位。所谓身份，可以说正是为了让这种集团能在公共社会中获得地位的一种制度。在德川幕府时期的日本，作为这类集团的最小基本单位便是"家"了。关于这一点，水林彪曾叙述如下：

（日本的幕府社会）是以家为基本单位的。在这样的社会中，存在着将农业、商业以及手工业都家业化的"家"；同样地，也存在着将与统治相关的一切都家业化的"家"。由此，在历史学中，这样的国家被称作身份制国家。[2]

那么在前近代社会中为何会存在身份制国家呢？可以说，最大的原因在于市场经济的不发达。即，在市场经济没有充分发展的情况下，社会分工只能依靠国家来实现。与之相对地，市场经济如果发达的话，由于社会分工会根据市场原理自动形成，国家与社会得以分离，所以身份制的解体也就具备了可能性。

但值得注意的是水林彪所指出的，在这种身份制国家中，将统治行为也作为独占家业的"家"是存在过的。欧洲的贵族以及日本的武士，

---

[1]　[日]塚田孝：《身份制社会与市民社会》（东京：柏书房，1992年），第9页。

[2]　[日]水林彪：《封建制の再编と日本的社会の确立》（东京：山川出版社，1987年），第272页。

正是这种存在。

（二）宋代以后的非身份制社会

然而，在既有的关于朝鲜时期身份制的研究当中，对前近代社会的认识隐含如下前提：前近代社会＝身份制国家。这也可以说是造成疏于对身份制概念的基础性探讨的原因之一。不过这一前提是亟待商榷的，其中一个典型例子便是中国。再来看看水林彪是如何表述的：

想要指出的是，"一般来说，身份制国家肯定是社会（通常称作前近代社会）的共同现象"——这句话是不妥的。

比如传统时代的中国便是一个反例。宋代以降，科举制度在中国得以普及，这恰恰意味着将统治行为进行家业化的家族已不复存在（同样地，将农、工、商等活动进行家业化的家族也已不复存在），也说明中国已经不再是身份制国家或身份制社会了。彼时无论是产业或是财产，就连姓名都是属于个体的，并不属于"家"这个单位。待个体聚集以后才形成家族和宗族，同时也形成了社会，在此之上浮现出了官僚制国家。当然，这与欧洲的近代当中所实现的社会与国家的分离以及社会与国家的二元秩序相比，在内容上有所不同；但是从二元秩序本身这一角度来看，还是有着相同的性质的。

这种社会与国家的二元性依赖于经济的发展，当经济水平达到了大都市——远超很久以前秦汉时代地方集市规模的、人口达到千万级别的都市——如雨后春笋般出现的程度时才变得可能。由于市场经济是按照"等价的物物交换"这一基本原理运转的，其高度发展会引导社会迈向非政治化方向，并将正当的暴力集中到国家身上。不仅如此，发达的市场经济会将个体析出为商品所有人，所以随着社会和国家的组成单位被分解到个人，由个人中心主义所构成的社会和国家的二元制也就相应地诞生了。这种国家是以皇帝为集权者的官僚制国家，其社会则奉行个人主义，所以其国家制度必然

是呈现出"一君万民"的结构的。^[1]

　　水林彪的观点中，对于中国何时开始具有非身份制的性质这一问题尚存争议。但是在科举制正式实施之前，即便是在中国，以"良贱制"为形态的身份制同样有过重要的功能。若考虑到这一点，只有到了科举完备、商品经济划时代发展的宋代以后，非身份制的国家和社会的组成才得以正式展开——这样理解确是没有问题的。

　　像这样，如果宋代以降的中国不能用身份制国家来解读的话，那么朝鲜时期的身份制也需要从根本上进行重新检讨。因为众所皆知，朝鲜王朝的诸多制度引自中国。然而如前所述，目前为止的所有研究当中，都将朝鲜时期单纯视为身份制社会。这一认识始于四方博——朝鲜时期户籍大帐以及身份制研究的鼻祖。可以说，四方博是基于日本式思维——前近代的日本社会是身份制国家，所以朝鲜王朝自然没有例外——来研究户籍大帐的。且在此之后，学界相关研究也都是基于跟四方博同样的思维前提来进行的。朝鲜时期的身份及身份制研究中掺杂着诸多混乱，其原因恐怕也正在于此。

　　为了厘清朝鲜时期的身份与身份制问题，最重要的是要避免把"身份制国家论"当成前提，且要将欧洲或日本这样的身份制国家与中国这样的非身份制国家这两种类型作为比较对象，把朝鲜放置其中，再来观察其究竟立于何种位置。

三、两班是一种身份吗？

（一）引进中国式的国家模型及其限制

众所周知，建立朝鲜王朝的朱子学官僚们在王朝建立之后一直致力

---

[1]　[日]水林彪：《封建制の再编と日本的社会の确立》，第73页。

于发展一个以朱子学理念为基础的国家体制。这种体制，一言蔽之，是旨在依靠通过科举选拔出来的官僚来一统全国的理想型体制。在对这种理想型国家体制的追求之下，政府取得了诸多成果：科举在官僚录用上的比重越来越高；高丽时期存在过的属邑（在高丽时期有两种邑：由中央直接下派官吏管辖的主邑，以及没有下派官吏的属邑；属邑归邻近的主邑统治）数量大幅减少；武科的实施以及军事权向国家的集中；等等。

但是从另一方面来说，韩国社会的性质原本就与中国社会不同，所以想要照搬中国式的模型，其本身就是无稽之谈。所以，在诸如王权的制约、科举的封闭性等各个方面，朝鲜政府都进行了个别修正，这才有了以朱子学为理念的国家体制。身份和身份制的情况亦不例外。

自宋代以降，尤其是自明朝伊始，中国社会职业与身份的结合状态发生变化，开始出现分离，身份只被分作"良""贱"两种，不仅变得更单一化，而且其中的贱民基本上只限定于罪犯当中，故其数量十分有限。另外，这种现象出现的原因在于市场经济的划时代发展，而这一点在当时也正是朝鲜与中国的决定性差异。虽然本章对此无意深入展开，但对于朝鲜时期的市场经济问题，有必要指出的是，与其单从其发展的落后性来理解，更应该从由国家主导的、有意识的抑制型政策，尤其是作为面对16世纪以后东亚大规模的白银流通时的一种策略的层面去加以把握。

因此，朝鲜王朝本身便不可能在社会分工问题上采取"放任自流"的政策去交由市场经济原理来决定，只能由国家在某种程度上对社会分工进行调整。这恐怕也是朝鲜尽管引入了中国式的国家模型，却在一定程度上还是摆脱不了身份制国家性质的根本原因所在。但同时需要注意的是，不能据此就认为朝鲜社会同德川家康时期的日本一样，根据身份制来全面落实社会分工。当然了，这里的"全面"一词是相对于中国而言的；就算在日本，分工也不是百分之百依靠国家来调整的。

无论如何，笔者的核心观点是：想要理解朝鲜王朝的身份及身份制，最重要的是要看到它的前提：对中国式模型的引进，以及在对其全面模仿时所遭遇的困境。

（二）职役与身份的关系

四方博关于朝鲜户籍大帐的研究中，最大的问题，也是迄今都未得出结论的问题，便是户籍大帐中所记载的职役与身份的关系究竟应当如何去理解。一般性的见解是，身份可以分为国家式身份和社会式身份，而职役便是国家式身份的一种体现。[1] 尽管对身份是否能如此二分，彼时社会式身份又是以何为根据而得以确定并维持等问题尚存质疑，但此处不再具体展开。不仅如此，若国家式身份与社会式身份是两种存在的话，为何这种存在方式能成为可能？这才是最大的问题。然迄今为止却似乎无人对此有过深究。所以可以看到，将国家式身份和社会式身份区分开来理解的时候，社会式身份往往用于指代特定地域社会中所通用的部分。依笔者陋见，身份应当从最基本的国家制度层面去加以把握。不过此处想提出的问题是，职役能否从国家式身份的角度加以理解呢？

可以说，在身份制国家中，职役与身份是基本一致的。因为如前所述，身份制国家当中，人类的特殊性活动会被赋予公共性，而实现这一点的媒介则是集团。即是说，"身份"正是曾使集团出现分层的一种装置。这里的集团，具体是指家、村落、同业团体等。而像德川家康时期的日本，基本的身份设定有武士、农民、町人（居住在城市中的人，其中从事商业和手工业的占绝大多数）、秽多（从事屠宰以及皮革制品生产的人，主要由贱民身份者构成）、非人（主要指以行乞为业的人，与秽多一样由贱民身份者构成）等，各自以"家"为基本单位，向在其上位的中间集团——农民的话是指"村"，町人的话是指像"町组"这

---

[1] 金锡亨最先提出了把身份分为国家式身份和社会式身份来理解的方式。参考［朝］金锡亨：《朝鲜封建时期农民的阶级构成》。

样的城市自治组织——负担役务，而役务的负担方式是在自己集团内部进行自治式分担。换言之，"职"即是"役"，同时"役"又代表着身份。

与这种身份制国家的职役相比的话，朝鲜时期的职役则有着相当独特的一面。首先可以指出的一大特色是，朝鲜的职役和其他身份制国家不同，并不由职役者所属的那个集团来负担。朝鲜时期本身并不存在哪个集团能作为负担职役的单位。尽管属于同一个家族却承担着不同的役务，尽管姓名登记在户籍大帐中却没有记载职役名称，抑或同一个人在不同式年的大帐中承担着不同的役务等诸般现象，都是源于职役的负担并不以集团为单位。户籍大帐中存在着许多"没有出现的人们"，这一现象若从上述职役的性质来考虑的话，也就不足为奇了。另外，像郑震英和金建泰所指出的，户籍大帐中的"户"并不是自然形成的家族，这也是有充分的理由的。不论是农民、商人还是官僚，社会分工中必需的职业并不隶属于职役或身份范畴，这一点也能证明朝鲜并非典型意义上的身份制国家。

职役的负担不以集团为单位这一事实，说明了朝鲜社会和中国一样，与其说是身份制社会，反倒是有着更强的个人主义色彩的社会。在中国，同一家族却从事着不同职业的例子俯拾皆是，这正显示了中国社会的个人主义性质。不存在官人、农民、商人等身份，这一点也无异于朝鲜社会。另外，从事社会公共事业的人，比如兵士或者行政负责人等，也不会局限在特定的家族内，基本上是跟着市场经济的原理走的。

但是，朝鲜社会的市场经济并不发达，所以社会分工不能像中国那样交由市场经济原理去决定。两国间的这种差异在编籍（户籍大帐的制作）的频率上就体现得淋漓尽致。在中国，本来是每十年一次的编籍频率，但自明代中期以后似乎并不再严格按此执行。而在进入18世纪后，编籍本身就被完全地废除了，这也意味着国家与社会已经实现了二元性结构。与之相比，朝鲜王朝始终贯彻着家喻户晓的三年一编，这是因为政府不得不通过编籍并以此为基础来调整社会分工。

（三）批判身份制解体说

关于朝鲜王朝身份制的研究中存在着大量争议，其中一项便是两班。对此，具体有两个十分重要的意见将整个学界一分为二：第一，两班的身份化是在朝鲜前期便已完成，还是说朝鲜前期的身份结构是"良贱二分法"为主？第二，18 世纪以降幼学[1]职役者增加的现象，应当被视作下层身份的上升和身份制解体的标志，还是应当被视作是两班的身份统治直到朝鲜末期都稳如泰山？然而以笔者陋见，上述与两班有关的争论，并未充分认识到朝鲜时期身份的特殊性。

如前所述，在身份制国家当中，所有的社会分工都依靠国家和身份来进行，这一点是基础。所以就连统治行为其本身，也需要依赖将其作为家业独占的人来负责。与之相反，在中国，不存在将统治行为私自占有的集团，而是由通过了科举这一精英主义考试的人以个体身份来负责统治行为。

众所周知，朝鲜王朝自建立以来，在官僚任用上，科举的比重大幅增加，武科也得以相应实施。这一现象意味着，朝鲜也和中国一样，不存在以家业或独占的形式来支配统治的家族。尤其是在朝鲜前期，这种倾向十分明显。因此，两班的身份制性质并不是很强。

但是另一方面，朱子学的理想成了难以逾越的障碍。两班尽管具备参加科举的资格，但其中拥有足够的经济实力来全心全意地准备科举的人一开始为数不多。不仅如此，由于过重的国役，良民逐渐没落，最终随之而来的是与朱子学的理想渐行渐远。这种情况不仅造成了全体社会的不满，还使得非身份制的国家体制摇摇欲坠。16 世纪以降，两班开始出现身份化的转变，这也可以视为是对这种危机的一种反应机制。[2]

但要注意的是，就算在两班已经身份化的 16 世纪之后，以家业来

---

[1] 幼学原指生员、进士科的应试人员，后也指代没有做官的儒生，且不问年龄。——译者注

[2] 金盛祐（韩国）的《朝鲜中期的国家与士族》（首尔：历史批评社，2001 年）一书可视为与这一问题相关的最新研究成果。

独占统治的家族终究还是没有登场。朝鲜后期，科举愈发变得封闭起来，在特定的家门中诞生了很多及第者。尽管如此，也没有一户名门家族可以仅凭自身名望来自动获取及第的保障。因此，两班的身份化，可以说还是有相当的局限性的。从这一点而言，两班身份和欧洲的贵族以及日本的武士阶层这样的身份相比，本质上还是互不相同的。

　　而关于 18 世纪以后幼学职役者增加的问题，其历史意义也应当在充分理解上述两班性质的基础上去加以把握。支持身份制解体说的研究者当中，有许多人将户籍大帐中所记载的"幼学"视为两班身份的标记。但是隶属于统治身份阶层的人数的比重要占到整个地区居民的 70%—80%，这样的现象在身份制国家当中是不会出现的。而这一现象在朝鲜的出现，其本身便暗示了这个国家不是一个典型意义上的身份制国家，也表明了两班不是一个纯粹的身份。只能说"解体"这一说法，忽略了朝鲜时期身份制的特性。

　　不过，尽管认为支持身份制解体说的人在身份制的理解上存在问题，但这并不代表笔者认为其反面——批判身份制解体说并力挺身份制延续说——的理解就是对的。因为后者对身份制的理解在本质上同前者并无二致。笔者认为，两班身份上的不纯粹，反而使得两班的地位能够长久地持续。为了说明这一问题，还是有必要通过与其他类型社会的统治身份作比较来加以探讨。

　　此处补充一点有关身份制的废除与近代化的关系的问题。迄今为止的研究当中，将这两个问题关联起来去考察的倾向十分强烈。但如果从欧洲的事例来看，将两者区分开来反而更为合适。[1] 特别是在英国，这一点尤为典型：就算在所谓的市民革命结束以后，贵族制也仍旧残存。从这一点而言，贵族制的存在和资本主义的发展之间并非必然是矛盾对立的关系。因此同样地，就算两班制度直到朝鲜末期为止一直存续，这

---

[1]　［美］マイケル・L・ブッシュ（Michael L.Bush）著，［日］指昭博、［日］指珠惠译：《ヨーロッパの貴族—歴史に見るその特権》（东京：刀水书房，2002 年）。

也并不意味着朝鲜社会的停滞性。重要的是要厘清每个时期两班的存在方式如何变化，他们的统治基础具体为何；尤其是要弄清楚 18 世纪至 19 世纪，随着地方上的两班进出政界开始愈发艰难，他们的地位发生了何种变化。另外，有看法认为，欧洲贵族制的解体，与其说是废除了贵族的特权，不如说是将原本只属于贵族的特权也赋予了其他身份阶层——这一点在理解两班制度的解体过程中颇具启示意义。无论如何，两班本身并不是法定的、有明确规定的存在，所以也无法轻易断言其解体过程的起讫时间。而一开始也提到，时至今日，仍有许多人对朝鲜的身份制抱有关注，可以说其中很大一部分关注点正是在于两班制度的解体过程。[1]

（四）奴婢制的问题

朝鲜户籍大帐及身份制的研究当中还有另一个问题值得关注，毋庸赘言，那便是奴婢制的问题。迄今为止，学界对于奴婢制所倾注的心血大致也可一分为二：一是朝鲜前期奴婢增加的现象，一是 18 世纪以降奴婢户数剧减而人口数依旧维持的问题。而对于这两点的看法，则不像对两班问题的看法那样存在巨大差异。

其中，朝鲜前期奴婢人口增加的原因是尚未得到充分说明的问题之一。当然这需要今后大量的实证研究，但正如前面所指出的，此处是否也有朝鲜初期对中国制度的模仿及其局限性在起作用呢？无论如何，与中国相比，朝鲜的奴婢占有如此大的比重，这毋庸置疑是在理解朝鲜的社会结构时决不可忽视的现象。

（五）朝鲜时期"身份制"模型的提出

最后，从归纳整理的角度出发，笔者希望能展示一个简单的朝鲜时

---

[1]　关于近代以后的两班问题，池承钟（韩国）等的《近代社会变动与两班》（首尔：亚细亚文化社，2000 年）一书值得一读。

期身份制模型，并与日本、中国略作比较。

首先〈材料9〉所示是日本德川家康时期的模型图，其特征可列举如下：

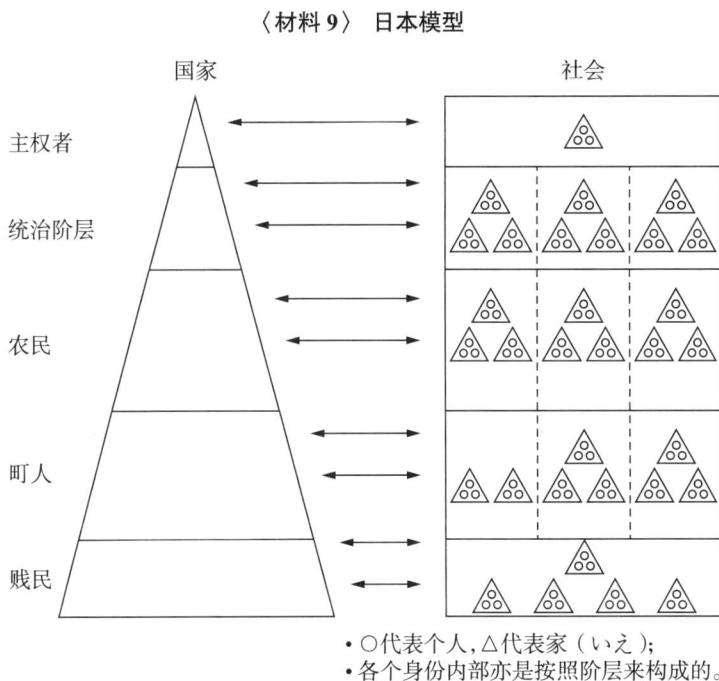

〈材料9〉　日本模型

・○代表个人，△代表家（いえ）；
・各个身份内部亦是按照阶层来构成的。

1. 国家与社会不仅均以位阶制度构成，两者间还拥有对应关系。即是说，与主权者、统治阶级、农民、町人、贱民等国家上的位阶秩序相对应，社会结构也是如法炮制的。所以国家与身份之间处于互不分离的状态。

2. "家"作为各种身份的基本单位而存在，这一组织是依靠家长来统率并作为代表的。

3. 农村中的"村"以及城市中的"町组"均作为"家"的集合体而存在，这种中间群体也和"家"一样，由某个代表人物来统率。国家尽管会向这些中间群体赋予役务，但这些役务在群体内部具体如何分配，这是由各个群体内部自行解决的。

4. 各个身份之间的流动十分有限。

接下来〈材料10〉所示是中国明清时代的模型图，其特征如下：

〈材料10〉 中国模型

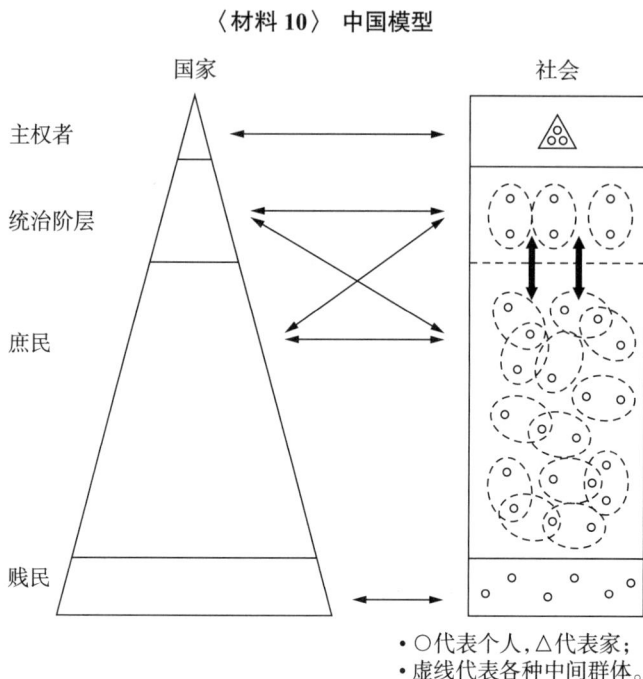

• ○代表个人，△代表家；
• 虚线代表各种中间群体。

1. 国家由主权者（皇帝）、统治阶级、庶民、贱民构成，而社会由皇帝及其家族、良民、贱民这三部分构成，两者间并不一致。所以国家与社会处于分离状态。

2. 除皇帝之外，并不存在依靠身份来界定的世袭式家业；统治阶级由良民当中通过科举的人来充当，其地位无法世袭。科举及第者是以个人的身份来参与统治的。

3. 在上层社会存在着士大夫阶层，他们在科举考试中占据优势，但是极具流动性，所以频繁发生新旧交替。

4. 社会当中不存在稳定的中间群体。虽然有家、村落、同业集团、同乡群体等诸多中间群体类型，但都具有流动性，且根据需要可以随时成立或解散。个人可以根据选择来归属某一中间群体，故就算是同一家族成员，也可以归属于不同的中间群体。家族本身与其说是天生的，不如说是选择性的；在平等继承制度当中，家长的权利也十分有限。

5. 贱民基本上集中于罪犯群体，属于非世袭式的存在。但是在良民当中，处于债务奴隶地位的人或有被视作与贱民的社会地位相当的情况。

接下来，不妨以上述两种模型图为参照，来思考朝鲜的模型图。朝鲜前期的模型图大体上或与中国的模型图较为接近。但是 16 世纪以降，随着社会固化的形成，其形态旋即变成如〈材料 11〉所示：

〈材料 11〉 韩国模型

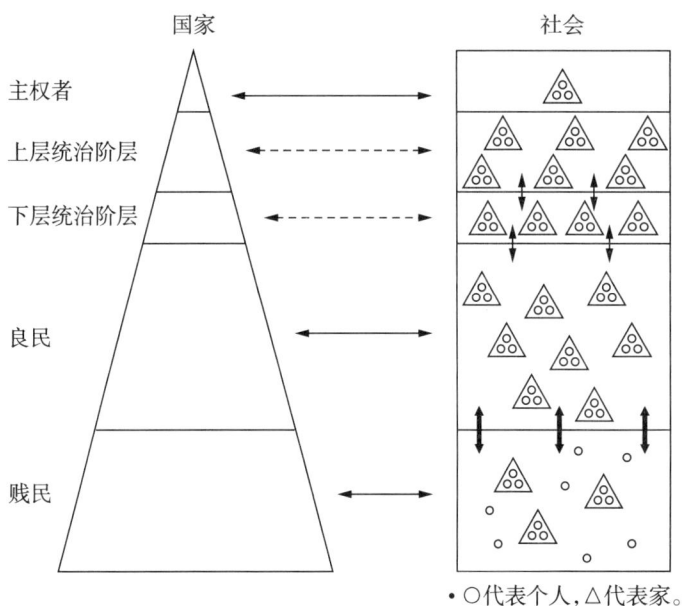

· ○代表个人，△代表家。

其特征则可概括如下：

1. 国家由国王及其家族、官僚（上层统治阶级）、乡吏（下层统治阶级，也包括中央的中人阶层）、良民、贱民（主要是奴婢）构成；社会也与之对应，以身份制形式构成。因此从基本构成的角度来说，与日本的模型图是较为接近的。

2. 但是属于上层统治阶级的官僚阶层并非以家业的形式由特定家

族构成，而是由通过科举选拔的人才来构成，且其地位不能世袭。

3. 两班是在科举考试当中占据优势的阶层，其内部存在激烈的竞争，故无论是哪个家族都难以长久维持其地位。可以说，无论是朋党政治还是势道政治[1]，其起因均源于此。

4. 对于下层统治阶级而言，就算有成为家业形式的倾向，但其内部竞争也同样激烈。

5. 就像没有家族能以家业形式承担统治一样，良民当中也不存在家业，面对职业和居住地的选择是开放性的。只不过，像柳器匠等手工业这样的特定职业，或者是驿民这样的公共部门，存在过以家业形式来承担的倾向；当然，这种情况下自然会被视为"贱业"。

6. 家族的持久性较之日本更弱，较之中国更强。与之对应的，作为中间群体的村落，也是比日本更具开放性和流动性。

7. 为了克服这种流动性，在全社会中组织起了"契"这一合作团体。

8. 奴婢占据了贱民中的大多数，其中大部分从没落良民而来；一部分奴婢组建了家族。

9. 通过各种合法或非法的方式，不同身份间的流动得以实现，这一点较之日本更具开放性。

10. 同一身份内部的竞争激烈，而不同身份间的流动较为自由，故人们有着对于身份上升的强烈渴望；与此同时，对于上层阶级而言，则有着对于身份象征（能够明确展现自身身份的事物）的强烈执着。

此处所展现的模型图尚显粗糙，今后还有余地继续加以完善。但无论如何，笔者认为在考察朝鲜的身份制时，对于身份、身份制等概念，从根本上加以重新探讨，还是必须要做的工作。

---

[1] 势道政治是指朝鲜后期（尤其是 19 世纪以后）由一个或几个极少数的权势家门来掌管国家运转的政治形态。——译者注

第六章　两班是如何形成的？[1]

一、关于统治阶级的定义

不同国家、不同社会的统治阶级除了具备作为统治阶级的共同点以外，也必然有着各自独特的存在形态和性质。笔者在此试图厘清朝鲜后期的统治阶级是如何形成的这一基础事实，同时与其他社会形态展开比较，并提出若干争议点。首先对笔者所认为的在比较不同国家之间的统治阶级时较为重要的几个方面略作概观。

在进行统治阶级的比较时，第一个便是统治阶级的定义问题。一提到朝鲜的统治阶级，首先在脑海中浮现的便是两班这一存在了；但是要说所有的两班都是统治阶级的话，这是不符实际的。这一点与能否将日本的武士或是欧洲的贵族全都视为统治阶级是一样的问题。对此有一种解释，即把统治阶级分成两种：广义上的统治阶级，以及由一部分人掌握核心权力的、狭义上的统治阶级。但按照这种解释的话，具体是谁掌握了核心权力又成为难以定义的问题。本章希望在用广义上的概念解释朝鲜的统治阶级的同时，厘清要如何从中发现狭义上的统治阶级。

在比较统治阶级之时，可以考虑如下几条标准：首先重要的是统治阶级的存在形态——是文人，是武人，还是神职人员？而且该统治阶级的地位是否属于世袭也是一条重要标准。另一点，统治阶级的开放性，即统治阶级的再生产是在有限的封闭范围内部进行，还是存在着统治阶

---

[1]　本章内容基于2003年韩国学术振兴财团资助下所完成的论文（KRF-2003-074-AM0010）修改而成。

级与被统治阶级之间的交替，这也是不容忽视的一条标准。

可以指出的是，作为朝鲜统治阶级的两班虽然由文班和武班构成，但是文人的地位是有绝对优势的。而且他们是通过科举而成为官僚，这在成为统治阶级的路上是一个决定性的重要条件。两班这一存在最大的特征是，他们的地位可以世袭。换言之，与中国明清时代的士大夫以及日本德川家康时期的武士相比，两班的地位正处于这两者之间。中国的士大夫，无论是官职还是社会地位都无法世袭；而日本的武士，则是两者皆可世袭。反观两班，虽然不能世袭官职，但是可以世袭作为两班的社会地位；不仅如此，与单独继承制的日本有所不同，作为两班的社会地位可供全体后世子孙世袭。[1]可以说，这一特征决定了两班存在形态的独特性。本章在此基础上，对作为统治阶级的两班之特征略作考察。

二、科举，通向两班的跳板

朝鲜和同时代的中国一样实行科举制，在科举中及第成为进入统治阶级最优先、最佳的办法。当然，并不是说不经过科举就完全无法成为统治阶级；尤其是在朝鲜初期，有很多通过科举以外的途径进入统治阶级的例子。但随着时间的流逝，科举的重要程度日益突出，所以要分析朝鲜的统治阶级的话，自不用说，科举及第者是十分重要的研究对象。

朝鲜的科举考试大致分为三类：选拔文官的文科，选拔武官的武科，以及选拔各种专业技术人员的杂科。文科和武科的及第者便是狭义上的两班，通过杂科的人则构成了"中人"这一比两班低一等的社会阶层。在中国，唐宋尚有杂科，之后逐渐废止；反观韩国，则一直没有中断。这一点是朝鲜时期科举的一大特征，可以说在官僚的选拔方面，朝鲜比中国更加依赖于科举。

---

[1]　关于朝鲜时期两班的这一特征，参考拙稿：《关于朝鲜时期的身份、身份制概念》（《大东文化研究》第42辑，首尔：成均馆大学大东文化研究院，2003年）。

在文科与武科之间,虽然文科的重要程度是绝对性的,但这并不代表武科及第者就被排除在统治阶级之外。尤其是朝鲜前期,在兄弟或父子中间,文科和武科的及第者不相上下,由此也能看出当时武科的意义相对来说并不轻微。另外,就算是在朝鲜后期,中央统治阶层中除了文科及第者之外,也有不少武科及第者。像这样,武科同样作为通向统治阶级的道路,有着其自身的意义;但是文科的重要程度依旧不可撼动。因此,本章的讨论范围仍限定在文科及第者之内。

文科考试大致分为两个阶段。首先是带有初试性质的司马试,之后是带有会试性质的文科试。司马试按科目分为进士试和生员试两种,每三年定期举行,合格人数大约限定在两百名——每个科目各一百名。除了定期的司马试之外,还经常有临时增设的司马试,这与文科的情况相同。设立司马试的目的本是为了授予文科的应试资格,但从一开始,这一点就未能得到贯彻——就算没有在司马试中合格也可以拥有文科的应试资格。在中国,如果无法在初试性质的"童试"中过关,是不会有文科应试资格的,这一点不同于朝鲜。中国的童试合格者(称为生员)人数限定在三万名左右,数量庞大;朝鲜与之相比,其合格者人数是很少的。另外在中国,从未有以生员身份成为官僚的事例;而在朝鲜,就算只在司马试中合格也可以成为官僚。因此可以说,朝鲜的司马试有着和文科不一样的独特意义。

作为会试的文科试则分为每三年一次的式年试和以各种名目临时增设的考试。〈材料12〉便是以王朝顺序整理的朝鲜时期文科的实施情况。对此可以窥得几处问题。

〈材料12〉 朝鲜时期科举及第者统计表(按时期顺序)[1]

国王(在位时间)	式年试			其他		计	年均及第人数
	回数	人员数	均回人数	回数	人员数		
太祖(1392—1398)	2	66	33	0	0	66	9.4
定宗(1398—1400)	1	33	33	0	0	33	11.0

[1] [韩]宋俊浩、[美]Edward W. Wagner:《补注朝鲜文科榜目》(CD-ROM)。

（续表）

国王（在位时间）	式年试			其他		计	年均及第人数
	回数	人员数	均回人数	回数	人员数		
太宗（1400—1418）	6	198	33	3	68	266	14.0
世宗（1418—1450）	10	329	33	8	135	464	14.1
文宗（1450—1452）	1	33	33	1	40	73	24.3
端宗（1452—1455）	1	33	33	2	73	106	26.5
世祖（1455—1468）	5	165	33	13	144	309	22.1
睿宗（1468—1469）	0	0	0	1	33	33	16.5
成宗（1469—1494）	8	264	33	17	181	445	17.1
燕山君（1494—1506）	4	132	33	8	119	251	19.3
中宗（1506—1544）	13	412	32	39	487	899	23.1
仁宗（1544—1545）	0	0	0	0	0	0	0
明宗（1545—1567）	7	240	34	16	232	472	20.5
宣祖（1567—1608）	12	405	34	46	707	1 112	26.5
光海君（1608—1623）	4	100	25	23	394	494	30.9
仁祖（1623—1649）	8	267	33	41	494	761	28.2
孝宗（1649—1659）	3	101	34	11	144	245	22.3
显宗（1659—1674）	5	173	35	18	227	400	25.0
肃宗（1674—1720）	15	562	37	58	868	1 430	30.4
景宗（1720—1724）	2	69	35	7	114	183	36.6
英祖（1724—1776）	17	760	45	102	1 363	2 123	40.1
正祖（1776—1800）	8	363	45	30	414	777	31.1
纯祖（1800—1834）	12	485	40	36	564	1 049	30.0
宪宗（1834—1849）	5	205	41	16	250	455	28.4
哲宗（1849—1863）	4	167	42	21	304	471	31.4
高宗（1863—1894）	11	466	42	67	1 300	1 766	55.2
合计	164	6 028	36.8	584	8 655	14 683	29.2

由上可见，式年试原定的及第人数限定在33名。直到孝宗国王为止的式年试都严格遵守了这一规定，但自肃宗国王年间开始，出现人数

增加的趋势，尤其自英祖国王即位之后，及第人数远远超过其定员人数。这一现象想必与自肃宗国王开始的王权强化政策不无关系，值得玩味。

临时增设的考试有诸多种类：如为了庆祝国王即位而实施的增广试，为了纪念国王参拜文庙而实施的谒圣试，等等。另外还有专门针对像平安道或咸镜道这样的特定地区的考试。临时增设的考试越往后实施得越频繁，其及第人数甚至超过了式年试的及第人数。这与几乎没有临时增设考试这一说的中国形成了鲜明对比。

接下来再看关于朝鲜文科的前人研究和其中的一些争议。迄今为止，相关研究中关注最多的是考试资格问题。换言之，争议的焦点在于，文科的应试资格是只限定在两班阶层，还是包括了两班以外的阶层。[1] 关于这一问题，目前有两种比较公认的说法：一是从法律上来说，除了两班以外的人，即良人身份，同样拥有应试资格；二是事实上，两班子弟基本对文科形成了垄断，两班以外的文科及第者少之又少。另有一种观点以后者为依据，认为将朝鲜的科举与中国进行比较时，其封闭性作为一大特征，显而易见。

上述理解本身无可厚非，但是要留意的是两班这一存在的独特性。即是说，虽然两班一直被看作一种身份，但是如前所述，将它与德川幕府时期日本的武士身份相比的话，两班要想作为一种身份，在许多方面仍有不同之处。前人的研究并没有充分认识到两班的这一特征，只将两班单纯视为一种身份，并认为这种身份的两班对文科形成垄断。结果这给人一种印象，即朝鲜的文科和最初的科举理念——以不问身份的官僚录用为目的——之间出现了背离。

另外，两班阶层在事实上垄断了文科这一说，与所谓的"文科及第者及其后嗣＝两班阶层"这一说，两者不能混为一谈。换言之，两班阶层当中的文科及第者占了多大比重这一问题需要加以明晰，但迄今为止

---

[1] 在强调文科的开放性方面，崔永浩（韩国）的《朝鲜前期科举制度与良人》（［韩］韩国梨花女子大学史学科研究室编译：《朝鲜身份史研究》，1987 年）可谓代表之作，但仍属于边缘声音。

的研究当中几乎没有相关的讨论。特别是考虑到两班这一存在的构成人员其本身便具有范围扩大的必然性，这样的讨论不可或缺。因此，本章拟结合两班这一存在的特殊性，对两班垄断文科的现象略作阐释。

要注意的是，虽然目前将朝鲜的文科与同时期的中国文科进行比较研究的只有宋俊浩一人，[1]但是笔者认为他的看法仍有待商榷。宋氏对比了朝鲜时期与明清时代的文科，其观点可概括如下：第一，朝鲜与中国一样，从制度上实现了科举制这一能力本位主义的、开放性的人才录用制度的意义；第二，尽管如此，较之中国，朝鲜的文科及第者限于更小范围，具体来说，即被强力的"姓贯集团"——拥有相同姓氏与本贯的父系血缘集团——垄断，这一倾向十分明显；第三，这一倾向出现的最大原因在于公权力（国王）与中间的特权阶层（两班）之间的力学关系——王权相对减弱时，两班阶层在一定程度上会成为相对具有牵制作用的势力。

宋俊浩的上述观点从核心层面来说，击中了问题要害。正如〈材料13〉所示，能诞生300名以上文科及第者的姓贯集团多达5个，全体文科及第者中的1/4来自前10位的姓贯集团，这些都能印证宋俊浩的观点。且这种垄断的倾向随着时间推移愈发强烈，而使之成为可能的最大的政治制度，正如宋氏也提到的，便是朝鲜后期频繁实施的临时增设的科举考试了。

〈材料13〉 文科及第者统计表[2]
（按姓氏籍贯分类，括号内为其及第者数量排名）

序列	姓氏及籍贯	至15世纪末期	16世纪前期	16世纪后期	17世纪前期	17世纪后期	18世纪前期	18世纪后期	19世纪前期	19世纪后期	合计
1	全州李氏	7 (49)	21 (4)	85 (1)	96 (1)	106 (1)	107 (1)	169 (1)	103 (1)	153 (1)	847
2	安东权氏	59 (1)	24 (2)	34 (2)	32 (4)	52 (2)	45 (4)	37 (8)	42 (4)	33 (16)	358

[1]　参考［韩］宋俊浩：《从科举制度看中国与韩国》（《朝鲜社会史研究》，首尔：一潮阁，1987年）。

[2]　［韩］元昌爱：《朝鲜时期文科及第者研究》（城南：韩国精神文化研究院韩国学大学院博士学位论文，1997年），第44、66页。

（续表）

序列	姓氏及籍贯	至15世纪末期	16世纪前期	16世纪后期	17世纪前期	17世纪后期	18世纪前期	18世纪后期	19世纪前期	19世纪后期	合计
3	坡平尹氏	23（15）	19（8）	32（3）	31（6）	41（3）	49（2）	44（6）	34（10）	66（3）	339
4	南阳洪氏	20（17）	14（13）	30（4）	34（3）	23（12）	47（3）	56（2）	43（3）	55（5）	322
5	安东金氏	25（11）	21（4）	23（7）	32（4）	22（13）	29（16）	45（5）	45（2）	68（2）	310
6	清州韩氏	9（35）	14（13）	27（5）	37（2）	25（7）	39（6）	48（4）	40（5）	45（10）	284
7	密阳朴氏	30（5）	10（25）	14（15）	29（7）	33（4）	32（7）	40（7）	32（11）	38（12）	258
8	光山金氏	33（2）	28（1）	21（8）	20（10）	27（6）	30（9）	25（21）	26（14）	47（8）	257
9	延安李氏	14（25）	7（38）	10（31）	25（9）	28（5）	26（13）	56（2）	28（13）	48（6）	242
10	丽兴闵氏	26（8）	18（9）	18（9）	17（19）	25（7）	21（18）	28（17）	14（33）	66（3）	233
11	晋州姜氏	31（4）	21（4）	24（6）	18（13）	21（15）	19（23）	31（15）	25（16）	31（20）	221
12	庆州金氏	25（11）	20（7）	6（45）	18（13）	22（13）	18（26）	33（12）	31（12）	36（14）	209
13	潘南朴氏	4（59）	6（46）	12（21）	6（57）	25（7）	40（5）	20（27）	38（7）	46（9）	197
14	东莱郑氏	23（15）	13（16）	18（9）	19（12）	14（27）	24（14）	27（18）	22（16）	32（17）	192
15	韩山李氏	15（22）	10（25）	12（21）	20（10）	19（19）	32（7）	31（15）	26（14）	24（26）	189
16	青松沈氏	2（74）	9（29）	15（13）	18（13）	25（7）	29（10）	34（9）	24（17）	32（17）	188
17	广州李氏	26（8）	22（3）	13（17）	15（24）	20（17）	22（16）	19（29）	19（21）	32（17）	188

（续表）

序列	姓氏及籍贯	至15世纪末期	16世纪前期	16世纪后期	17世纪前期	17世纪后期	18世纪前期	18世纪后期	19世纪前期	19世纪后期	合计
18	丰壤赵氏	6（52）	6（46）	11（24）	9（41）	7（50）	21（21）	34（9）	39（6）	48（6）	181
19	庆州李氏	26（8）	7（38）	11（24）	15（24）	21（15）	23（15）	18（30）	24（17）	31（20）	176
20	平山申氏	10（32）	12（20）	10（31）	18（13）	17（23）	27（12）	34（9）	16（25）	31（20）	175
21	全义李氏	29（7）	16（10）	13（17）	27（8）	25（7）	19（23）	15（38）	16（25）	12（43）	172
22	延安金氏	18（19）	10（25）	5（48）	6（57）	12（34）	7（54）	32（13）	37（8）	37（13）	164
23	丰川任氏	8（39）	13（16）	12（21）	18（13）	20（17）	19（23）	26（20）	14（33）	16（38）	146
24	大邱徐氏	4（59）	2（72）	2（74）	3（73）	6（55）	15（33）	28（17）	36（9）	42（11）	138
25	晋州柳氏	11（30）	16（10）	16（12）	10（36）	19（19）	20（21）	23（23）	12（40）	6（63）	133
26	文化柳氏	32（3）	11（22）	17（11）	18（13）	18（22）	11（42）	12（48）	4（68）	7（58）	130
27	金海金氏	24（14）	8（29）	8（40）	4（69）	9（44）	15（43）	21（26）	10（45）	34（15）	128
28	顺兴安氏	18（19）	15（12）	9（37）	4（69）	10（39）	15（33）	18（30）	15（29）	19（35）	123
29	宜宁南氏	10（32）	11（22）	5（48）	13（27）	13（31）	22（16）	18（30）	16（25）	15（29）	123
30	丰山洪氏	1（79）	0	2（74）	9（41）	19（19）	21（18）	32（13）	18（23）	20（32）	122
	及第者总数	1 666	1 124	1 208	1 434	1 433	1 614	1 970	1 569	2 156	14 174

但笔者认为，宋俊浩所指出的少数集团的垄断现象，在下列两个方面还有进一步探讨的余地：第一，所谓的姓贯集团这一单位，作为用来

把握文科垄断状态的单位是否合适？姓贯集团这一单位，从大到小，其本身就包括了许多子集团，能诞生百名以上文科及第者的姓贯集团所拥有的成员数目都很庞大，很难说他们全体能构成一个稳定的组织团体。必须看到，作为父系的血缘集团，较之姓贯集团，属于其下级单位的家族单位明显具备更强的社会意义。所以以家族为单位来讨论文科垄断问题显得更为必要。

第二，在讨论宋俊浩观点的合理性时同样不能忽视：文科及第者的集中现象，在与文科之外的科举考试比较时应当如何给予评价？换言之，科举被特定的血缘集团垄断，这一现象不止存在于文科中，在其他科目中也同样存在过。因此，文科的垄断问题需要同文科之外的垄断现象进行比较。这一点笔者另有撰文，兹处从略。[1]

三、文科是少数特定家族的垄断吗？

如前所述，迄今为止的关于文科垄断现象的研究中，一般在分析时都以姓贯集团作为单位。〈材料13〉中显示的正是所有姓贯集团中拥有文科及第者最多的前30个集团，而笔者对此仍抱有疑问。作为参考，还有一点需要指明：凡言及科举制时，所指人员均指男性，因为女性从一开始就被排除在所有科举考试之外。

首先来看诞生了最多文科及第者的全州李氏——他们毫无疑问是王室族亲。在科举制中，王室族亲有着特殊待遇：第一，如果是国王的子孙，那么嫡子必须经过四代，庶子必须经过三代之后方可拥有文科应试资格；第二，普通百姓的庶子在18世纪中期之后才在文科中得到承认，而王室族亲并不用担心这一点。对全州李氏而言，第一点自然是不利的，而第二点相对有利。这说明了全州李氏当中能诞生出最多数量的文

---

[1]　参考拙稿：《朝鮮時代の科挙全体像とその特徴》(《中国社会と文化》第22号，东京：〔日本〕中国社会文化学会，2007年)。

科及第者，与其说是得益于第一点，不如说是得益于第二点。国王的后室数量非两班能比，所以国王可以拥有一大群具备文科应试资格的后嗣。

接下来看排名 2 至 10 位的上层集团，其姓贯集团的由来不一，无法用相同尺度去把握。首先能看到的是：如安东金氏和南阳洪氏，原本是由相互没有或者说无法确定血统关系的两个小集团构成（的大集团），但某一天，两个小集团各自又分别诞生了大量的文科及第者。具体来说，安东金氏又分为新安东金氏与旧安东金氏，双方均诞生了超过百名的及第者；南阳洪氏又分为"唐洪"与"土洪"，双方分别诞生了 200 名以上及 100 名以上的及第者。因此，对这两个姓贯集团应当单独计算。

延安李氏的情况也大同小异。延安李氏拥有一位名叫李茂的共同先祖，这一点有别于安东金氏和南阳洪氏；但自李茂以来派生成三支不同血统的集团，各自都诞生了相当数量的文科及第者。具体来看，三支集团分别是以李袭洪为中兴之祖的詹事公派、以李贤吕为中兴之祖的判少府监公派以及以李渍为中兴之祖的副使公派，三人之间的血统关系不甚明了。据载，延安李氏在朝鲜时期诞生了 258 名文科及第者，其中詹事公派 107 名，判少府监公派 121 名，副使公派 25 名，剩下 5 名的血统不详。[1]

延安李氏在家谱编纂方面也显得十分特殊。延安李氏自 1605 年开始编纂家谱，可谓最为久远，但彼时家谱的内容均已散佚，仅存序文。现存最为古老的家谱刊行于 1694 年，只收录了詹事公派这一支的情况。由此推断，1605 年的家谱应当并无二致。而包含另外两支在内的全体延安李氏的家谱，最早编纂于 1729 年。因此，延安李氏并非从朝鲜初期开始就作为一个拥有三大分支的姓贯集团而存在。换言之，应当说是当时三个独立的集团在 18 世纪以后才形成了延安李氏这一大姓贯集团。该事例在考察其他姓贯集团的形成过程时也将有所助益，详见后述。

---

[1] 参考［韩］李承和：《延安李氏的司马试和文科试——以榜目为中心的调查》（首尔：树根文化社，2001 年）。

密阳朴氏的情况也可以说和延安李氏类似。密阳朴氏以朴彦忱为先祖，又派生出12名中兴之祖并各自形成小集团。虽然其中诞生了大量文科及第者的是以朴铉为中兴之祖的纠正公派，以及以朴陟为中兴之祖的密城君派和忠宪公派，但是剩下的集团当中也有几支诞生过10名以上的及第者。这12支集团的统合则始于1742年成册的《密城朴氏族谱》（联系大谱），不过其中有两位人物的血统关系存在诸多语焉不详之处：全体密阳朴氏的共同先祖朴彦忱，以及朴铉、朴陟的共同先祖朴彦孚。因此，密阳朴氏也是等到18世纪以后才发展成如今规模的姓贯集团。

除去上述4个姓贯集团，第2至10位中剩下的5个均只拥有1位共同先祖，且其子孙当中也诞生了大量的文科及第者。这些姓贯集团有一个共同点：从高丽时期开始，他们便进出统治阶层，且经历了家系分化。但是，就算是这样的集团，也不能说他们从朝鲜初期开始便形成了和如今一样的规模。关于这一点，可参考仅次于全州李氏的、诞生了大量文科及第者的安东权氏的情况。安东权氏握有现存刊行最佳的家谱《安东权氏成化谱》，之后不仅得以持续编纂，而且大部分被完整保留。正因有如此特殊的资料上的条件，才让我们有机会追溯该姓贯集团的形成过程。[1]

如今的安东权氏由15个派别构成，其中的10个派别在朝鲜时期诞生过文科及第者。按时期与派别来统计，可得到如下〈材料14〉。

〈材料14〉　安东权氏各派别的文科及第者人数[2]

派别	15世纪末止	16世纪	17世纪	18世纪	19世纪	计
枢密公派	27	33	55	54	30	199
仆射公派	18	7	15	11	22	73
同正公派	0	0	0	0	1	1

[1]　关于安东权氏的家谱，拙稿《从〈安东权氏成化谱〉看韩国家谱的结构特征》（《大东文化研究》第62辑，2008年）中有相关论述。
[2]　[韩]宋俊浩、[美] Edward W. Wagner:《补注朝鲜文科榜目》（CD-ROM）。

（续表）

派别	15 世纪末止	16 世纪	17 世纪	18 世纪	19 世纪	计
佐尹公派	1	1	3	1	1	7
别将公派	1	2	0	0	0	3
副正公派	2	2	4	5	2	15
侍中公派	4	2	3	7	11	27
户长中允公派	1	2	0	0	0	3
检校公派	5	3	3	1	2	14
给事中公派	1	5	0	1	2	9
未详	0	1	0	2	4	7
计	60	58	83	82	75	358

从中可知，以高丽中期人物权守平和权守洪为中兴之祖的枢密公派和仆射公派中，诞生了相当数量的文科及第者；但除了这 2 个派别以外，剩下的派别总共诞生了 79 名（不包括派别不详的 7 名），这同样是不小的数字。因此可以说，安东权氏所输送的文科及第者数量之所以能仅次于全州李氏，是因为除了枢密公派和仆射公派这 2 个核心派别以外，其他派别同时也贡献了相当多的人数。

但是必须要注意的是，安东权氏能发展至如今 15 个派别的规模，同样经历了漫长岁月。换言之，安东权氏最古老的家谱《成化谱》中所记载的家系，只有 15 个派别当中的枢密公派、仆射公派和别将公派这 3 个，其余均是之后编纂的家谱中逐一添加上去的。其具体过程如下：《乙巳谱》（1605 年）中编入了副正公派和户长中允公派，《辛巳谱》（1701 年）中编入了侍中公派，《后甲寅谱》（1794 年）中编入了同正公派、佐尹公派和检校公派。像这样在家谱中编入新的派别时，大部分情况下先以"别谱"的形式收入，之后再入"本谱"。上述"编入"即指入"本谱"。最后一个编入的是给事中公派，直到 1982 年才正式成为安东权氏一员。这些派别都被认作是与安东权氏的祖先权幸有着血统关系而被编入家谱，而这正说明了安东权氏这一姓贯集团是从朝鲜时期开始到现在，经过漫长时间逐渐壮大而形成的。

因此，姓贯集团是一种历史产物。而像如今这般规模的姓贯集团，其开始正式形成则要等到18世纪之后了——正如延安李氏、密阳朴氏、安东权氏等例子中所见。迄今为止的研究当中，忽略了这一历史过程，并将姓贯集团视为朝鲜初期甚至高丽时期开始便已具备规模的组织单位来展开论述的大有所在，这种方法应当从根本上加以反思。

剩下的4个姓贯集团——坡平尹氏、清州韩氏、光山金氏、丽兴闵氏，其形成过程基本上应和安东权氏相近。只不过他们的家谱或是到了朝鲜后期才开始编纂（清州韩氏的家谱初刊于1617年，光山金氏的家谱最初成于1665年），或是编纂于前期但遭散佚，到后期才进行二次编纂（坡平尹氏的家谱据称最早成于1539年，然仅残留序文；丽兴闵氏的家谱最早成于1477年，同样散佚——这两个家族中均诞生了王妃，所以应当有家谱编成，但似乎未及刊行），所以与安东权氏相比，其形成过程不甚明了。但是在最初编成的家谱中只编入部分成员，待日后新编家谱时逐一编入其他家系，这一点与安东权氏并无二致。例如，光山金氏大致分为5个派别，成册于1665年的家谱中只编入了3个，诞生过6名及第者的郎将公派和诞生过25名及第者的司醖直长公派均未被编入其中。

然而，文化柳氏的情况却与上述集团截然相反。按〈材料13〉，文化柳氏虽然在文科及第者统计中排第26位，但在第25位的晋州柳氏中，有一部分集团正是从文化柳氏中分离出来的。尽管晋州柳氏和南阳洪氏一样，存在两个各自以完全不同的人物为始祖的集团，但其中一支的始祖叫柳仁庇，系文化柳氏的始祖柳车达的第九代后嗣。因此，将这一支晋州柳氏与文化柳氏视为相同的姓贯集团也未尝不可。不仅如此，瑞山柳氏、善山柳氏、全州柳氏等，同样都是从文化柳氏中分离出来的，所以这些集团若合为一体，便可形成一个更大的集团。然而通常会习惯性地把文化柳氏单列为有别于晋州柳氏等的集团。窃认为，这一点也能说明，以姓贯集团为单位来统计文科及第者人数并展开分析的方法，其效不佳。因此，为了讨论文科的封闭性，应当以较之姓贯集团更为下级的集团为单位。那么，以何种单位来讨论文科垄断现象才是行之有效的呢？

值得注意的是，在前10位的姓贯集团中，文科的输出人数，在各自内部的各个派别间的比例并不均衡，及第者往往集中于某一特定派别，比如安东权氏中的枢密公派。其他姓贯集团中也存在类似现象，如光山金氏中，良简公金琏的后嗣中就诞生了177名及第者，足以比肩安东权氏中的枢密公派。后嗣中诞生大量及第者的还有坡平尹氏的尹安淑，丽兴闵氏的闵宗儒，清州韩氏的韩脩、韩宁，等等。另外，南阳洪氏中，隶属"唐洪"的洪徵后嗣中的及第者人数也是具有压倒性优势的。

像这样，就算是拥有大量文科及第者的姓贯集团，其中诞生了逾百名及第者的也只是一到两个分支；但是从上述安东权氏中的枢密公派等情况来看，其始祖人物都是高丽时期的，到了朝鲜时期则分化出了更多分支。因此其作为单一姓贯集团的凝聚力能有多少，这一点尚且存疑。

所以，面对这样的情况，找出其中以朝鲜时期的人物为始祖且后嗣中诞生过逾百名文科及第者的分支并以此为中心来展开讨论，似乎更有意义。光山金氏中的金铁山、坡平尹氏中的尹希齐、隶属"唐洪"的洪敬孙等，均属此列；丽兴闵氏中的闵审言也可视为一例——尽管他是高丽末期的人物。此外，新安东金氏中的金璠、延安李氏之判少府监公派中的李石亨等，亦是如此。因此可以说，以这些人物为首的父系血缘集团中诞生了大量文科及第者。而在以姓贯集团为单位的统计中，在第11位之后的姓贯集团里面也能发现相同的例子。

瓦格纳（Edward W. Wagner）很早便已指出，韩国的姓贯集团可以分为单一型（unitary）和四散型（diffuse）两种类型，如潘南朴氏隶属前者，金海金氏则属于后者。[1] 根据这一分类，前10位的姓贯集团中，

---

[1] ［美］Edward W. Wagner 著，［韩］李勋相、［韩］孙淑景译：《朝鲜时期通向成功的阶梯》（《朝鲜王朝社会的成就与归属》，首尔：一潮阁，2007年）。原文出处：Edward W. Wagner, "The Ladder of Success in Yi Dynasty Korea", *Occasional Papers on Korea*, Vol.1, 1974.

大部分在具备四散型结构特征的同时，又拥有一些具备单一型特征的家系。可以说正因为此，才形成了大量及第者的集中现象。

瓦格纳所提到的潘南朴氏，在及第者统计中虽然只位列第13位，但因其文科及第者大部分都属于朝鲜时期同一位人物的后嗣，故其作为单一集团的凝聚力相当强大。由此可得出结论，若要讨论文科垄断现象，不能以姓贯集团为单位，重要的是要挑出以朝鲜时期某人物为始祖的、后嗣中诞生了逾百名及第者的集团进行分析。下一节将具体讨论这一类集团。

四、不同家门的文科及第者分析

此处讨论的"家门"（又称宗门）这一单位，概念较为模糊。因为它既可以指代前述整体的姓贯集团，也可以指代姓贯集团内部的某个"派别"。甚至"派别"内部的小团体也可以称为家门。总之，家门是用来形容拥有长久性组织的单位，其范围有很强的伸缩性。此处要讨论的是文科及第者的诞生情况，所以"家门"（sub lineage）是指家谱关系明确的、以后嗣中诞生了多数文科及第者的人物为始祖的单位。

如前所述，在朝鲜时期，某一人物的直系后嗣当中诞生逾百名文科及第者的例子并不少见。丽末鲜初的青松沈氏沈德符便是一个典型人物，他的直系后嗣当中诞生了近200名文科及第者。这恐怕是朝鲜时期的人物当中，后嗣诞生及第者最多的一个了。根据笔者迄今为止的调查，后嗣当中诞生逾百名及第者的人物有如下15名（按〈材料13〉的顺序排列）：

坡平尹氏尹坤、南阳洪氏之"唐洪"洪敬孙、新安东金氏金璠、光山金氏金铁山、延安李氏李石亨、丽兴闵氏闵审言、潘南朴氏朴绍、东莱郑氏郑赐、韩山李氏李种善、青松沈氏沈德符、广州李氏李之直、丰壤赵氏赵益祥、大邱徐氏徐湆、宜宁南氏南乙蕃、丰山洪氏洪麟祥（原名洪履祥）。

这些人物隶属的姓贯集团都在前 30 位以内；换言之，第 31 位之后的姓贯集团中也不会存在类似人物。从这一点而言，可以说前 30 位的姓贯集团作为朝鲜的统治阶级，地位十分稳固。不过前 30 位的姓贯集团中，并非每个集团都拥有像上述 15 名这样的人物——这便是瓦格纳口中的四散型姓贯集团了。进言之，只有位列前 30 位且拥有上述 15 名人物的姓贯集团，才构成了朝鲜统治阶级的核心。

值得关注的一点是，上述 15 名人物所属集团中，只有广州李氏较之（朝鲜）后期，反而在前期诞生了更多的及第者；其余的绝大部分都是进入 17 世纪后相对诞生得更多，从而使得以某个人物为始祖的逾百名及第者的出现成为可能。典型的例子有潘南朴氏、东莱郑氏、青松沈氏、丰壤赵氏、大邱徐氏、丰山洪氏等。

本节要具体探讨的对象是潘南朴氏朴绍、大邱徐氏徐渚以及丰山洪氏洪麟祥 3 个家门。他们的共同点在于，家门在朝鲜前期只诞生了少量的及第者，但及至后期却位及权势。而且如〈材料 13〉所见，及至 19 世纪，潘南朴氏与大邱徐氏的及第人数首次跻身前 10 位。

潘南朴氏当中，朝鲜初期太宗国王的心腹朴訔鼎鼎有名，但其直系后嗣的家道并不兴荣。之后，朴訔的玄孙朴亿年、朴兆年两兄弟文科中举，成为重振家风的始祖人物；朴兆年之子朴绍有大量后嗣及第，巩固了家门势力的基础。作为批判朱子学的儒学者而广为人知的朴世堂、著名的实学家朴趾源、作为哲宗国王驸马在甲申政变[1]中身处核心的朴泳孝等，均出自此脉。

大邱徐氏一族当中，15 世纪的徐居正名声赫赫，但是其家门在朝鲜前期诞生的及第者寥若零星，家道凋敝。但随着徐居广——徐居正之兄——的玄孙徐渚成为中兴之祖，其后嗣中开始诞生大批及第者。编纂农书的徐命膺、徐浩修、徐有榘祖孙三代，还有参与了甲申政变的徐光

---

[1] 甲申政变是指 1884 年 12 月 4 日以金玉均为首的开化党所主导的流血政变，旨在改革朝鲜内政并脱离中国从而走向独立。——译者注

范、徐载弼等，均属其列。

丰山洪氏一族也是到朝鲜后期才开始得势，尤其于正祖国王年间扬名天下，当时的权臣洪国荣便是其代表人物。

首先来看这3个家门当中所诞生的及第者人数：朴绍（1493—1534）的直系后嗣中诞生了134名，徐渻（1558—1631）的直系后嗣中诞生了121名，洪麟祥（1549—1615）的直系后嗣中诞生了110名。而已知的是，整个潘南朴氏总共诞生了198名及第者，大邱徐氏是141名，丰山洪氏是124名。[1]由此可见，这3个家门在各自的姓贯集团里都贡献了压倒性数量的及第者。分析这3个家门出身的及第者，便能发现其共同的特征，可以说这些特征是他们得以诞生大量及第者的普遍模式，可归结如下。

第一点，自不必多言，3个家门的始祖（中兴之祖）都拥有许多男性后嗣。朴绍有5个儿子——其中最小的儿子朴应寅后来成为朴绍弟弟朴绪的养子，此处将其计算在内——及14个孙子，徐渻有4个儿子及15个孙子，洪麟祥有6个儿子及12个孙子。像这样上下几代中有大量男性，且其中还有多人及第，都是这3个家门共同的特征。朴绍的4个儿子当中有3人，14个孙子当中有6人在文科中及第；洪麟祥的6个儿子当中有3人，12个孙子当中有4人同样文科登科。徐渻的情况较为特殊，儿子和孙子辈当中各只有1名及第者，但是曾孙辈中诞生了4名，玄孙辈中诞生了7名，所以家门基础经由他们也得到了稳固。

可以说，大量的男性后嗣为大量及第者的诞生提供了保障。和德川幕府时期的日本一样，对于不实行单独继承制的朝鲜社会而言，是有可能出现兄弟多人及第从而快速振兴家门的情况的。例如朝鲜时期的原州元氏，有兄弟6人在文科中及第的记录。此外，兄弟5人在文科中及

---

[1] 这3个家门的及第者总数是笔者依据宋俊浩（韩国）、瓦格纳（美国）的《补注朝鲜文科榜目》（CD-ROM）独立计算的结果，与〈材料13〉中的数字相比略有出入。

第的例子能找到 8 个，会出现这种情况也是拜科举制所赐。[1]不过，大量的男性后嗣在成为家道中兴的前提条件时，反过来也使得该家门的势力分散，无法长久维持其地位。事实上，不论是兄弟 5 人文科及第的例子还是兄弟 6 人文科及第的例子，都是 17 世纪之前的案例，18 世纪以降，此类现象逐渐消失。另外，有 9 个姓贯集团出现过 5 人以上的兄弟在文科中及第的现象，但能挤进统计前 30 位的只有青松沈氏、全义李氏、广州李氏和顺兴安氏，剩下的 5 个集团——原州元氏、咸阳朴氏、海州郑氏、丰山金氏、南原尹氏——都无法挤入前 30 名。窃以为，要想拥有大量及第者的话，较之横向的发展，其纵向的连续性才是决定性的关键因素。

第二点，尽管男性后嗣很多，能诞生大量及第者的家族依然只是各个家门中有限的那几个。以朴绍的 14 个孙子为例，其 14 个小家门——以下称之为家族——中的及第者情况可列举如下：东贤家族 5 名、东豪家族 1 名、东老家族 1 名、东后家族无、东民家族 22 名、东善家族 28 名、东彦家族 7 名、东寿家族 4 名、东尹家族无、东说家族 13 名、东望家族 8 名、东亮家族 33 名、东纪家族无、东纬家族 12 名。其中的东纪与东纬正是朴辑养子朴应寅的儿子。

像这样，14 个家族当中有 11 个诞生了及第者。虽然这无疑是该家门拥有逾百名及第者的重要原因，但是不同家族之间，及第者数量的偏差甚大，其中各诞生了 20 名及第者以上的 3 个家族总共贡献了 83 名，超过了总数的七成。

这种现象在另外 2 个家门中也同样存在。以徐渻的 4 个儿子为始，及第情况如下：景雨家族 3 名、景需家族 41 名、景霖家族 3 名、景霈家族 65 名——其偏差集中现象较之朴绍后嗣更甚。另外，以洪麟祥的 6 个儿子为例，及第情况为：霂家族 9 名、霅家族 8 名、霔家族 7 名、

---

[1] 《国朝文科姓谱》（编者、刊年不详）中介绍过上述例子，数量达到了 10 个。但其中最后一个昌原黄氏的例子存谬。

霙家族 57 名、薄家族无、瞿家族 29 名，其中有 2 个家族占据了绝对性的比例。

这一现象表明，就算是有大量成员文科及第的家门，及第者在其内部的分布也绝对不是均等的。换言之，就算是出身实力雄厚的家门，也不代表就能轻易在文科中及第，因为他们在家门内部也面临着激烈竞争。

第三点，与王室联姻的家门中往往能诞生大量的及第者。最典型的例子便是朴绍家门，其后嗣当中有 7 人与王室有实际联姻关系：朴绍的次子朴应顺，他的女儿是宣祖国王的王妃；东民家族中，朴准源的女儿是正祖国王的嫔妃，亦是纯祖国王的生母；东寿家族的朴泰定则是昭显世子的女婿；东说家族的朴弼成则娶了孝宗国王的女儿淑宁公主；东亮家族的朴瀰迎娶了宣祖国王的女儿贞安翁主，朴明源则与英祖国王的女儿和平翁主成婚，朴泳孝的妻子是哲宗国王的女儿永惠翁主。其中备受瞩目的当属家门中诞生最多及第者的东亮家族，其中有 2 人与王室沾亲。

其他人的情况虽不及朴绍，但徐渚家门中有 2 人，洪麟祥家门中有 4 人分别与王室联姻。徐渚家门中，其四子徐景霌娶了宣祖国王的女儿贞慎翁主，而徐景霌的曾孙徐宗悌的女儿则成了英祖国王的王妃；而这两人分属徐渚家门中诞生及第者最多的景霌家族及景需家族，这一点绝非偶然。洪麟祥家门的情况亦然，与王室联姻的 4 人都出自家门中及第者最多的家族。

此处讨论的这 3 个家门，及至朝鲜后期都权倾四方，可以说与王室的姻戚关系是其势力扩大的决定性因素之一。此外还有一点不可忽视：就算没有与王室联姻，若家门中出过一位王妃，则亦能成为外戚。上述 3 个家门均为王室外戚。各家门当中诞生最多及第者的家族都与王室有着姻戚关系，这一点也佐证了与王室联姻的重要程度。

前文提到，宋俊浩将王权相对于君权的弱化视为朝鲜科举之封闭性的原因。宋俊浩的观点从整体两班官僚阶级来看是成立的，但是对于个别的两班家门而言仍稍显不足。如上述 3 个家门的情况，是通过与王室的姻戚关系才得以诞生大量及第者，这反而意味着两班家门势力受限于与王权间的关系。因此，与王室联姻对于两班家门的兴衰而言是一把双刃剑，有时也会成为难以长久维系其核心势力的罪魁祸首。

以上讨论了朝鲜后期3个输送了大量及第者的权势家门的输送模式。但最后要指出的是，从这些家门中的全体成员数来看时，文科及第者的所占比重仍是相当低的。以徐渑家门为例，可以得出以下〈材料15〉的结果。该家门中的"淳"字辈一代诞生了最多的及第者，但其人数24人在当时超过900人的同辈人数中也不过尔尔。反过来，只看所占比重的话，靠近始祖时代的辈分当中，及第者所占的比重更高；而随着世代繁衍，及第者人数虽然有所增加，但是家族成员总数的增幅是更大的。

〈材料15〉 徐渑家门的科举及第情况[1]

字辈	景雨家族		景需家族		景霖家族		景霭家族		总计	
	总人数	及第人数	总人数	及第人数	总人数	及第人数	总人数	及第人数	总人数	及第人数
景	1	1	1	0	1	0	1	0	4	1
履	2	0	8	1	2	0	3	0	15	1
文	3	1	21	0	6	1	13	2	43	4
宗	6	0	50	1	11	0	40	6	107	7
命	8	0	85	4	23	0	83	7	199	11
修	18	1	134	1	43	0	134	12	329	14
有	34	0	203	6	64	1	209	10	510	17
辅	57	0	272	5	95	1	250	11	674	17
淳	83	0	363	9	135	1	341	14	922	24
相	132	0	481	8	187	0	501	10	1 301	18
丙或光	184	0	697	4	207	0	713	1	1 801	5

---

[1] 参考［韩］宋俊浩、［美］Edward W. Wagner：《补注朝鲜文科榜目》（CD-ROM）。

（续表）

字辈	景雨家族		景需家族		景霖家族		景霄家族		总计	
	总人数	及第人数	总人数	及第人数	总人数	及第人数	总人数	及第人数	总人数	及第人数
廷或崔		0		2		0		0		2
总计		3		41		4		73		121

如前所示，大量的男性后嗣是大量及第者诞生的基本条件。但是另一方面，男性数量的增加也意味着子孙数量的增加。故在文科及第总人数有限的前提下，想让及第者人数的增加与子孙后代人数的增加成正比几乎是天方夜谭。所以，哪怕是此处所讨论的朝鲜后期代表性的门阀家族，其内部同样龙争虎斗；就算是出身权势家族，也绝不意味着可以轻易在文科当中登科。

前人研究往往强调朝鲜时期两班阶级对于科举的垄断，并认为与同时期的中国科举相比，封闭性是其特征。换言之，在中国，除了士大夫以外的阶级也同样输送了大量及第者，这一点被视作开放性的标志。但正如前文所述，中国的士大夫阶级和朝鲜的两班阶级并不能直接拿来作比较。以徐渚家门为例，其"淳"字辈一代 900 多人，是可以全部具备两班资格的——当然，尽管事实上也有相当一部分从中没落。

子子孙孙后辈都可以拥有两班资格，这一点能成立的理由在于，只要祖上有人在科举中及第，那么其后嗣哪怕隔数辈也同样可以成为两班。所以，就像徐渚家门一样，如此庞大的家族成员都可以成为两班。再看中国的士大夫，如果某个家族内部未能持续输出文科及第者的话，其后嗣当中可以具备士大夫资格的人数呈几何数增长的情况可以说是难以想象的。

五、朝鲜统治阶级的再生机制

众所皆知，围绕着中国科举的开放性问题，研究者之间莫衷一是，其中力陈其开放性的当属何炳棣。[1]不过笔者曾指出，将何氏所揭示的开放性特征与朝鲜的情况相比较时，难以看出两者之间有何种显著差异。[2]换言之，若比较三代以内的直系祖上中所拥有的文科及第者人数之比例的话，是很难发现实质性区别的。总之，笔者认为，若要与中国进行比较，还需要将旁系亲族考虑在内一起分析。

如前所述，就算是上节讨论的三大代表性家门，文科及第者在全体成员当中所占的比例仍显得微不足道。窃以为其原因有二：一是两班这一存在本身就具有自我扩张性；二是及第者选拔人数的限制十分严苛。

前者此前已经通过徐渚家门的例子有过讨论，此处要阐述的是后者。从〈材料12〉可知，朝鲜时期文科及第者的数量呈上升趋势。以人数变化来看，从太祖国王时期的年平均 9.4 名上升到了高宗国王时期的年平均 55.2 名；取全体及第者的平均值的话，朝鲜时期年平均可诞生 29.2 名文科及第者。反观中国，明清时代的文科及第人数尽管没有限额，每 3 年也只能诞生大约 300 名进士，因此可以说其年平均可诞生约 100 名及第者。若加上人口因素，可以说，朝鲜的文科较之中国，门槛更低。作为参考，当时双方的人口规模之差异，少则 10 倍，多可达20 倍以上。

但这并不代表朝鲜的文科是康庄大道。每年 29.2 名的文科及第者，按平均存活 30 年来计算，则不论何时都会有 876（29.2 × 30）名，即约900 名文科及第者存在。因此围绕着这 900 个及第者的位子，两班之间可谓明争暗斗。那么，他们的竞争率又如何呢？

现在几乎无法知晓全体两班的具体人数，但若假定全国总人数为1 000 万名，两班家族占其中的 5% 至 10%，则其人数约为 50 万到 100万名。除去其中无权参加科举的女性以及现实中无法参加考试的男性幼童（记录上的文科及第最小年龄为 17 岁）的话，有资格参加文科考试

---

[1] 何炳棣著、［韩］曹永禄等译：《中国科举制度的社会史研究》（首尔：东国大学出版部，1993 年）。

[2] 参考拙稿：《朝鲜时代的科举全体像とその特徴》。

的人数大约为 20 万至 40 万名，竞争就是在他们当中展开的。而位子只有 900 个，故竞争的激烈程度可想而知。

以德川幕府时期的日本来比喻的话，想象一下数十万名武士为了 900 个最高层——若算上 300 名左右的大名以及最有权势的旗本的人数的话可以接近这个数目——的武士位置而展开激烈竞争，是否有一丝丝切实感受了呢？当然，在日本，最高层的武士位置是世袭的，所以和依靠科举来选拔官僚的朝鲜社会中的两班之间仍有不少差异。而且，这种激烈竞争得以长期持续的原因在于，朝鲜社会的竞争不似日本战国时期的"武"之竞争，而是"文"之竞争。

欧洲的情况又是如何呢？按布鲁兹（F. Bluche）的说法，18 世纪的法国贵族约有 9 000 个，人数达到 14 000 名左右，[1] 所以贵族的人数比朝鲜文科及第者的人数还要更多。不过他们和日本的武士一样，大多数是通过世袭来确保其地位的。

将法国、日本这样典型的身份制社会的统治阶级再生模式用模型来表示的话，可得到如下〈材料 16〉（就算是法国、日本这样典型的身份制社会，也无法完全避免统治阶级的交替；尤其在欧洲，贵族地位是可以买卖的，所以较之日本，其交替的发生次数会更多）。

〈材料 16〉　单独继承制社会的继承模式

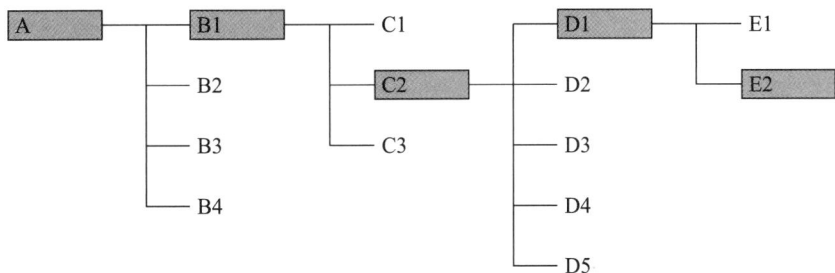

可见，每个世代能从父亲处继承身份的人只有一位。与之相比，将

[1]　转引自［日］渡边浩：《「礼」「御武威」「雅び」—徳川政権の儀礼と儒学》（［日］笠谷和比古編：《公家と武家の比較文明史》，京都：思文閣出版，2005 年），第 233 页。

朝鲜时期文科及第者的再生模式用模型来表示的话，将远比〈材料16〉
来得复杂；若定要简化，则大致可如〈材料17〉所示。

〈材料17〉 朝鲜时期的继承模式

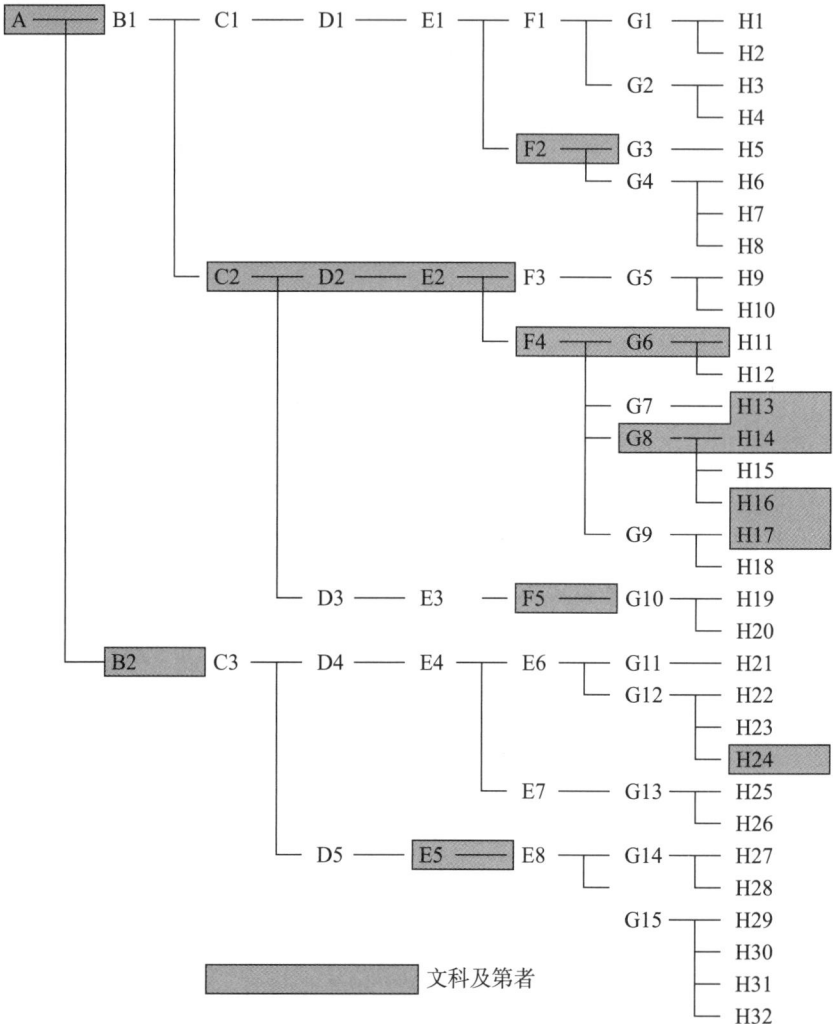

从朝鲜后期开始直至近代，韩国有大量的家谱资料问世，其中大
多数以文武两班家族为对象整理而成，如《簪缨谱》和《东国阀阅谱》；
成册于朝鲜日据时期的有名的《万姓大同谱》也是类似性质。其中大多数家族中，兄弟或者有近亲血缘的集团中诞生至少一名文科及第者，这一现象一直持续，因此能够诞生及第者的家族总是限定在固定几个当中，其余的家族则逐渐淡出。〈材料17〉便是对这一现象进行的图表化处理。从结果来看，它的继承模式和〈材料16〉的模式——依赖单独继承制来实现统治阶级之再生的身份制社会模式——有些许相似之处。而两者的差别在于，〈材料16〉的模式中，作为统治阶级的地位承袭从制度上能得到保障，而〈材料17〉的模式是激烈竞争后的结果。所以，朝鲜时期的社会，较之日本或者法国，其竞争更为残酷。并且可以指出的是，造成这一现象的最大原因，便是科举这一制度的存在，以及科举（尤其是文科）考试当中合格人数的严苛限制。

　　若考虑到这一点，在与中国比较之时，科举的封闭性问题也就有必要予以进一步阐释了。毫无疑问的是，中国的科举较之朝鲜在制度上更加开放，不同阶层均可输出及第者。但是就竞争的激烈程度而言，能说两者之间有实质性的差异吗？甚至可以说，就朝鲜——两班阶级内部有着激烈竞争，而且通过科举这一社会地位上升渠道（ladder of success）来实现官场进出的比重比中国要更大——而言，不仅是数字上的竞争率，就算是现实当中的竞争也都有过之而无不及。

　　最后，以上述朝鲜统治阶级的再生模式为前提，再来观察近代，可以说两班——在朝鲜时期拥有能步入统治阶级的资格——的地位已然不复存在，各个阶层都有机会去竞争成为统治阶级。所以是否可以说，更加残酷的竞争之到来，是在近代以后才发生的呢？

第七章　韩国的历史人口学能否实现？

一、人口史与历史人口学

人口史研究在世界上由来已久，在韩国也已经有七八十年的发展。四方博对于朝鲜时期户籍大帐的研究，也是始于人口史研究的一个环节。另一方面，历史人口学（historical demography）作为一个新兴领域，是在20世纪60年代，伴随着由法国学者路易·亨利（Loius Henry）和皮埃尔·古贝尔（Pierre Goubert）几乎同时独立开发出的"家族复原法（family reconstitution method）"这一方法而诞生的。亨利与古贝尔依据"教区登记簿（registres paroissiaux）"这一资料，对个人的洗礼、婚姻、下葬记录进行追溯，从中复原出许多人口学意义上的事件（vital event），例如出生、结婚、死亡等，由此成功地为人口史研究打下确实的统计基础。

在历史人口学之前，人口史研究主要基于人口普查数据，并加以宏观层面的观察。因此，历史人口学的确立，一举将人口史研究原本无法揭示详细证据的初级水准提升到另一个层次，具有划时代的意义。始于法国的历史人口学，之后以欧洲为中心向其他地区扩散：日本从20世纪70年代开始，中国自20世纪90年代开始，都陆续有历史人口学的研究成果问世。

历史人口学的研究对象，是能够通过近代普查方式搜集人口学意义上的信息之前的时期。它通过大量复原彼时人口学意义上的事件以及与之相关的个人信息并加以统计学处理，来研究与人口变动以及与人口规模相关的不同时期的变化。但是历史人口学也有其问题：拥有能够满足其要求的资料的地区十分有限。若缺少像欧洲的"教区登记簿"或日本的"宗门改账"（原是为了清除天主教信徒而制成的宗教调查记录，是以村落为单位记录居民之佛教寺院所属的账簿；因其上面记有居民的姓名、年龄等情况，故可认为其具备人口学意义上的信息）这样符合历史人口学需要的资料，就很难运用像历史人口学一样的方法开展研究。那么，通过历史人口学的方法研究人口史，这在韩国是否可行呢？本章的最终目的即对其可行性作一番探究。

即便在韩国，人口史研究也是有所成效的。但如实而言，依赖历史人口学的研究尚处于起步阶段。本章的目的并不在于回顾韩国的人口史研究并整理其研究史。与历史人口学相关的重要课题，是朝鲜时期的人口史研究。正如车明洙和朴熙振所言，[1]迄今为止，朝鲜时期的人口史研究中运用了两种方法：一种是以近代的国势调查[2]为基础进行追溯，以此来推测各时期的总人口；另一种是依据朝鲜王朝的户口统计资料来考察人口规模及人口流动。前者的代表性成果有石南国的研究，[3]后者的代表性成果有权泰焕和慎镛厦的研究。[4]尤其是权氏与慎氏的研究，作为朝鲜时期人口史研究中的力作，被多数学者频繁引用。毫不夸张地说，其已被后学奉为圭臬。

车明洙和朴熙振曾指出，权氏和慎氏的研究依赖于政府的户口统计，其假定的前提是：以朝鲜后期为基准，不论哪个时期，政府制作户籍大帐时的基本方针是一致的——所以没有登记在户籍大帐的人，其所占比重也是不变的。但是这一前提本身就值得怀疑，需要从根本上重新加以探讨。例如，金建泰曾关注过庆尚道丹城县的全体户籍大帐，[5]按

---

[1] ［韩］朴熙振、［韩］车明洙：《家谱中所体现的人口流动，1700—1938》（《韩国的长期经济统计Ⅰ——17—20世纪》，首尔：落星垈经济研究所学术大会论文集，2003年2月28日）。

[2] 国势调查是指政府为获取行政上的基础资料而在全国范围内所开展的与人口动态相关的各种调查。——译者注

[3] ［韩］石南国：《韓国的人口增加的分析》（东京：劲草书房，1972年）。

[4] ［韩］权泰焕、［韩］慎镛厦：《有关朝鲜时期人口推定之事的试论》（《东亚文化》第14辑，首尔：首尔大学东亚文化研究所，1978年）。

[5] ［韩］金建泰：《朝鲜后期人口统计实况及其性质》（《大东文化研究》第39辑，首尔：成均馆大学大东文化研究院，2011年）。

其研究，户籍大帐中所记录的男女之别、年龄之别上的人口分布，从17世纪到19世纪发生了巨大变化。因此，以朝鲜后期为基准，认为政府基本上以相同原则来贯彻户籍大帐的制作，这一点难以自圆其说。

除了权氏和慎氏的研究之外，其他大部分研究基本上也是依据政府的户口统计来进行的，因此所存在的问题也大同小异。户籍大帐作为户口统计的基础，在不加阐明其性质的情况下便直接被运用到人口史研究当中，如此得出的结论不过是无源之水、无本之木而已。如前所述，在历史人口学当中，大量复原人口学意义上的个人事件是很有必要的工作。而韩国之前的人口史研究并未做到这一点。换言之，韩国只停留在人口史研究的水平上，并未达到历史人口学的高度。

不过，最近韩国学界也开始出现基于历史人口学的研究。以家谱而非户籍大帐为对象的研究便是其中一例。在朴熙振的研究[1]和车明洙、朴熙振的共同研究[2]中，援引了一些利用中国家谱的历史人口学的研究成果，通过对一些家谱进行统计处理并描绘出不同时代的"男性人口基数"的变迁，来推测整体人口的变化趋势。该方法并非来源于"家族复原法"这一在欧洲和日本的历史人口学中的基本方法；但是它能够重现家谱这一资料的特征，所以也可以纳入历史人口学的范畴。因此，可以说韩国的历史人口学已开始启航。

二、从他国的历史人口学中能学到什么？

（一）欧洲的历史人口学之命题

作为历史人口学的先驱，在欧美的研究阵营中，以英国剑桥大学为中心的所谓"剑桥研究小组（Cambridge Group for the History of

---

[1]　［韩］朴熙振：《朝鲜后期不同家系的平均人口之趋势——以利用家谱重构的家族为例》（《经济史学》第33辑，首尔：〔韩国〕经济史学会，2002年）。

[2]　［韩］朴熙振、［韩］车明洙：《家谱中所体现的人口流动，1700—1938》。

Population and Social Structure）"的研究，以及以美国普林斯顿大学为中心进行的有关欧洲人口转型（European Fertility Project）的研究，都取得了令人瞩目的成果。其中剑桥研究小组的研究尤为突出，它基于对教区登记簿的全面数据处理，不仅历史性地颠覆了以往对人口史的认知，给其他的研究领域也带去了深刻影响。例如在关注人口变动中物价、工资等经济指标的经济史研究的发展当中，以及在与人口变动密切相关的家族史研究的深化当中，剑桥研究小组的成果都打开了新的大门。

欧洲的历史人口学研究的成果中，最重要的贡献是发现了欧洲特有的婚姻模式以及由此带来的人口调控机制。在被称为人口学之经典的著作《人口原理》（An Essay on the Principle of Population）中，马尔萨斯（Thomas R. Malthus）指出，抑制人口的方法有"积极性抑制（positive check）"和"预防性抑制（或称道德性抑制，preventive check）"两种，并指出英格兰是能观察到"预防性抑制"的一个例外地区。

不仅如此，约翰·哈伊纳尔（John Hajnal）在1965年提出了一个著名论断，即从圣彼得堡到的里雅斯特画一条线，这条线以西是所谓的欧洲婚姻模式：晚婚、婚姻比率低。历史人口学的研究佐证了哈伊纳尔观点的合理性。即，在欧洲地区，男女集体晚婚是正常的现象，而不婚者的数量也有很多。这体现了马尔萨斯所说的"预防性抑制"的含义，更体现了婚姻年龄在工资浮动等经济条件变动中的联动反应及由此带来的人口调控——经济状况不佳时，婚姻年龄会增长，这意味着生育水平的下降。而在欧洲以外的地区中，普遍存在（或者说被认为普遍存在）早婚及高婚姻率——大多数男女在很年轻时便选择结婚，不婚者反而是极个别存在——的现象。与之相比，欧洲的婚姻模式是极其特殊的，而这被认为是欧洲快速实现近代化的表现。

另外，以欧洲的人口变化——从高出生高死亡的社会转向低出生低死亡的社会——为研究对象的美国普林斯顿大学的研究成果同样备受关注。该研究从经济角度和文化角度对欧洲人口变化的原因进行了阐释，其结论指出，文化因素也在人口变化当中有着单独的影响。文化因素对人口变动有着重要意义，这对其他地区的研究而言也可以说是极具参考价值的。

（二）历史人口学的"欧洲—日本"之命题

除了欧洲及其周边地区之外，历史人口学发展得最快的当属日本。如日本学者速水融，在留学欧洲的过程中接触了历史人口学方法以后，醉心于利用江户时期制成的"宗门改账"来实现家族复原法，自此走上了历史人口学之路。

由于宗门改账以年为单位制成，故出生后未满一年便离世的情形大部分未被记录其中，这一点与教区登记簿相比是一大缺憾。但宗门改账的记录是以家族为单位的，所以它不仅有利于家族复原法的使用，还往往包含了人口移动和经济情况等相关信息。面对这些从教区登记簿中无法看到的特征，日本正掀起一股方法论创新的热潮——为的正是能体现日本资料的如上特征。

要看到，日本历史人口学的成果之一是发现了如下事实：虽然日本与欧洲的婚姻模式不同，但是在低出生率这一点上，两者分明有着共同之处。即是说，在日本，早婚以及不婚的比率较之欧洲都是更低的；然而，日本的已婚生育率（marital fertility，已婚妇女生育的孩子数量）却被认为比欧洲更低，且"预防性抑制"也如欧洲一样普遍。以此为基础，1985 年，汉利（Susan B. Hanley）和武雅士（Arthur P. Wolf）编著了《东亚历史中的家庭与人口》（*Family and Population in East Asian History*）一书，其中在勾勒人口史的模型时，分别将"欧洲—日本"和"东欧—中国"视作对立的样本，并且主张前者当中存在人口的"预防性抑制"，而后者当中则没有。从这一点而言，"欧洲—日本"这一命题可以说是很具有典型性了。

但是，这种命题作为"欧洲例外论""日本例外论"——西方中心主义史观的变形理论——的一种延续，也需要人们提高警惕。因为在欧洲和日本以外的地区是否只存在"积极性抑制"，这一点尚未知晓。因此，下文中要介绍的中国的历史人口学研究成果就显得十分重要了。

（三）中国式的反命题

在历史人口学诞生以前，所谓的前近代社会一般被视作高出生率高死亡率的社会，"积极性抑制"是其调控人口的唯一途径。不过随着历史人口学的诞生，已经证明了在欧洲和日本，上述认知是不符合现实的。但是，除了这两个地区以外，其他地区的前近代社会仍未逃脱上述认知框架。典型的例子，就是自马尔萨斯以来一直被拿来讨论的中国，而中国在 20 世纪 80 年代之后也正式开始了历史人口学的研究。

迄今为止，中国的历史人口学中所使用的一般是家谱和特殊的人口登记簿，目前尚未见利用像欧洲的教区登记簿或者日本的宗门改账那样以一般民众为对象制成的资料来进行研究。

在以家谱为中心的研究中，刘翠溶和郝瑞（Stevan Harell）的研究成果引人注目。前者的研究成果依托于大范围的家谱调查，旨在揭示经过长时段后显现的一些人口学意义上的指标；后者则采用了"男性人口基数（Male Population Index，MPI）"这一特殊方法——这是考虑到女性在家谱中的信息量并不大，因此开发出了一套只计算男性存活率的方法。前文亦有提及，韩国学界的朴熙振与车明洙也使用过这一方法。此外，以李中清（James Lee）为核心的研究小组，利用清朝满族的皇室族谱进行研究，发表了一系列令人瞩目的成果。考虑到韩国拥有大量家谱这一天然条件，中国历史人口学研究当中对于家谱的利用，值得韩国借鉴。

另一个值得关注的成果，便是以李中清为中心、利用"汉军八旗人丁户口册"这一人口登记簿所进行的一系列研究。该人口登记簿是清朝的统治阶层八旗为了充军而每三年在特定地区所记录下的资料，并不覆盖所有地区；但其中记有特定地区居民的生辰八字等珍贵的人口学意义上的信息。可以说，较之家谱，它更适用于人口学的研究。

李中清与王丰共著的《人类的四分之一》(*One Quarter of Humanity*)一书，展示了中国历史人口学的研究成果和高度，并揭示了中国式的人口调控模式，颇受好评。书中指出，和通过婚姻年龄来调控人口的欧洲不同，中国的人口调控方式更为复杂，存在着四种要素：就女性早婚和高婚姻率这两点而言，中国人的婚姻是符合马尔萨斯式命题的，但是在①女婴的高死亡率、②男性的低婚姻率、③低已婚生育率、④高收养率这四大要素的作用下，18世纪至19世纪的中国事实上已然突破了马尔萨斯理论的桎梏。

虽然近年来中国的历史人口学发展迅猛，但囿于资料的局限性，在实证层面尚有亟待阐明的部分。然而其对资料的处理方式以及对复杂的人口调控模式的阐释等部分，对于韩国的历史人口学而言都是值得以之为镜的。

以上回顾了多国的历史人口学研究史。在回顾之余，若希望韩国也能依靠历史人口学方法来开展人口史研究的话，窃认为其核心课题无外乎以下两个：一个是明确朝鲜时期的人口浮动趋势，一个是明确是否存在某个特殊的人口调控方式——就像欧洲、日本、中国那样的——在左右着这一趋势。车明洙和朴熙振的研究作为韩国历史人口学研究的先驱，在研究史意义上的地位不言自明。但他们是以"朝鲜时期只存在积极性抑制的方法"为前提，将19世纪的人口下降——当然这本身也还有很大的讨论余地——与经济危机结合起来进行说明的。由于这个前提本身尚未得到检验，故不得不说韩国的历史人口学研究的一大课题正在于此。

三、韩国历史人口学的课题

众所周知，朝鲜的户籍大帐以庆尚道为中心，有部分留存至今；现存的家谱数量亦十分庞大。尤其18世纪以降，就家系资料（如家谱）中所记载的人数占全体人员的比例而言，韩国可能在全世界位居首位。

所以单从资料层面来说，韩国的历史人口学并不落下风，然而其发展却仍停留在起步阶段。究其原因，是因为没有找到合适的方法将户籍大帐和家谱等资料进行历史人口学式的处理。因此，韩国的历史人口学发展，其关键在于对相关资料进行缜密检讨，并开发出一套行之有效的研究方法。最后，本章还将针对实践历史人口学式的资料处理方法所涉及的资料批判问题以及这种实践的可能性问题作一番探讨。

　　首先是关于户籍大帐的问题。无论如何，最重要的工作，是使户籍大帐的数据库工程囊括各个地区而非仅仅限定在当下的丹城县地区；[1]并且要扩大范围，对各个时期的户籍大帐的固有性质都进行基本的梳理。户籍大帐中存在着相当多的遗漏，这一点无需赘言。但随着丹城县户籍大帐的数据库工程的进展，我们发现：在当时记载时出现遗漏的原因，在不同时期不尽相同。因此，对各时期中央政府的户籍政策之变化，以及在当时政策下各个地方的户籍大帐的具体实际制作过程进行充分考察，这是很有必要的工作。

　　当然，这其中困难重重。但笔者认为，若先考察济州岛的户籍大帐，或许会成为未来研究的一个突破口也未可知。众人皆晓，在济州岛的许多地区，19世纪的户籍大帐以"户籍中草"（制作户籍大帐时的草稿，户籍大帐在此基础上制成）的形式保留至今。不仅如此，20世纪10年代至30年代间制成的民籍簿，也很大程度上以"里"为行政单位被保留下来。而且其保存形式与其他地区的除籍簿[2]不同，是根据不同的年份完整保留整个"里"的民籍簿。因此，特别是在殖民地初期制成的民籍簿，便可以拿来与朝鲜时期的户籍大帐以及光武年间的所谓新式户籍直接进行比较了。通过这种比较，或许也能发现一些把握朝鲜时期户籍大帐制作方法的线索。当然，目前我们正在进行这项工作，计划在

---

[1]　韩国成均馆大学东亚学术院致力于将朝鲜时期的户籍大帐进行数据化处理，这一工作始于1999年，首先处理的便是"庆尚道丹城县户籍大帐"。该项目已于2006年完成，目前该院则继续致力于完善"庆尚道大邱府户籍大帐"的数据化工作。——译者注
[2]　除籍簿是指将在户籍中因某种原因被除籍的全体成员的信息从户籍簿中移出并单独编辑成册的户籍账簿，通常以别册的形式添附。——译者注

日后将成果飨于学界。

另外，正如金建泰在此次研讨会（2003 年 12 月 19 日，由韩国成均馆大学东亚学术院主办的 "韩国历史人口学的发展方向之展望" 学术研讨会）上所指出的，从户籍大帐的数据库开始，慢慢在历史人口学领域增加有用资料的数据化处理，这是意义重大的工作。当然了，这项工作的前提同样是要先充分考虑户籍大帐的一些固有性质。

接下来是家谱问题。这一点从中国的家谱资料处理方法中可以引鉴良多。但要注意的是，中、韩两国的家谱在存在诸多共同点的同时也存在许多差异。此处无意对此展开进一步讨论，仅取一点为例：较之中国，韩国家谱的对外功能性以及社会功能性都要更高。家谱有两项基本功能：一是强化同一家族间内部凝聚力的对内功能，一是提升该家族的外部威望的对外功能。在这两种功能上，中国家谱更注重前者，而韩国家谱更注重后者。例如韩国家谱中对婚姻关系的重视程度是中国家谱无法比拟的，这一点便可以与上述内容相结合来理解。

由于这种差异的存在，在历史人口学研究中利用家谱资料时，韩国会比中国遭遇更多的坎坷。正如朴熙振和车明洙的研究中所指出的，嫡系子孙和支庶子孙的问题是韩国家谱中的另一个难题。在朝鲜时期，根据家谱的不同，出现了很多将支庶子孙完全排除在外的情况，这会对 "男性人口基数" 的统计带来莫大影响。不仅如此，还存在许多即便是嫡系子孙也未被载入家谱的情况。个中理由虽不尽相同，但最大的原因无疑是为了维护家族的外部威望。朴熙振和车明洙的研究中对此全然未有顾及，而这一点在利用家谱资料时却必须要考虑在内。将家谱作为历史人口学的资料加以利用时，需要对资料进行缜密分析；不过更重要的，仍是对大量家谱的数据化处理工作。

较之户籍大帐，现存家谱当中所记录的人员数要多得多，往后也必将在韩国的历史人口学研究当中扮演重要角色。但即便如此，笔者认为同时运用家谱和户籍大帐进行研究仍然十分必要。例如金建泰的报告中所提到的，若能通过户籍大帐确定女性的平均初婚年龄，那么将其用于家谱分析当中，便能对家谱中未被记载的适婚女性的年龄进行假设，进而推测她们的初婚年龄。家谱资料的一大局限性，便是与女性相关的记载的阙失。但是通过上述方法，开创一套能综合利用家谱和户籍大帐的方法论的话，女性的初婚年龄及其在不同时期的变化——这是历史人口学当中最重要的变数之一——便能在一定程度上得到相对严谨的推定。

当然，可以预想到这些庞大的作业量在今后可能面临的各种困境。不过，通过对材料的谨慎批判，韩国的历史人口学的发展前景依然可期。但历史人口学研究只依靠个别学者单枪匹马进行的话，将举步维艰，他国的情况便是如此；对此需要有完整的研究团队来领导。另外，历史人口学所涉及的还有历史学、人口学、社会学、经济学、文学、统计学、医学、民俗学、文化人类学等多个领域。期待有更多的学者在历史人口学中收获芬芳，有更多其他领域的学者能参与到我们的共同研究中来。

第八章　从社会联结来看东亚

　　本章内容基于"从比较史角度看近世日本——对话韩国史"研讨会的内容整理而成。该研讨会旨在从比较史角度来探讨"近世"日本[1]以及同时期的韩国，此种探讨方式可能尚属首例。当然了，这绝不是说不存在对于两国传统社会其他方面上的个别比较，但是像这样诸多学者共聚一堂，从多个角度进行比较探讨的场面，可以说是一次质的飞跃。

　　该研讨会的举办，源于笔者在《历史学研究》（日本）2006 年 11月号上发表的题为"东亚世界中日本的'近世化'——日本史研究之批判（東アジア世界における日本の'近世化'—日本史研究批判—）"的文章。以此为契机，笔者感受到了作为学者的责任，终于能跳出不自量力地批判日本史研究的立场，进一步体会到了一些切实的感悟。但同时笔者也明白：这份沉甸甸的责任将同样使得笔者只能像现在这样停留在只破不立的水准之上。

　　因而本章内容里，除了从"社会联结"这一角度出发，以研讨会当日所作的报告为基础，将德川幕府时期的日本和朝鲜时期的韩国进行比较之外，还将简述笔者一开始对日本史研究进行批判的原委。

一、对"社会联结"进行比较的意义所在

　　此处提出"社会联结"（所谓的社会联结，是指在某个社会中，一

---

[1]　本章中为保持一致，使用了"近世"一词，所依据的是笔者个人观点：对于 16 世纪以降的东亚，宜用"儒家式近代"这一概念去加以把握。关于这一概念，参考拙稿：《儒教的近代としての東アジア「近世」》（《岩波講座東アジア近現代通史Ⅰ：東アジア世界の近代》，东京：岩波书店，2010 年）。

个人以某事物为媒介与其他人建立联系并以此形成组织的过程）的命题，源于如下几点理由。首先最重要的是，社会联结是比较不同社会时最重要的参数，同时也是笔者迄今为止尚未正式开始探索的部分。社会联结的形态不仅可以单方面展现出社会的特征，而且可以说与政治文化、女性的社会地位、文化的存在形态等诸般问题也密不可分。

第二个理由，是因为近年来，社会联结问题在日本史研究当中被越来越多地提及。日本史学者稻叶继阳，就曾针对笔者的上述论文提出正面批评。其核心观点在于，笔者的批判以到 20 世纪 80 年代为止的日本史研究为对象，忽略了之后的研究进展情况；而之后的研究进展中发现了如下事实：日本的"近世"社会，不仅是一个由上往下的矢量，还是一个以"农业成熟"为象征的由下往上的矢量，即维持并形成了社会联结。稻叶继阳的批评正好切中笔者要害，不过，由于在社会联结问题上，通过强调日本与欧美的相似性以及与中国的差异性来进行比较的方法仍然不能回答许多疑问，笔者希望借助对韩国的社会联结的考察，来对稻叶的批评给予一些回应。

第三个理由，是笔者认为在思考日本的社会联结问题时，需要将其与中、韩两国进行比较。众所周知，当下原子化社会正在加速到来，就像在日本常说的"无缘社会"或"孤族"一样。为什么会产生此般现象呢？进一步思考，就会发现这不仅与当下的全球化问题有关，还有必要追溯到"近世"的出现问题上。所以笔者希望能借本篇对此略作管窥。近年来，在"韩流"热潮中，随处可见日本人对韩剧的追捧，窃以为其中一个理由，即在于日本与韩国在人际关系和社会联结上的差异。这也是促成笔者试图比较社会联结的原因之一。

二、家庭、亲族联结的比较

家庭是社会联结最基本的单位，因此首先要探讨的便是家庭和可以称为其扩大版的亲族的联结问题。关于这一问题，日本的中国史学者上田信所提出的"中日比较论"是十分耐人寻味的。[1]因此，本节将首先介绍上田信的若干观点，同时附上笔者对他未曾言及的有关韩国的家庭与亲族联结的特征之思考与理解。

（一）上田信的中、日、泰比较论

为了了解中国的家庭、亲族联结的特征，上田信将其与日本和泰国的情况进行比较，并从"家庭、亲族联结的特征亦能从社会联结当中反映出来"这一立场出发加以探讨。核心内容是，描述了上述三个国家的家庭关系的特征以及以此为基础所形成的社会联结的表现形式：泰国是"动词型"的家庭关系和网络型社会结构，日本是"名词型"的家庭关系和巢穴型社会结构，中国是"形容词型"的家庭关系和频道型社会结构。其详述如下。

首先是泰国的家庭、亲族制度的特征体现为"动词型"关系。所谓"动词型"关系，是指根据要做的具体行为而形成的人际关系。例如父亲之所以成为父亲，是因为他对孩子做了身为父亲要做的事情；假如没有这种具体行为的存在，那么双方的关系也就不复存在了。这便是"动词型"关系的特征。所以就算是家庭，也并非是依赖于血缘关系而形成的稳定结构，而是可以根据不同的情况和需要随时进行反复重组的结构。并且，由于这种流动性的存在，稳固的亲族关系也就无从谈起了。

上田信指出，泰国的这种"动词型"关系并非仅仅局限在家庭、亲族关系中，也适用于他们所有人际关系的基础。他还将由这种人际关系所组成的社会结构命名为网络型社会结构。这种社会结构可简单用如下〈材料18〉来表示。

---

[1]　［日］上田信：《伝統中国—〈盆地〉〈宗族〉にみる明清時代》（东京：讲坛社，1995年）。

〈材料 18〉　网络型社会结构

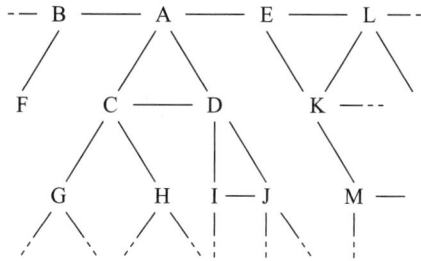

如图所示，关于网络型社会结构，要注意的是 A、B、C 等每个个体所具有的各自的人际关系是不同的。换言之，人际关系形成于"动词型"关系基础之上，所以根据个体的不同，与之形成关系的对象也不会重复。

在这种社会中，人际关系并不牢固，因而稳定的社会结构也难以形成。而这种社会中的实力人物，往往比常人拥有更广泛的人脉。利用经济、政治、社会地位等资源来构建丰富的人脉资源，这样的人才会得到认可。但因为这种地位终究是带有私人属性的，所以当这个个体死亡或者失势之时，其人际关系也会瞬间崩塌。这也是他们从家庭到亲族，所有的社会结构都是暂时性的原因所在。

与泰国的"动词型"关系相比，日本的家庭关系的特征表现为"名词型"关系。"名词型"关系为何呢？例如父亲，对他而言最重要的是"本家"这一地位本身；而他和像子女这样所谓"分家"间的人际关系便是由"本家"这个地位的高低来决定的。其依靠的不是个体的资质或人脉，即不是"动词型"关系，而是各自的地位。

众所周知，在日本的家庭制度当中，养子制度一度十分盛行。不仅如此，该制度与中、韩两国不同，即便没有血缘关系的人也可以成为养子。该制度之所以能成立，也是因为最重要的部分在于"父亲""儿子"这样的地位本身。换言之，父亲与儿子之间是否具有血缘关系，这是次要的。

按上田信之说，像日本这样依靠"名词型"关系所构建的家庭，由这些家庭所组成的社会结构可以被称为巢穴型社会结构，如〈材料 19〉所示。在此类社会中，每个"家（いえ）"都构成一个巢穴，社会整体便是巢穴的重叠累积。"家"作为最基本的社会单位，由家长——通常是父亲——以及家庭成员，间或还包括家中的下人等组成，依靠家长的强大统治力来实现管理。不同的"家"之间的关系也只取决于不同家长之间的关系；而像"村"这样的地域共同体，便可视为"家"的组合体，即各个家长间的组合体。若从这些家长中间选出了"村"的代表人物，那么他就将负责"村"的全部管理。

〈材料 19〉 巢穴型社会结构

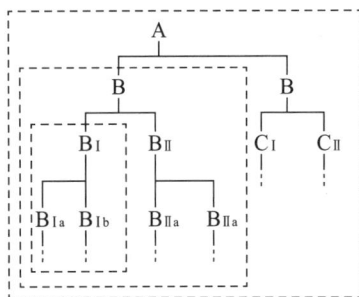

所以，像泰国那般不同个体拥有不同的人际关系，这在日本是看不到的。不同的"家"或者"村"之间的关系取决于各个代表人物间的关系，原则上，其个别成员无法拥有独立的人际关系。

下至最底层的"家"，上至最高层的国家，整个日本社会都由这样的巢穴堆积而成。不同的家都拥有家名（指代日本的姓氏；在日本，全体家庭成员必须统一姓氏，这一点和中、韩两国不同）、家产（"家"的财产只允许升到家长地位的人来继承）和家业（世袭制的家族职业）。德川幕府时期的日本之所以有如此典型发达的身份制，其根本原因正是源于这种巢穴型社会结构。

此外，上田信还认为，中国的家庭、亲族结合方式跟泰国和日本相比都存在差异，并将中国的特征命名为"形容词型"关系。这又因何故呢？

汉族中有着很强烈的父系血缘观念。从父亲到儿子的"气"之传承颇受重视；家庭、亲族制度正是基于这一前提发展而来。同一父亲所生的几个儿子都继承了来自父亲的"气"，因此从根本上说，他们之间的关系是平等的——此种观念根深蒂固。像日本，继承家长地位的儿子——通常是长子——比其他儿女拥有更多优势，而这一点在汉族当中难以寻觅。那么，汉族的家庭成员间的关系是如何形成的呢？按上田信的看法，这取决于长幼世代和高低年龄：父亲比儿子大一辈，更靠近祖上，所以儿子必须追从父亲；兄长比弟弟年龄更大，所以弟弟必须尊敬兄长——根据这种体现在世代及年龄差异上的"形容词型"关系，家庭的秩序得以形成。

众所周知，中国自宋代以降，"宗族"这一父系血缘集团开始登场。而这种宗族的内部秩序也和家庭一样，根据世代、年龄的差异而形成。很多情况下，不同的世代在名字中会有不同的辈分字，相同世代的人会按照出生顺序在辈分字后面加上序号，以此取名。这样的取名系统——比如辈分字为"烈"，那么取名方式便是"烈一""烈二""烈三"；世代越往后，相同世代的人数就越多，所以像"烈百十三"这样的名字都会出现——之所以会得到普及，是因为如此一来，通过名字便可以了解自己与上一代的关系，而且相互的上下关系也会自动得以确定。

那么，除去上述情况，互相之间没有血缘关系的人要如何确定彼此的秩序关系呢？在中国，有一个词叫作"街坊之辈"。这是在同一个区域生活的居民之间所形成的秩序关系。具体来说，当同一个地区的若干个父系血缘集团之间反复形成婚姻关系时，为了保持秩序的稳定，婚姻只发生在相同世代的男女之间；和宗族一样，在这样的集团之间，秩序是按照世代、年龄的差异来形成的，被称为"街坊之辈"。由此可见，在汉族社会当中，就算是在没有父系血缘关系的人们之间，其秩序确立的原理依然是仿照父系血缘集团而来。

那么，对于拥有"形容词型"关系的汉族而言，其社会结构又是怎样的呢？上田信将其命名为频道型社会结构，如〈材料20〉所示。切换电视频道时，画面在每个电视台的子频道间跳转，观众可以选择自己想看的节目。同理，当汉族之人发现对方是相同的父系血缘集团时，通过追溯其祖上便可立马感知彼此之间的辈分关系。[1] 而且，就像电视网络是按照等级从总台到地方分台来构建的一样，住得离祖上——祖上相当于总台——更近的人，往往地位更高。

〈材料 20〉 频道型社会结构

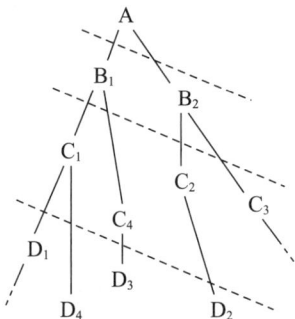

以上是上田信的一些观点，窃认为有必要加以补充说明。首先，用"名词型""动词型""形容词型"这样的表述来体现泰国、日本、中国的家庭亲族联结之特征，并将其与各个国家各自的社会结构相结合来理解，这种方式颇具吸引力，也很有说服力。而且，如果将最基本的人际关系的形成原理用"动词型"关系来理解的话，"名词型"和"形容词型"关系就可以视作为了克服"动词型"关系的暂时性和不稳定性并形成稳定的关系而被创造出来的第二级关系。换言之，日本或者中国的家庭、亲族制度，就稳定的家庭、亲族制度的形成而言，是必须要具备的两种类型。

（二）对上田信观点的疑问

窃认为在上田的观点中，关于中国社会结构的部分还有不够清晰之

---

[1] 换言之，画面（个人）虽然能在不同子频道（家族分支）间跳转，但各个子频道终究属于同一个电视台（血缘集团）。——译者注

处。他用"频道型"来把握中国的社会结构特征，尽管这适用于父系血缘关系或者反复形成婚姻关系的若干集团之间，但如果是缺少这种关系的人群的话，其秩序关系要如何形成？上田信并未给出充分的解答。

关于这一问题，首先要探讨的，是与中国的家庭、亲族联结有关的两个完全相反的看法。一般看法认为，中国的家庭类型属于复合式家庭，或者叫联合式家庭。所谓的复合式家庭或联合式家庭，是指子女在婚后仍与父母同住，因此出现数代同堂的家庭类型。上田信的观点似乎也是符合上述一般看法的，但是对此却存在强烈的批判声音。

该批判指出，中国的家庭并非像传统所理解的那样，是以家长为中心的、拥有强大凝聚力的家长制家庭，而是凝聚力不足的类型，类似于生活在同一栋公寓的不同住户间的关系。此种观点指出，对于重视兄弟间的平等的家庭来说，家长的权力并不绝对——正如汉族中普遍可见的男性财产均分制所体现的那样：因为家庭财产在日后须均分给各个兄弟，所以就算是家长也不能恣意处理这些财产。家长在世时生活在同一屋檐下的兄弟，在家长离世后随即分家各立门户，这种情况的普遍存在也体现了家族凝聚力之脆弱。[1]

若按照上述观点，对中国的家庭、亲族联结的传统认知将会被完全颠覆。不过笔者对此持支持态度。上田信用"形容词型"关系来理解中国的家庭、亲族联结之特征；而所谓的形容词，一般在相同事物出现差异时才会被使用。所以可以说，上田信用这种方式来理解中国的家庭、亲族关系时，是以兄弟或宗族成员间的平等作为前提的。

然而，当家庭、亲族这样的组织都可能会经常出现分崩离析之时，没有血缘关系的不同人之间的秩序关系又要如何形成呢？众所周知，汉族当中不仅有宗族这样的血缘组织，还有乡会、工会以及秘密结社等多种多样的组织类型存在。这些组织之所以能凝聚成一个集团，靠的又是

---

[1] 有关中国家庭凝聚力，尤其是和脆弱性相关的论述，其研究史整理可参考［日］足立启二：《専制国家史論—中国史から世界史へ》（东京：柏书房，1998 年）。

什么呢？窃认为，让没有血缘关系的人也能凝聚成像有血缘关系的人一样，比如结义，便是常用的方法。但是，如果血缘组织的凝聚力本来就已经脆弱不堪的话，非血缘组织的凝聚力当然更不用提了。一般而言，乡会、工会等组织，会围绕一个拥有强大领导力的人物来组建；一旦这个人物消失，那么组织自身便会瓦解。这一点正是依靠"形容词型"关系所形成的组织的脆弱性所在。

如果这样来看"形容词型"关系的话，那么可以说它与"动词型"关系颇具相似之处，因为两者在以下方面如出一辙：就算以有能力者为中心组建起组织，但该组织的稳定性和持续性都十分脆弱，故一直存在着潜在的瓦解之可能性。前文已经提到，"名词型"和"形容词型"关系可以克服"动词型"关系的暂时性和不稳定性；而"形容词型"关系与"动词型"关系显得更加靠近。如此一来，"名词型"关系较之"形容词型"关系是更为完善的组织关系类型，这一说法还能成立吗？

虽然以"名词型"关系为基础形成的组织，在稳定性、持续性方面更为良好，但另一方面，在灵活性上则稍显逊色。此外，由于不同组织间的关系依靠组织代表人物来维系，当这种纵向关系愈发牢固时，其横向关系则愈发脆弱，此乃其一大缺点。反过来，以"形容词型"关系为基础的组织，虽然在稳定性和持续性上有所欠缺，但十分灵活，且可变通的部分也非常丰富。

汉族除了宗族组织以外，乡会、工会等多种组织十分发达，会尽可能地拓展更多人际关系，可以说其原因也正在于这种灵活性上。

进一步可以指出的是，依靠"名词型"关系所建立的巢穴型社会结构，在本质上就存在着压迫和排他的问题。由于"家"的成员不具备独立的人际网络，只能通过家长与外部联系，这必然导致他们陷入这样一种关系，即家长给予的保护与个人对家长的依附变得密不可分。另外，对整个社会来说，那些遭到巢穴排挤的人们，将不得不失去作为社会成员的资格。事实上，这在日本社会当中作为一种结构层面的问题一直存在；相比之下，在依靠"形容词型"关系所建立的频道型社会结构当中，因其人际关系十分开放，因此很少出现对某个特定人物的依附。换言之，在这里，人际关系的不稳定与某种程度上的"自由"达成了一致。

因此可以说，"名词型"关系与"形容词型"关系是某个组织形成时的两种存在类型；而选择哪一种，则取决于在稳定性与灵活性这一对矛盾体中间更重视其中哪一个方面。作为一个组织，与其仅仅依靠某种单一关系来建立，更合理的是两种关系兼而有之。而实际上，以"名词型"关系为主的日本也是如此，除了"家"以外，同时还有像"讲（こう，类似于韩国的"契"）"这样的组织存在，以实现"家"与"家"之间的横向联结，最具代表性的便是若者组（わかものぐみ，青年组织）这一按照年龄层来构成的组织。借助这些组织，仅仅依靠家长关系来实现的社会联结的狭隘性可以得到缓解。而在由"形容词型"关系构建而成的中国亦不例外，例如乡绅群体，便是通过组建宗族，来试图长时间维持原本非世袭制的、作为有实力者的地位。"乡绅"这一地位属于"名词型"，而乡绅的存在，一定程度上又给流动性强的中国社会带去了稳定的可能性。

最后，对于中国社会的"形容词型"关系，想提一些关于儒学——尤其是朱子学——与"形容词型"关系之间的合理性问题。朱子学的思想，旨在实现以全人类最初始的平等为前提的社会秩序。此时，人类社会中的差别化、阶层化的发生，其判断标准便是"理"的多少——通过学习习得大量"理"的人和无法达到这一点的人之间的区分。值得一提的是，朱子学所倡导的社会秩序的形成，其原理在于"理"的多少，而这一原理同样依靠"形容词型"关系得以成立。可以说，朱子学之所以得以长时间作为中国统治思想，也是因为其依靠"形容词型"关系形成的理论原理与中国的家庭、亲族联结的原理有一脉相通之处。

（三）韩国的家庭、亲族联结

以上介绍了中、日两国的家庭、亲族联结的特征。以此为前提，要如何理解韩国的家庭、亲族联结呢？下面来讨论这一问题。迄今为止，将韩国的家庭、亲族联结的特征与其他国家作比较时，通常会强调韩国与中国的相似性与共同点。因为像重视父系血缘关系、存在根深蒂固的父系血缘集团、编撰家谱等与中国相同的部分，在韩国并不难发现。不过，中国的家庭、亲族联结是以"形容词型"关系为基础的，但在韩国却可以有另外一种理解。

众所皆知，韩国的家庭、亲族制度在 17 世纪左右发生了巨变。具体而言，到 16 世纪为止，双系亲族观念一直居于统治地位，所以不仅是男女在婚后居住娘家，在财产继承上也普遍遵循男女均分。而目前的普遍理解是，到了 17 世纪左右，随着对父系血缘关系的重视，财产继承制在排除女性的同时转变成长子优先制，作为父系血缘集团的家族也大范围地随之而来。这里要讨论的虽然是 17 世纪以后的家庭、亲族制度，但对于其到 16 世纪为止之前的存在形态，仍有必要予以论及。

目前为止的看法，基本上认为它是基于双系亲族观念而形成的。从父系母系双方受到同样的重视、子孙当中没有亲孙与外孙之分等来看的话，认为双系亲族观念占据统治地位的理由是非常充分的。但是"双系"这一用语却容易产生误解。若严格定义双系制的话，应当是父系、母系各自拥有血缘集团且个人同时归属于这两个集团。然而到 16 世纪为止的韩国，无论是父系还是母系，都不存在恒常的亲族集团。一般的情况是，个人根据不同需要，选择父亲、母亲或妻子中的一方作为住所，从而成为那边集团的成员。就这一点而言，美国学者马克·彼得森（Mark A. Peterson）所提出的"三边选择体系（trilateral systems，译者注）"概念，可以说是比较准确地还原现实了。[1]

可以说，韩国到 16 世纪为止的这种制度，和上田信提出的基于"动词型"关系的泰国家庭、亲族制度有着共同之处。所以，若家庭或

---

[1]　［美］Mark A. Peterson 著、［韩］金惠贞译：《儒家社会的创立——朝鲜中期的领养制与继承制之变化》（首尔：一潮阁，2000 年）。

亲族其本身就具有强烈的流动性，那也就不可避免地带有暂时性和不稳定性了。约翰·邓肯（John Duncan）认为，高丽王朝和朝鲜王朝这两个统治王朝之间可以找到很强的连续性，同时他提出存在几个父系血缘集团跨越两个王朝一直作为统治阶层而存续下来的事实作为依据。但是，在高丽时期，坡平尹氏这一父系亲族组织是否是恒常存在的，这一点尚未可知；且不得不说这种论述犯了一个错误，即用朝鲜时期的观点去审视高丽时期。[1] 因此，与其以 17 世纪为界，把家庭、亲族制度的变化视为是从双系制到父系制的过渡，倒不如说这是从不存在恒常的家庭、亲族组织到开始出现父系家族和亲族组织的一种变化。

下面来看 17 世纪以后的家庭、亲族制度。如前所述，17 世纪以降，韩国的家庭、亲族制度，乍一看和中国有着许多共同之处，但是两者之间的差异是显而易见的：在中国，兄弟之间原则上相互平等；而在韩国，长子比次子及以下的弟弟地位更高。例如继承财产时，形式上是男性均分，但同时又以"奉祀条"——为募集祭祀祖先所需的费用而设立的继承法则——的名义给长子更多的财产；又例如当长子无子时，次子之子就要被过继给长子，哪怕他是独生子。诸如此类，都暗示了长子的优越地位。

而在亲族制度中，嫡长孙的地位也和家庭制度中的长子地位一般高人一等。虽然有时候，嫡系以外的家系中会诞生一些名人，甚至能威胁到嫡长孙家系的地位，但是在对外的时候，嫡长孙仍然是该亲族集团不变的代表人物。所以，不似中国的宗族会频繁地发生分裂，韩国的父系集团因其有嫡长孙这一岿然不动的核心，其稳定性的维持得以成为可能。韩国的父系血缘集团较之中国，其规模更大，这同样和嫡长孙的优越地位这一特征有着密不可分的关系。

---

[1]　John Duncan, *The Origins of the Choson Dynasty*, University of Washington Press, 2000. 关于对约翰·邓肯的批判，可参考 Miyajima Hiroshi, "On the Construction Process of the Surname/Ancestral Seat Descent Groups in Korea as Seen Through Genealogies", *Sungkyun Journal of East Asian Studies*, Vol.10–1（2010）。

还有一点和中国不同的是，韩国对于婚姻关系极度重视。这一点从家谱上可见端倪。在中国的家谱当中，往往忽略与婚姻关系有关的信息，基本上对于作为配偶的女方的出身、本贯等并不关心；相比之下，在韩国的家谱当中，作为配偶的女方一方的家庭状况，其父亲的姓名、本贯等，都是不可或缺的信息。这种差异性的出现，源于韩国的两班——韩国十分重视旁系姻亲是否属于两班阶层，因为它对于能否被承认两班身份资格有着决定性的作用。而两班这一地位，才是最能体现韩国"名词型"关系的重要性的存在。

由上可见，较之中国，韩国的家庭、亲族联结的特征，在于更加重视"名词型"关系。但另一方面，若跟日本相比的话，其中的流动性又昭然可见，亲族组织的流动性便是其中一例。笔者曾在其他论文中，通过比对安东权氏这一韩国具代表性的父系血缘集团的历代家谱，发现了其范围在持续扩大并一直延续至今。[1]这说明了，父系血缘集团并不是依靠血缘自然形成的集团，而是在经过有意识的选择之后所形成的一种历史产物。如前所述，中国的宗族凝聚力较弱，极易解体；而反观韩国，其流动性反而在集团的范围扩张上发挥作用。但无论如何，两者在"流动性"这一性质层面上还是一致的，故为了维持亲族的联结，必须依靠有意识的行动才行。

最后如果站在东亚三国的比较视角对韩国的家庭、亲族联结的特征聊作整理的话，可以说韩国的特征正好位于上田信所说的"名词型"关系（日本）与"形容词型"关系（中国）之间。这一独特性质体现在，一方面维持着男性均分的财产继承这一"形容词型"关系，同时另一方面又肯定长子的优越地位，重视"名词型"关系。如前所述，"名词型"关系和"形容词型"关系各有千秋。而韩国的家庭、亲族联结，是将这两种组织建立的原理融合起来，试图只发挥两者优点的一种战略型产物。

---

[1]   拙稿：《朝鮮の族譜と「創られる伝統」》（[日]久留岛浩、[日]赵景达编：《国民国家の比較史》，东京：有志舍，2000年）。

如果韩国的家庭、亲族联结可以按照上述方式理解的话，那么范围更广的社会联结又会以何种面貌出现呢？

三、朝鲜时期的"契"与社会联结的特征

（一）社会联结之："契"

关于朝鲜时期的社会联结问题，首先来看以下记录，它能较好地反映其特征：

> 富庶权贵以外之百姓，当无可依之法，由此自然产生之协同精神，于朝鲜人之间，上至高位王族，下至底层奴婢，无不渗透。……商民阶层亦如是。各部落自有小型共同体，另有设共同基金，以实现所有家庭之通力协作，无一例外。基金之投资，面向土地与殖利，其收益则付诸附征税、婚礼、葬礼等公共事业或其他意外支出措备之用。宗庙及其他伟人祠堂之看守人、宫廷守门人或警卫员、所有长工雇工下人之流辈、六曹及文武司法官府之胥吏……一言蔽之，从事同一工种或拥有共同利益之人群，无不自成团体，有似劳动者联盟，且自备其严格之定义。另有因个体职业或生存环境之不同而无从隶属任一团体之人，若有援助或保护之需求，勿论其大小，均须凑缴相当之金额，方得加入团体。[1]

上文出自查尔斯·达莱（Charles Dallet）《朝鲜教会史》一书的序论部分。1836 年，巴黎外方传教会的传教士悄悄潜入朝鲜进行天主教传教活动。依靠他们所搜集的情报，达莱得以执笔《朝鲜教会史》一书，并在序论中言及朝鲜的地理、历史、制度、社会等多个方面的情

---

[1] ［法］Charles Dallet 著、［韩］金容权译：《朝鲜事情》（东京：平凡社东洋文库，2006年），第 207—208 页。

况。因该书所依据的是长久潜伏朝鲜进行传教活动的传教士的见闻，故其史料价值方面的评价一直颇高。[1]

上文中的"共同体""协作联盟""团体"等字眼所指代的组织形式，正是彼时朝鲜社会的"契"。可知在不同的阶层中，存在着不同的"契"。于韩国的社会联结而言，"契"这一联结形态具有十分重要的意义，故此处主要以"契"为中心展开论述。

虽然自高丽时期以来，带有"契"这一名称的组织已经开始登上历史舞台，但待其得以广泛传播，还是要到朝鲜后期了。关于朝鲜时期的"契"，有较多资料得以保留，其性质也存在不同，有些本身即具备多重性质。近来极力推动"契"的相关研究的金弼东，曾将"契"分为七大类："族契""洞契""丧契""松契""学契""社交契"以及其他"契"。[2]"族契"由父系血缘集团的成员组成，"洞契"则由"洞"（地方行政单位）的居民组成；"丧契"以募捐丧葬费用为目的；"松契"则以开发利用山林资源为目的；此外，"学契"是由乡校、书院或私塾的学员组成，这些地方通常负责进行儒学教育；"社交契"和上述五种"契"相比，在带有特定目的的同时，更是旨在加强成员间的和睦，其本身的性质并不单一；最后是其他"契"，其中包含的内容同样丰富。（其他"契"中，）金弼东着重介绍了如下几种：以承担特定税收为目的而组建的"军布契"（所谓军布，即指向政府上纳棉布以免除军役，可视作税收的一种）等"契"，以商人为中心形成的"贡契"（由"贡人"这一承包政府所需物品措备的群体组成的"契"）或"廛契"（由"廛人"这一拥有商品贩卖垄断专权的首都特权商人所组成的"契"），与佛教寺院相关的"佛粮契"，以殖利为目的的"殖利契"，等等。

迄今为止，"契"的相关研究成果不胜枚举，但回顾其研究史，存

[1] 关于达莱著书的背景以及书中内容的特征，参考上揭《朝鲜事情》（东洋文库版）中收录的梶村秀树之解题。
[2] ［韩］金弼东：《韩国社会组织史研究——"契"组织的结构特征及历史变迁》（首尔：一潮阁，1992年），第321—336页。

在着一种对立现象：或将"契"视为共同体的一种，或将其视为结社的一种。如果金三守的古典型研究是前者的代表，[1]那么金弼东的研究便是后者的代表了。金弼东认为，之所以要将"契"视为结社的一种，其依据是："契"的组织原理有三种，即个体性原理（成员资格并非提前确定，而是依靠个人的自发性才形成了"契"）、平等性原理（"契"的成员原则上是相互平等的）和合理性原理（"契"内部的目标不一时会共同指定一项，且通过制定规则来规范运作），这三种原理与共同体的原理并不相符。笔者基本上认同金弼东的观点，但同时也认为有必要注意共同体观点的现实依据。

将"契"视为共同体的依据是，像"族契"或"洞契"那样，依靠血缘集团或地域居民来组建的"契"是普遍存在的。这类"契"对成员资格有一定要求，所以乍看之下可以认为它具备共同体的性质。但从金三守的古典型研究来看，在当时的环境下，所能接触的材料也仅以"契"的相关条约为主；相比之下，随着"契"成员的花名册、"契"的会计账簿等新资料的发掘与利用，不难发现，就算是"族契"或者"洞契"，其成员的资格也不是天然形成的——即当自身隶属于某血缘集团或属于某"洞"居民时就会自动成为该"契"的成员——无论何时都需要依靠自发性来获得。所以，就算表面上看似共同体，这类"契"的组织原理，在根本上和其他的"契"相比并无二致，应视作结社为宜。可以说，目前的研究进度自此戛然而止。

而笔者反而认为，更合理的说法是：在已经存在过的"结社型"的"契"组织中，出现了像"族契""洞契"这样带有相当的共同体性质的"契"。

回顾"契"的相关研究史时，应当要联想到上田信所说的"动词型"关系、"名词型"关系和"形容词型"关系的分类问题。因为共同体组织是依据"名词型"关系得以建立的，而结社组织则依据"动词

---

[1] ［韩］金三守：《韩国社会经济史研究》（首尔：博英社，1964 年）。

型"或"形容词型"关系得以建立。如此一来，"契"在根本上属于结社性质的同时，又兼具共同体性质，这种两面性很好地体现出了韩国社会联结的中间位置——就像其家庭、亲族联结可以理解成位于中国与日本中间一样。

然而，到目前为止的相关研究当中，包括金弼东的研究在内，主要利用的都是以个别的"契"为对象而制成的资料，对于特定地域社会的"契"的存在形态问题尚待充分挖掘。不过近来有一批研究，旨在以日记资料为中心，发掘并解答某个个体都参与了哪些"契"组织，或者某特定地域的"契"实际上达到了何种规模等问题。以下对此简述之。

笔者要介绍的是李荣薰的研究，他所依据的资料是世代居住于庆尚北道醴泉郡的两班后裔家中所藏的日记资料。[1]该资料是咸阳朴氏一族从1834年至1949年的上下四代的日记记录，[2]咸阳朴氏世代居住于醴泉郡渚谷里（渚谷，韩语里又称"맛질"，现庆尚北道醴泉郡龙门面大渚里）。

该日记是一个家族百年的记录，从这一点而言，其珍贵程度可谓史无前例；以其为基础所开展的共同研究之成果《渚谷的农民们——韩国近世村落生活史》（[韩]安秉直、[韩]李荣薰共编），现已付梓出版。笔者也曾参与其中并执笔论文，利用日记中的死亡记录，再现其死亡的季节性分布与各时期的变化。[3]

----

[1] [韩]李荣薰：《十八、十九世纪大渚里的身份结构与自治秩序》（[韩]安秉直、[韩]李荣薰共编：《渚谷的农民们——韩国近世村落生活史》，首尔：一潮阁，2001年）。

[2] 在《醴泉渚谷朴氏家族日记》1—6卷（城南：韩国学中央研究院，2002—2008年）的第1卷当中，收录了李荣薰针对该日记资料的详细解题。另外，在该日记的地理背景——渚谷地区，和咸阳朴氏一起世代居住的还有安东权氏一族中权宜的后裔。权宜正是笔者在拙著《两班——寻找其历史真相》（首尔：江出版社，1996年）当中提及的权橃的兄长。

[3] 拙稿：《死亡的季节性分布与各时期的变化》。该文利用朴氏家族的日记以及其前后时期的其他相关资料，试图厘清死亡的季节性分布以及其变化轨迹。在气候寒冷的韩国，冬日严寒是威胁健康的最大因素，能看出死亡多集中于冬末春初。但是19世纪后期以降，这种现象逐渐减少。笔者认为，这是源于生活条件的逐渐改善。另外，在像日本一样总体上温暖的地区，死亡反而多集中于夏末秋初。

　　李荣薰在论文当中利用了日记和其他相关资料，分析了渚谷地区的身份结构及地域秩序等问题。在涉及地域秩序的问题时，也提及了日记中所记载的"契"：日记当中一共记述了160多个"契"，对于区域并不大的渚谷地区而言，这已然是一个天文数字。李氏在文章中着重关注了如下两点。

　　第一，"契"组建时的地理范围问题。如果以"契"的成员居住地为基准来看"契"的地理范围的话，光是限于渚谷这一地区内部的"契"就能找出很多；但是跨越渚谷这一地区，在更大范围内的"面"或者"郡"等行政单位中，甚至比郡更大的范围中，都有相当数量的"契"存在。这一现象说明了，"洞"这一行政单位对于"洞"内的居民而言，其向心力并没有那么强。对此，李氏用了"多层异心的连带性"这一令人印象深刻的表述。所谓"异心"，是指在若干个"契"的成员共居之处来寻找其中心时，根据"契"的不同，其中心会发生转移。换言之，渚谷的"契"之中心并不是非要存在于渚谷里才行。

　　第二，"二人契"的大量存在问题。就算是在最能体现"契"的相关研究进度的金弼东的研究当中，其中"契"的成员最少也有3名，多则逾百名。而李氏论文中反映出的"二人契"的存在范围之广，在学界中尚属首例。窃认为，此乃由于迄今为止的研究当中更多的是使用"契"的成员花名册、会计账簿、规约等资料的缘故。而"二人契"的情况基本上不会留有上述类型的资料，故很难把握其存在形态。如今是通过日记这一特殊的资料形式，"二人契"才得以重见天日；而更值得关注的是它所具有的多重性质。日记当中可见的"二人契"共有55个，而与朴氏家族的人物组建"二人契"的另一方人员中间，囊括了各式各样的人物：不仅有同一族的或居住在附近的其他两班家中比较亲近的人物，还有应当经常出入朴氏家门的行商商人、隶属渚谷地区的醴泉郡郡衙的乡吏、在属朴氏家族所有的土地里耕作的人、和下人一样有主仆关系的人等。从社会阶层、职业到与朴氏家族的关系，无论从哪个方面来看，"二人契"的另一方人员的构成都显得十分庞杂。

"二人契"这种组织形式，若按前文的分类方式，应当属于典型的"动词型"关系。因此，"契"这种组织形式，除了前文所述的兼具"形容词型"关系及"名词型"关系以外，像"二人契"这样依靠"动词型"关系建立的例子也同样存在。李氏对"二人契"的评价是："与其说它是制度化的规范下的某个阶段，不如说它是以个体之间的信任为基础的、以线状相连接而成的社会网络（social network）。"像这样，以两个个体之间的"动词型"关系为基础，在此之上又有"形容词型""名词型"关系的各种"契"，其性质十分多样。可以说它的存在本身，对韩国而言，便是社会联结的一个核心。

（二）与日本、中国之比较

铃木荣太郎作为日本乡村社会史研究的鼻祖，着眼于日本乡村当中的社会化单位"家"和"村"，并对其中的"村"有如下表述：

> 所谓"村"，是指由这样一群人构成的社会统一体：他们在自然集结的基础之上，依靠其他各种社会连带来直接形成结合；其成员对他们自身而言是独有的，且在社会生活的方方面面都拥有着组织性的社会意识体系。……这种社会统一体便是笔者所定义的"村"，或称之为"自然村"也无妨。[1]

铃木在指出了日本的"村"具有强烈的社会统一性之后，又于第二次世界大战时期开始转入韩国乡村调查，就此发现了与日本的"村"截然不同的韩国乡村的面貌。他对两者间的差异有如下表述："就韩国的地域生活而言，在最基本的社会结构上，虽然自然村是最为重要的框架结构，但在'自然村'这一社会统一体之外，还明显存在'郡'这一社

---

[1] ［日］铃木荣太郎：《農村社会研究法論》(［日］村落社会学会编：《村落社会の研究法》，东京：刀江书院，1938年)，第5—6页。

会统一体。不仅如此，像儒林组织、同族组织、集市组织等各种组织，也给自然村的社会独立性造成许多混乱。"[1] 即，日本的"村"是极其稳固的社会统一体，与之相比，在韩国，"郡"是比"村"更为强大的社会统一体，且"村"的社会统一性也比较薄弱。铃木选用了"混乱"这一表述，这是源于他带有日本中心主义史观；前文所介绍的李荣薰的"多层异心的连带性"之表述，便生动勾勒出了与日本不同的另一种社会联结的面貌，这一点恐怕就算是铃木也不得不揣摩再三。

因此，虽然说韩国的村落较之日本，其作为组织的凝聚力方面更为薄弱，但另一方面，在村子的里里外外，存在着复杂多样的、因各种目的而组建成的"契"。这种社会联结的面貌展示了，比起日本的巢穴型社会结构，网络型、频道型社会结构更为卓越发达。然而若和中国相比的话，韩国的社会联结又显现出另外一面。

关于中国的社会联结问题，和家庭、亲族联结问题一样，有着两种对立的观点：一种认为其拥有很强的共同体性质，一种认为其村落、工会、乡会等组织的凝聚力不够稳定且其持续性很弱。笔者个人更倾向于后者。众所周知，同韩国的"契"一样，在中国，大范围存在的组织叫作"会"。试举一例：熊远报曾以清代徽州地区的日记资料为中心，针对某一人物所加入的"会"的实际情况进行研究，[2] 其内容颇有趣味。而且，和韩国一样，这里也出现了"二人会"这样的组织，只不过对于它是否是大量存在这一点，并没有像韩国那样得到很好的说明。[3]

与此同时，中国的社会联结中还应当关注的是"包"这种关系的普遍存在。所谓"包"，是指双方在缔结某种合约时由第三方充当担保人，当出现违反合约的情形时由担保人来承担责任的一种机制。而随着"包"的范围的扩大，整个地域社会都经由"包"的网络得以连接，

---

[1]　[日]铃木荣太郎：《朝鲜の村落》（[日]东亚社会研究会编：《東亞社会研究》，东京：生活社，1943年），第6页。
[2]　熊远报：《清代徽州地域社会史研究》（东京：汲古书院，2003年），第124—128页。
[3]　在熊远报的著作当中，有关"二人会"的例子仅有一个而已。

"包"于是也扮演了确保社会安定的角色。最早关注"包"的是柏祐贤，最近在加藤弘之和首藤明和的引领下，这一问题又重新获得了关注。[1]按加藤和首藤之说，在当代中国社会，"包"同样具有十分重要的社会意义。联想到在当今韩国，"契"依然大范围地存在，可想而知，传统的社会联结所具有的生命力是多么顽强。虽然在韩国，例如在进行土地买卖时惯例上也需要担保人，但不会将其视为"包"那样的普遍性存在。也许，这是因为较之当时市场经济更为发达的中国，在经济稍显落后的韩国并不具备一般性的匿名双方关系，所以没有必要开发出"包"这种形式。

不过，在比较中、韩两国之时，如铃木所关注到的，韩国的"郡"当中体现出社会统一性的现象，这在中国似乎并不明显。韩国以郡为单位的社会统一性现象，无论怎么看都是与地方两班以郡为单位来集结这一点有着千丝万缕的联系。在地方社会，两班之所以能成为两班，把自己名字登记在"乡案"这一以郡为单位制成的地方两班花名册上是必要条件。在这份名单中，会选出被称为"座首"和"别监"的代表人物，由他们来协助守令并负责地方统治的一些重要环节。因此，乡案的实施，其本身便带有自治性质，并无国家干预，但同时它又得到国家认可，属于"公"的性质；与之相比，中国的乡绅并不具备获得国家承认的组织形式。待到清代末期，乡绅们的地方集结才勉强有所强化，根据地域的不同也能看到出现类似咨议局等正式的常设机构，但也不过是昙花一现罢了。窃以为，韩国的地方两班与中国乡绅间的此般差异，源于中、韩两国间在"名词型"关系上所依赖的比重不同——正如在家庭、亲族联结上所体现的一样。这种差异的具象化表现，便是以郡为单位的社会统一性的差异了。

[1] [日]柏祐贤：《经济秩序個性論》1—3卷（东京：人文书林，1947—1948年）；[日]加藤弘之：《移行期中国の経済制度と「包」の倫理規律：柏祐賢の再発見》（[日]中兼和津次编：《歴史的視野からみた現代中国経済》，京都：ミネルヴァ書房，2010年）；[日]首藤明和：《中国の人治社会：もうひとつの文明として》（东京：日本経済評論社，2003年）。

至此，我们将韩国的社会联结与日本和中国的作了初步的简单比较。本章中所涉及的各国的社会联结之特征，主要都是"近世"时期的产物；到了 19 世纪后期，社会联结的面貌也同样不可避免地发生了巨大转变。但即便如此，诞生于"近世"的社会联结之特征，以其强大的适应力，在企业等新型组织原理中也继续发挥着其规范作用。时至今日，随着 21 世纪全球化的浪潮，自"近世"始便已存续良久的各国的社会联结，其本身也正开始从根本上发生动摇。

面对这种情况，要以追本溯源、强调传统来应对的呼声也越来越高；但在此之前，更重要的是否是回顾传统的社会联结之原貌并对其优缺点进行冷静客观的评价呢？窃认为，日本在面对这一问题时若能参考中、韩两国的社会联结之特征，这将会是有别于和西方社会作比较的、有着独特意义的另一种尝试。

第三部

东亚史的可能性

第九章　民族主义和文明主义：对三一运动的新认识[1]

迄今为止，三一运动的相关研究成果可谓蔚然。这些成果阐明了：三一运动是反对日本统治的全民族抗争运动，为工人、农民、青年、女性等多种群体中兴起社会运动提供了契机，在韩国的民族运动史上具有重要意义。不仅如此，三一运动一定程度上影响了日本的统治政策（从"武断统治"时期过渡到所谓"文化统治"时期，[2]以及容许一定范围内的言论、出版活动）。整体上可以说，迄今为止的研究都是在民族主义的框架中来谈论三一运动的历史意义的。

对于韩国民族主义的激烈争论，主要与近代殖民地的近代性有关，并且围绕着"民族主义是近代的产物还是前近代已经出现了成为其前身的实质性源头？"这一问题而展开。对民族主义叙事持批判立场的后民族主义，其观点也引起了一定程度的共鸣。[3]

以上现象和21世纪的韩国应走向何方这一现实问题相结合，日后必然会出现更富有建设性的相关讨论。不过，笔者对韩国民族主义的历史及其特征有一些不同的看法。具体来说，韩国在民族主义之前存在着文明主义，近代之后的民族主义也带有很强的文明主义色彩。

所谓的文明主义，可定义其为旨在超越人种、语言、风俗等差别从

---

[1] 本章中出现的所有引文，除特别说明之外，均从日文原文中译出，下不另注。——译者注

[2] "武断统治"是指日本动用宪兵（军队、警察等）对朝鲜实施武力统治的时期；"文化统治"是指三一运动之后，日本表面上看似尊重朝鲜但在暗地里实施监视或镇压的统治方针。——译者注

[3] 金兴圭（韩国）的《政治共同体的想象和记忆——韩国、东亚民族叙事，超越中断的近代主义》（《现代批评和理论》第30辑，首尔：翰信文化社，2008年）一文，很好地整理了与民族主义之形成相关的一些讨论。

而实现普世理念的一种立场。在韩国历史上，随着朝鲜王朝的建立，朱子学上升为国家统治理念，这可以视为韩国文明主义的形成。[1]文明主义的立场不受民族、种族之限制，和民族主义有对立的一面。因此，窃以为在这般历史前提下所形成的韩国民族主义，其实呈现出了独特的面貌。

迄今为止关于韩国民族主义的讨论基本上忽视了这一文明主义的视角。自不必说视民族主义为近代产物的立场了，哪怕是认为近代以前存在过民族主义源头的这一说法，也同样忽略了朝鲜时期文明主义已然登场这一事实。同时，关于后近代主义的观点和殖民地近代性的讨论也是以欧洲式的近代为标准，对于朝鲜时期以来的文明主义在近代之后也一直具有显著的规范性这一点则置之不理。

同样地，日本也完全无法理解隐藏在韩国民族主义背后的文明主义，这是因为日本自身并未经历过文明主义。日本的这一态度，不仅在三一运动当时，直到现在也未曾改变。

在这里，笔者拟着眼于韩国史中的民族主义和文明主义并存的问题，来重新探讨三一运动的思想。因为就像三一运动在民族运动史或民族主义思想史上占据着特殊位置一样，凸显三一运动中文明主义之存在的工作，也自有其本身的意义。本章具体将探讨《独立宣言书》和三一运动之后频繁开展活动的朝鲜民族大同团的思想，同时也将论及日本的态度。

一、《独立宣言书》

关于《独立宣言书》，到目前为止已有许多探讨。特别地，在高度评价其理想主义立场的同时，相关意见又分为两种：一种是肯定的评

---

[1] 关于韩国儒家式国家体制的形成过程，参考［瑞士］Martina Deuchler 著、［韩］李勋相译：《韩国社会的儒家式变化》（首尔：acanet，2003 年）。其实，文科及第者中包含许多归化人这一事实本身，便清晰地展现了朝鲜王朝的文明主义之立场。关于这一问题，笔者将撰文另述。

价，认为其非暴力抵抗的斗争形态是使得多数人可以参与的主要原因；一种是批判的评价，将其定性为忽略了日本军国主义本质的失败主义态度。不过，本章无意加入上述争论，而是要着重关注宣言书中的如下部分：

> 我们的目的在于，修改并纠正那些拘谨于旧思想、旧势力，依旧想要立功名的日本为政者们打造出的如今不自然、不合理的错误现实。由此回归到自然、合理、正确的世界，而这个世界不是以强凌弱、以小欺大。
>
> 两国合并的结果本不是我们民族的意愿，毫无根本对策的压制和差别引发的不平等、对社会发展的虚伪统计数据，使两个民族之间的理解互相分歧，回顾至今，不可化解的鸿沟日益加深。
>
> 需明白，勇敢、大胆地纠正过去的错误，以真挚的理解和人道主义为基础，开辟和睦相处的新时代，这才是避祸趋福的正确捷径。
>
> 还有，对着充满郁愤、仇恨的二千万朝鲜人进行武力压制，并不是保证东洋永恒和平的办法，只会逐渐加深影响东洋的安全与危机及四亿中国人对日本的恐惧、猜疑，由此一定会造成全东洋共灭的悲剧。之所以今天我们宣告朝鲜的独立，是为了使朝鲜人能够实现正当的繁荣，也为了使日本从歧途摆脱的同时深切地感到该守护东洋安全的重大责任，还有为了将中国从梦里也无法摆脱的不安与恐惧中解放出来，最后作为世界和平的重要因素，实现东洋和平，创造全人类的福祉，将是必要的阶段。这怎么会是拙劣感情上的问题呢？[1]

---

[1] ［韩］国家报勋处编：《三一运动独立宣言书和檄文》（2002年）。
＊本节中，《独立宣言书》的译文均引自韩国网络外交使节团"韩国之友"所公布的《独立宣言书》中文版（http://kkum.prkorea.com/proclamation/）。引用时为保留《独立宣言书》中的用语，将原译文中的"东方"一词还原成"东洋"。另有个别地方略作修改。下不另注。——译者注

该部分力陈朝鲜的独立对日本和中国也具有重大意义。尤其值得注意的是，其中疾呼朝鲜的独立能使得日本"从歧途中摆脱"。可以说这一立场直接反映了宣言书的如下态度：

> 我们因急迫谴责自己、鼓励自己，所以没有时间去抱怨他人。
> 我们因急迫处理好现在，所以也没有时间去计较过往的错误。
> 今天我们该做的不是诽谤他人，而是树立我们自己。[1]

上述对日本的态度有时会遭到批判，被认为是理想派的、不现实的。但不妨试想一下出现这种态度的原因。在向日本和中国的呼吁当中，朝鲜所强调的是"东洋三国"的和平；由于朝鲜认为日本的侵略主义威胁到了这一和平，故宣扬自身的独立对中、日而言意义重大。此处出现了韩国式的亚洲主义，即中、日、韩三国的连带思想。这在"日韩合并"之前或能起到效果也未可知，但在"日韩合并"已过去9年的时间点仍在试图劝说日本改正过失并呼吁其回到正道，乍一看让人感觉这是否是一种荒谬的乐天主义。某种意义上而言，也无怪乎其被批判成无法正确认识日本侵略本质的非现实主义之态度了。然而，深埋在这种态度根底的，难道不正是文明主义的立场吗？

下文是三一运动期间民族代表们向朝鲜总督长谷川好道所递呈的请愿书的部分内容，最能鲜明地展现出三一运动中他们的文明主义立场：

> 首先自德性而言，朝鲜人乃大陆式，日本人乃岛国式；自社会基素而言，朝鲜乃儒教国，日本乃佛教国；自历史而言，朝鲜五千年，日本不过其一半尔；自语言而言，音韵变化之丰约有若悬隔；自文字而言，标记范围之广狭相差殊异。故朝鲜乃世界性之容量，日本乃地方性之贫乏。而至于饮食服饰等，较之朝鲜之文化高

---

[1]　［韩］国家报勋处编：《三一运动独立宣言书和檄文》。

级，日本其实质价值何等低劣，本自有定评。即便于新文化之过程
中些许落后，然在其原价值之表现上反而抢先，且占据高地超若干
等级——面对如此之朝鲜，日本欲以心怀叵测之法实现彻底改化，
这就算能现于口舌，也无法成为现实。[1]

该请愿书的基本观点是承认19世纪以来朝鲜在引入的"新文化"
中处于落后，但强调在其之前的传统文化中，朝鲜远比日本优越。其中
尤其是将韩文与日文相比较并强调韩文的"世界性容量"这一部分，不
但饶有趣味，也清晰地展现出了文明主义的立场。

《独立宣言书》和民族代表们的请愿书中所见的对日本的柔缓态度
以及其背后所潜伏的文明主义立场，这些绝非个案或者例外。下面介绍
吕运亨的例子。三一运动当时，吕运亨正停留在上海，后于11月访问
了日本。姜德相对这一事件有过详细研究。[2]而吕运亨这一趟之所以能
成行，原因在于日本有想要怀柔他的意图，以及他本人的决心：明知
日本有此意图却仍鼓起勇气要前往。此处引用两例其访问日本期间的
发言：

> "人而无信，不死何为"这句话，难道不是古人的诅咒吗？个
> 人之信尚且如此，何况国家。若翻阅历史书，可知日本对朝鲜而
> 言，在文化方面是负债者。日本的文化、美术、工艺、其他各种文
> 明难道不都是从朝鲜学过去的吗？然而日本不但不对此表示感谢，
> 却总是报以战火。同样地，日本不仅号称日清、日俄两役是为了朝
> 鲜的独立，还向世界宣称要保障朝鲜的独立。然而结果难道不是以
> 欺诈和暴力手段吞并了朝鲜吗？不用说我们两千万人民已怀有彻骨

---

[1] ［韩］姜德相编：《现代史资料：朝鲜（2）》（东京：みすず书房，1966年），第54—
55页。
[2] ［韩］姜德相编：《吕运亨评传〈1〉：朝鲜三一运动》（东京：新干社，2002年）第
七章。

之恨，世界各国也同样都在斥责、厌恶日本的无信。如今中国民族四亿人视日本为仇雠，他们的反日运动是多么激烈！日本只乐于看到国土的扩张，但实际上已处在极其危险的位置。

只要想一想这些，日本承认朝鲜的独立，这一举动就不仅是为了日本的信义了，对日本将来的国家利益也是极为有利的。[1]

这是吕运亨和当时日本的拓殖局长官古贺廉造——他曾积极促进吕运亨的访日——的部分谈话内容，其中吕氏力陈朝鲜独立的三个理由中的第二个理由，即"为了日本的信义"。此处不仅昭然展现其文明主义的立场，"为了日本的信义"而主张独立的部分中还能观察到和《独立宣言书》相同的态度：

诸君，为何朝鲜不能独立？自由对任何人而言不都是公平的吗？……我的论点不只是为了朝鲜，还希望使日本能作为全世界的正义国家而成为人道之国。现在根据我的立论，虽然朝鲜的独立在形态上是另一回事，但日、鲜两民族间浑然融合，难道不能成为东洋和平诞生的基础吗？

诸君，我们是像以前一样在战争后才获得和平？还是在和平里享有安宁和自由？[2]

一旦日本承认朝鲜的独立，那么在亚洲，没有乌云的和平时代就将触手可及；因为这个问题是神的旨意，他（吕运亨）相信朝鲜独立运动一事的真实性和合理性。朝鲜的独立若得到承认，不仅在朝鲜和日本之间会立即结成绝不中断的纽带，日本遭受的来自中国的疑虑也会被消除。这一承认对世界的影响是如此明白无误，这一

---

[1] ［韩］姜德相编：《吕運亨評伝〈1〉：朝鮮三一運動》，第287页。
[2] ［韩］姜德相编：《吕運亨評伝〈1〉：朝鮮三一運動》，第331页。

点无需赘言。日本会变得宽容、英明，朝鲜的独立对日本来说也绝不是威胁，而是会作为日本和视日本为威胁的敌国之间的缓冲国，从而提供强大的堡垒——若日本能承认如上几点，其在远东的姊妹国和全世界国民眼中的名誉也会得到恢复。今日的朝鲜不同往日。确实，从缺少受训练的士兵和作战武器的意义上来说，朝鲜是没有防备的国家；但决不可轻蔑藐视成长中的全体国民之觉醒，以及朝鲜潜藏已久的爱国之心在爆发后的火花四溅。

今日的中国正密切注视着日本如何处理朝鲜。也因此，当今中国对日本的宽容度，是和日本对待朝鲜的宽厚程度成正比的。毗邻的共和国（中国）的所有反日情感，会因日本承认朝鲜独立而瞬间消散；黄海两岸这两个国家现存的紧张感会被前所未有的友好关系所取代。[1]

以上引文是吕运亨在日本的帝国饭店进行演讲时的一部分。因演讲原文没有保留下来，此处所引用的是介绍当时演讲内容的新闻报道。

下面要讨论的是朝鲜民族大同团。它所具有的性质，和三一运动以及之后吕运亨身上所见的文明主义及对日本的态度是相同的。

二、朝鲜民族大同团的《告日本国民》

朝鲜民族大同团（以下简称"大同团"）这一组织，是在三一运动的直接影响下于 1919 年 3 月末成立的独立运动团体。对此进行相关研究的有申福龙、张锡兴、潘炳律等人；[2]下面先根据他们的研究来介绍大同团的活动。大同团的中心人物有全协、崔益焕等人，成立后不久，

---

[1]　[韩] 姜德相编：《吕運亨評伝〈1〉：朝鲜三一運動》，第 331—332 页。
[2]　[韩] 申福龙：《大同团实记》（首尔：先人出版社，2003 年）；[韩] 张锡兴：《朝鲜民族大同团研究》（《韩国独立运动史研究》第 3 辑，天安：韩国独立运动史研究所，1989 年）；[韩] 潘炳律：《境外的大同团组织及其活动》（《韩国近现代史研究》第 28 辑，首尔：韩国近现代史学会，2004 年）。

贵族金嘉镇成为总裁。大同团提出了三大纲领：1. 完成朝鲜的永远独立；2. 确保世界的永远和平；3. 社会广泛的自由发展。其组织形式如下：总裁之下设皇族代表，下有僧绅团（后改称缙绅团）、儒林团、宗教团、教育团、青年团、军人团、商人团、劳动团、妇人团、地方区域等 11 个支团，每个支团都配有总代。

当年大同团带领皇族李堈到上海发表第二次独立宣言的计划被泄露，导致团员大部分遭到逮捕，这一事件也使得其团名广为人知。按张锡兴的研究，大同团的特征如下：1. 是韩国最早成立的独立运动组织；2. 曾被设想为是具备泛国民性的；3. 曾被设想为是政府式的；4. 虽曾被设想为是全国性的，但能确定其存在的地区只有全罗北道和忠清南道；5. 由旧韩末[1]的官吏人员和原"一进会"[2]成员于参会期间创建；6. 参与者在年龄、阶层上都十分广泛。

这里想要关注的是以大同团之名拟定、分发的名为"告日本国民"的文书。迄今为止的研究中，对这份文书鲜有留意。作为呼吁日本国民承认朝鲜独立的文书，《告日本国民》在 1919 年 5 月制作了 400 份。但由于在分发之前，崔益焕等人被逮捕，文书遂遭当局没收。

该文书中首先指出，是以维持"东洋"五亿国民的友谊为幸福，还是以在疑惧怨恨的恶缘中苦恼为荣，这是需要日本国民一大觉醒之处；进而强调，宣布独立是出自共存共荣的至诚，而非历史情感，并向日本呼吁如下：

> 呜呼！东洋五亿万之民生，是以互相保全其同文同德之友谊一事为幸福，或以互相于其疑惧怨恨之恶缘中苦恼为荣？此乃需日本国民一大觉醒之处。此番大战大抵使得数千万生灵涂炭于该罪恶之

---

[1] 旧韩末一般指代从 1897 年大韩帝国成立至 1910 年 8 月 29 日大韩帝国灭亡这段时期。——译者注
[2] "一进会"是 1904 年至 1910 年期间成立的亲日团体，前身是宋秉畯、尹始炳、俞鹤柱等人牵头创立的"维新会"，之后又吸收了李容久创立的"进步会"，一度成为全韩国大规模的政治结社团体。——译者注

事，也切实要求吾等人类永远建设真正人道之文明。缘此，民族生活得以改进，国民道德得以革新。大平等、大自由之真理，当下正铺展于吾人眼下。强权跋扈之恐怖世界，失其残影；正义人道之大同世界，现其曙光。

　　惟朝鲜民族，久迫于良心之苛责，方今乘新潮推荡，枕五百年文化史之权威，应人类大同之所求，遵世界和平之大原则，为正义人道永恒厚基之确立，为东洋鼎立福祉之贯彻，宣布吾朝鲜独立。此乃实出于共存共荣之至诚，无丝毫历史情感，非斥日本，非绝近邻而招远交。

　　宿怨三百春秋，尤以十年间浸彻骨髓之愤者，均作前夜之梦，不过过眼之云；吾等民族时处新世顺潮，今不再论。唯何以一扫难解不拔之恶缘，使五亿万人之团聚，喜于东洋永恒之乐园？此一片丹诚矣。日本人无世界性度量，此竭尽吾等心思。呜呼！日本国民务必猛醒！勿牺牲于军国主义之落后，犯害他亡己之愚事。[1]

　　由引文可知，文书中所见对日本的态度与前文中所见三一运动《独立宣言书》及吕运亨的发言基本一致：不是以强硬态度排斥日本，而是劝说日本改正过失，并警告日本其侵略主义最终会招致自身灭亡。该告文还在最后部分促请日本国民觉醒：

　　愿于无谋政府罪恶之策中不盲从，国民自觉之卓见，使之神圣。须有冷静谅察及远大企图，以不落于人类大同之归趣。吾等民族间，昨昔万般恶缘，令之转化，以保永世之邻谊。以为警策。[2]

　　理解大同团的上述立场之时，需要关注的一点是大同团中心人物全

<hr />

[1]　告文原为日语,本书（韩文版——译者注）中的韩文引文乃取自申福龙的翻译（［韩］申福龙：《大同团实记》，第81—82页）。
[2]　［韩］申福龙：《大同团实记》，第84页。

协、崔益焕的个人经历。全协生于 1876 年，崔益焕生于 1890 年，两人虽然年龄上差距不小，但均加入了"一进会"，并有任职地方官的经历。张锡兴所指出的大同团的特征中，第五条特征说的正是全、崔两人。尤其是全协，他在"一进会"的《韩日合邦请愿书》中的署名位置，仅仅排在李容九、宋秉畯之后，位列第三。

从"一进会"成员到成立大同团，对这两人的经历该如何加以理解呢？权且可以认为，"一进会"所构想的"合邦"与其之后和现实的背离使得他们转向了独立运动。不过依笔者陋见，文明主义的立场在他们的思想和行动中所起到的作用是一以贯之的。为了实现文明，"合邦"要优于大韩帝国之存续——基于这一判断，才有他们参加"一进会"并在《韩日合邦请愿书》上署名的种种行动。尽管如此，现实中的总督府统治与他们所期待的文明相距甚远，这一挫折感或许存在于两人的转向背后亦未可知。

毋庸赘言，大同团这一组织的名称是意识到了儒家的理想社会"大同"。该名称正好象征性地展现了他们作为文明主义者的立场，也显示了文明主义背后儒家的身影。

三、日本的态度

本章最后试从文明主义的视角来探讨日本对三一运动的态度。众所周知，日本对三一运动的态度经历了从起初的慌张、惊讶，到后来的靠武力镇压的变化。随着事件的平定，出现了一定程度上对"武断政治"的反省以及向新的统治政策的转换。不过正如前人研究中所阐明的，三一运动中要求独立的这一核心问题遭到无视，只是以日本的统治为前提对统治政策进行了局部修正。

要注意的是，日本基本上忽略了三一运动所具有的文明主义立场。而且这种态度不仅在三一运动后的整个朝鲜日据时期，直至今日也能持续见到。笔者身为日本的研究者，之所以在今天这一时间节点想要再次关注三一运动，其原因也正在于此。

日本在"合邦"之际所举的所谓大义名分是要实现文明。即是说，要全面提倡日本提前接受的近代欧洲文明，并由日本来主导其实现，这便是使得日韩合并合理化的逻辑所在。而文明同时也是三一运动提出反对日本统治的逻辑性依据。因此，日本的统治和对此表示反对的三一运动都可以被理解为提出了文明的理念；但两者所提出的文明内容之间，存在着无法弥合的裂痕。

日本所提出的文明是欧洲文明，且日本自诩欧洲文明的代言人。与之相对，三一运动的《独立宣言书》和大同团所提出的是以"东洋传统文明"为基础的人类文明。从日本的立场——认为东洋的传统文明在接受近代文明过程中毫无意义——来看，也无怪乎它全然不把独立运动的主张放在眼里了。而这一立场在很大程度上受限于日本自身的历史。

如前所述，文明主义在韩国史上以朝鲜王朝的建立为契机而得以确立。与之相对，日本则缺乏这样的经历。朝鲜王朝建立之时，日本处于室町时代，彼时几乎不存在要以儒学或朱子学作为国家统治理念来建立新体制的动向。不过就日本而言，在主导了所谓"建武新政"政变的后醍醐天皇身上，可以发现宋学的影响和新的国家构想。然而政变在三年后以失败告终，这一动向也没有再次出现。不仅如此，统一战国时代的丰臣政权和德川政权也毫无这般意图。有人认为，进入德川幕府时期以后，日本也曾将朱子学作为一种体制理念来接受。但这种理解方式有失允当，因为德川政权终究是武士的政权，和像朝鲜时期一样通过科举由儒学者来负责统治的体制大相径庭。[1]因此，日本并没有文明主义的历史经验。从儒学者转向神道家的山崎闇斋曾说道："方今彼邦，以孔子为大将，孟子为副将，率数万骑，来攻我邦。……不幸若逢此厄，则吾党身披坚，手执锐，与之一战，擒孔孟以报国恩。"这形象地说明了这

---

[1]　关于朱子学绝非德川政权的统治思想这一问题，参考［美］Herman Ooms 著，［日］黑住真、［日］清水正之、［日］丰泽一、［日］赖住光子译：《德川イデオロギー》（东京：ぺりかん社，1990 年）。

一问题。换言之，山崎只是一个民族主义者，绝非文明主义者。

不可否认的是，日本的这一历史经验在 19 世纪中期欧洲势力进入东亚时起到了有利作用。面对欧洲的到来所产生的民族危机感使得明治维新成为可能，而韩国却未能像日本一样迅速应对欧洲的出现：既存在想要守护传统文明的势力，又出现了持同一文明主义立场却和欧洲或迅速接受了欧洲文明的日本相勾连的势力，社会舆论本身陷入分裂状态。

若只从 19 世纪后期日、韩两国间这种对称的状态来看的话，文明主义只能作为一种需要被克服的存在而得以凸显。实际上，日本在嘲笑中、韩两国旧文明的同时，主张应当尽快抛弃它。福泽谕吉的"脱亚论"便是典型一例。然而当旧文明所提出的作为理想社会的大同社会思想和第一次世界大战后民族自决主义思想之间实现了互通之时，日本对此完全出乎意料，也完全无法理解。

可以说，三一运动中所见的民族主义和文明主义共存的问题，在这之后也赋予了韩国民族主义性质以巨大的价值。近来强调全球化的同时又出现英语教育热潮，这一状况展现了民族主义和文明主义相克的状态。从这个意义上来说，最近有关后民族主义和开放式民族主义（open nationalism）的讨论，难道就没有难以充分反映韩国民族主义历史的一面吗？

另外，对日本而言，第二次世界大战以来其历史上最早出现的文明主义——放弃战争以及和平国家——的立场正面临一大转折期。从这个意义上来说，对日本而言，针对文明主义和民族主义的问题展开讨论也是当务之急。

第十章 "和魂洋才"与"中体西用"再考[1]

一、《米欧回览实记》和"航海述奇"

19世纪后期是东亚各国受到西方的冲击并发生种种变化的时期。关于这一变化过程，前人研究数不胜数，但可以说这些研究的预设前提几乎是一致的：视日本为成功回应冲击的案例，视中国和韩国为失败的案例。19世纪东亚各国的任务是建设近代民族国家，任务的完成与否对日后的历史将产生决定性影响——这一现实认识构成了上述研究倾向的基础。迄今为止的研究中所大量表现出的上述倾向，此处称之为"19世纪范式"。

然而，在当下21世纪的时间点回顾历史之时，必须从根本上重新审视"19世纪范式"。因为从19世纪后期到20世纪前期，相互之间朝着不同方向，或者说看起来朝着不同方向的东亚三国，在进入20世纪后期以来正朝着相同的或者说相似的方向前进。故时下应当以何种视角来看待19世纪后期东亚三国的历史，这正是笔者的思考所在。本章即在分享这一思考的同时，拟重新探讨中国和日本对西方冲击的回应。而本章最重要的目的，即借由这一探讨来寻求能够代替"19世纪范式"的"21世纪范式"。

以上述问题意识为前提，笔者选择了下列两种文本作为具体探讨的对象：日本的《特命全权大使米欧回览实记》和中国的"航海述奇"。

---

[1]　本文曾载于白永瑞（韩国）等著《东亚近代转换的三岔路》（坡州：创作与批评社，2009年）一书，在收入本书（韩文版）时删除了注释。

　*本章中凡涉及日文文献引文，均从日文原文中译出，下不另注。——译者注

以下首先对两种文本作一概观，同时对选择它们的理由和相关研究史作简要说明。

1871 年，日本的明治维新政府向美国和欧洲诸国派遣了大规模使节团。虽然直接目的在于就条约的修改进行交涉，但在访问第一个国家美国之时，使节团便意识到交涉本身已几无可能，于是在此之后便将主要目的放在了巡访欧美并观察近代国家的面貌之上。使节团是以岩仓具视为全权大使、木户孝允为副使的大型使节团，总人数达 50 人。关于这次使节团，有以下方面被认为具有重要的历史意义：团员中包含大久保利通和伊藤博文等维新政府的领导人，其历时一年十个月的长时间体验在决定今后日本应当前进的方向时产生了巨大影响，等等。

《特命全权大使米欧回览实记》（以下简称"《实记》"）是这次使节团的报告书，作者是作为使节团随行人员的久米邦武。该书体量庞大，凡 100 卷。虽然该书在 1878 年是作为久米邦武编著的个人著作而出版的，但若考虑到如下方面——刊行者是"太政官记录挂"，岩仓具视曾认为使节团的见闻应向国民报告，故经常让久米邦武陪同——的话，《实记》作为使节团的报告书，是具有官方性质的。

作者久米邦武是江户时代锅岛藩出身的武士兼儒学者，明治维新以后成为政府官员。他被擢用为使节团一员时，虽然拥有太政官的少书记官职衔，但是据说乃得益于和岩仓具视的私人关系才得以参与到使节团当中。《实记》刊行的第二年即 1879 年，久米邦武成为"修史馆"的编修官，同时开始走上历史学家之路；而且，随着由修史馆改组而成的"临时修史局"被编入帝国大学（现日本东京大学），他也成了文科大学的教授。此后，帝国大学设置了国史学科，他作为国史学科第一代的三名教授之一活跃在学界之中。1891 年，他在《史学会杂志》（日本）上发表的《神道是祭天的古俗（神道は祭天の古俗）》一文遭到国家主义者们的猛烈抨击，其职务遂被终止，最终也离开了帝国大学。之后他在早稻田大学任教授期间，有许多论文和著书问世。可以说，《实记》作为能展现其身为汉学儒学者涵养的文章，不仅被奉为名篇而广受好评，也充分展现出久米日后作为历史学家的素养。

久米邦武的《实记》时至今日仍广受关注，相关研究也层出不穷。与之相比，"航海述奇"不仅连其存在本身都鲜为人知，而且不得不说，相关研究寥寥无几。此处所谓的"航海述奇"，是清人张德彝（1847—1919，原名德明）所写的海外纪行文的总称；它曾于1997年首次以"稿本航海述奇汇编"（以下简称《汇编》）为题，由北京图书馆出版社出版。《汇编》合计收录了7篇旅行记录，分别记载了张德彝8次被派往欧美地区时的见闻，包含了从第一次1866年的欧洲访问到最后一次1902年至1906年停留英国为止的长期记录。不过，他的第七次海外派遣，即停留日本的记录，据称未能留存下来。

《航海述奇》是张德彝参加1866年清政府派往欧洲的所谓斌椿使节团时的记录。以斌椿为代表的这一使节团，带有强烈的私人性质，而且只在外逗留了短短的四个月，不足以和岩仓使节团相提并论。

与之相比，1867年的使节团是清政府最早正式派遣的使节团，停留时间超过两年，先后访问了美国以及欧洲各国，可以说这些都足够比肩岩仓使节团。从规模上看，使节团以美国人蒲安臣（Anson Burlingame）、志刚、孙家谷为办理大臣，以英国人柏卓安（J. M. Brawn）和法国人德善（E. de Champs）分别为左、右协理，由30名团员构成。其规模虽不及岩仓使节团，但相对其他使节团而言也已不小。因此，本章将主要讨论本次蒲安臣使节团出行时张德彝的随行记录《欧美环游记》（以下简称《再述奇》）。

张德彝的第三篇记录《随使法国记》（以下简称《三述奇》）是以崇厚为团长的所谓崇厚谢罪使节团的随行记录，该使节团乃为处理天津事件而被派遣，大部分停留时间在法国度过。尽管《三述奇》包含了1870年到1872年使节团目睹巴黎公社运动（Paris Commune）等饶有趣味的内容，本章只将旅行中和同船的日本人一行的对话记录作为讨论对象。以下将张德彝的这三篇旅行记录统称为"航海述奇"，区分每一篇时分别称《航海述奇》《再述奇》《三述奇》。

历经 8 次"航海述奇"的作者张德彝是辽宁省铁岭人，汉军镶黄旗出身。他虽然出身清朝统治阶层旗人，但家道贫寒。16 岁进入总理各国事务衙门（以下简称"总理衙门"），隶属于同文馆。如前所述，从 1866 年首次参加斌椿使节团开始，他共 8 次被派往海外，最后一次是 1902 年至 1906 年被派遣为英国大使。

尽管与《实记》及其作者久米邦武相比，"航海述奇"及其作者张德彝少有人知，但笔者依然要比较这两份记录自有如下理由。第一，两份记录是日本明治维新政府和清政府最早派往欧美的大规模使节团的记录。日本明治维新之前，德川幕府曾 8 次派遣不同规模的使节团前往欧美地区，其中 1860 年派往美国的所谓万延使节团的规模最大，不亚于岩仓使节团，不过其访问的国家只有美国一个，时间也很短暂。除此以外的其他使节团，都因此后不久德川幕府的倒台而难以具备重大意义。从这一点来说，在日本理应要关注岩仓使节团。另一方面，如前所述，很难将清朝 1866 年的斌椿使节团视为正式的使节团；而从政府的性质上看，可以说派遣蒲安臣使节团的清政府较之于日本明治维新政府，反而更近似于德川幕府，所以将蒲安臣使节团和幕府的使节团相比较也是一个颇具趣味的话题。然而，因为明治维新在日本很早就已登场，维新政府派遣岩仓使节团一事，其本身便暗示了中、日两国的差异，故笔者认为，首先应当和蒲安臣使节团作比较的还是岩仓使节团。

第二，两份记录在同时期、长时间访问欧美各国等方面性质相似，同时均是非常详细的旅行记录。

第三，作者久米邦武和张德彝两人的出身背景都是统治阶层，且都在身怀东亚传统知识素养的同时碰撞上了欧美文明。窃以为，就这一点而言，若要讨论中、日两国的传统知识分子在迎面欧美文明之时会作何反应，这两份记录将会大有用处。

《实记》和"航海述奇"之间存在上述相同点的同时，当然也有不同之处。两者最大的不同在于，《实记》是由政府机关出版的，而与之相比，"航海述奇"当中，张德彝生前只刊行了《航海述奇》《四述奇》

和《八述奇》，且其中除了《四述奇》之外，其余的连准确的刊行年代都无从知晓，可以推测这只是张德彝私人的出版物。这种差异清楚地印证了著作本身在关注度上的差异。尤其是与岩仓使节团不相上下的蒲安臣使节团的相关记录《再述奇》并未得到刊行一事，便很好地展现了这种差异。

从岩仓使节团和蒲安臣使节团的构成上也可以看出两国政府的态度之差别。与岩仓使节团中有大批明治维新政府的核心人物参加相比，蒲安臣使节团却将外国人置于领导层，这一事实无论如何也无法看出有当时的实权人物参与其中。两份记录和两个使节团的性质存在不少差异，也许这本身就反映出了两国对待欧美文明时的立场有别。

最后简单回顾两份记录的相关研究史。关于《实记》的研究十分活跃，以很早开始就关注此书的田中彰为代表，仅专著就已出版超过10本。相关研究不仅在日本，在其他国家也热情不减，主要以对照《实记》和当地记录的方式，研究欧美方面对于岩仓使节团作何反应。从整体上看，一般都将岩仓使节团视作极大地影响明治维新政府实施近代国家建设事业的一次事件而给予好评，同时也倾向于将《实记》视为非常优秀的旅行记录，从而对其内容展开评价。其中，田中彰关注《实记》中所呈现的有关小国的记录并指出，曾经存在过一条小国主义的道路，作为当时日本意欲选择的方向。这是一个别致但又不失趣味的解释。

较之《实记》的相关研究之活跃，关于一系列"航海述奇"及其作者张德彝的研究只能说刚刚起步。直到1997年，从《航海述奇》到《八述奇》才得以全部刊行，这已然说明了此种状况。对19世纪后期洋务运动的负面评价可以说是造成这一研究状况的根本原因。换言之，随着对洋务政权——它的登场是和同治皇帝登基一起的——的负面评价成为通论，在该政权下所派遣的欧美使节，其所能得到的关注度也只能往下降了。

不过，近来对张德彝著作的关注度开始有所上升，少量研究成果得以发表，恐怕这种变化也和对洋务运动的积极评价有所关联。不仅如此，也出现试图比较中国使节团和日本使节团的研究，其中值得关注的是阪本英树的《曳月的船夫——清末中国知识分子的欧美巡访（月を曳く船方－清末中国人の米欧回覧）》一文，不失为对蒲安臣使节团、《再述奇》和张德彝的正式研究。然而就最近发表的研究而言，其重点基本上在于指出清朝使节团在与日本使节团比较时的不足之处。不得不说，这一点反映出其原封不动地继承了对 19 世纪后期的东亚的一般性理解这一问题。阪本英树的如下认识可谓典型：

> 张德彝青年时尊敬并祭祀孔子一事，和他保持认同感和自尊一事是表里一体的关系。若把目光转向幕末明治时期的日本，由于持续出现的古学、古文辞学、国学乃至当时非常兴盛的兰学等，作为清末中国知识分子精神寄托的孔子思想在江户时代中期以后事实上已经被相对化了。日本独有的思想，换言之，与清末中国全然不同的、充满日本特有的鲜活生命力的内心世界已经萌芽并茁壮生长。幕末的实学也可以说是在这般新的精神潮流之下展开的。正因此，明治政权诞生后不久才能出现像久米邦武一样的卓见。
>
> 然而在清末，至少到 19 世纪 60 年代为止，并未出现能和江户时代或者幕末明治时期的实学相匹敌的动向（dynamism）。

上述认识是以"日本的成功"和"中国的失败"这一"19 世纪范式"为前提，以从传统思想中偏离多少为基准来看待 19 世纪的东亚的一种立场。下面要展开的具体分析，也正是为了批判这种一般性理解。

二、中、日两国与欧美的相遇及其比较

久米邦武的《实记》和张德彝的《航海述奇》《再述奇》《三述奇》，不仅体量上十分庞大，就内容而言也是涉及诸多方面，因此无法展开全面的讨论，此处拟重点讨论以下三个问题：1. 两人对欧美文明的认识；

2. 对照欧美文明后，两人对本国文明的认识；3. 与自我认识相关的中、日两国的相互认识。

久米邦武和张德彝都以日记体的形式详细记载了每日所经历的事，并时不时地添附文明批判式的意见。《实记》中将文字降低一格书写的部分便属此列。这一形式不见于《航海述奇》；而在《再述奇》之后，张德彝也开始在以"记"字起始的部分中添附总论式或文明批判式的评论。《实记》中除了单列的叙述之外，还有像《美利坚合众国总说》这样关于各国各地区的总论式的叙述；而张德彝的书中则无。也许这是由于《实记》作为国民报告书，带有某种程度的官方性质，因而追加了这些部分的缘故。无论如何，这些部分中直接流露出了他们的想法，需要特别留意。

（一）对欧美文明的认识

1. 物质文明

两人都详细介绍了欧美的物质文明。不仅是各种工厂、运输方式，对百货店、宾馆也作了相当具体的说明。特别是对欧美技术的说明，连细节都很细致入微，恐怕这不是独自观察所得，而是参考了他人记录后的结果。虽然张德彝按照自己的方式也介绍得很仔细，但与《实记》的详细程度相比，可以说其作为情报资源的分量略显不足。这种差异源于张德彝不似久米邦武，是单独执笔作书；但如下引文中所见的他的态度也是其原因之一：

> 又英人白娄安者向彝云："既来泰西三次，何不将各国有用之物详细记载，归告众人，令其励学前进。"彝曰："公曾往中华一游乎？"曰："曾驻华八载矣。"彝曰："既驻八年，则我国有用之物，亦必有所见闻。"彼曰："所知甚夥。"彝曰："谅必已告于众矣。"曰："尚未。"彝曰："然则已禀之于君主矣。"其人俯首无语。（《三述奇》，《汇编》第二册）

张德彝的立场源于如下认知：欧美和中国是对等的。后文也将提到，他的这一立场相当坚定。

2. 政治体制

两人对欧美的政治体制、制度也表现出浓厚的兴趣。他们关注的重点是作为民主共和制国家的美国和作为君主立宪制国家的英国。现摘录几段代表性文字如下：

> 故此国之人，皆长于民主之风，有一视同仁之怀，接人真率轻易，当事从容不羁，真天地之公民也。其弊者，轻官威，弱法之机能，人人各张私权，官界贿赂横行，公党左右民心。而美国人浸润此风已久，已入纯然民主之域，不复以君主之治希其和平。然此风流入外国，离间君民，以至于常典毁坏，国本动摇，不得镇定。法国首受其祸，西班牙晚蒙患害。故于欧洲协定立宪政治，护其升平矣。(《实记》第一卷)

如引文所示，久米邦武不仅评论了美国民主制的长处，也看到它的问题所在。值得注意的是，引文中还提到美国民主制的风潮波及欧洲并产生混乱的现象。换言之，对以天皇为君主的日本而言，不值得去期待离间君民的民主制。以上述见解为基础，较之美国的民主制，久米邦武更偏好欧洲的君主立宪制。不仅是久米，这也是明治维新政府的普遍倾向。另一方面，关于他所高度评价的欧洲政治体制为何会出现在欧洲这一点，久米也对其历史原委作了如下说明：

> 大抵依人民公选，出议员者掌立法之权，此乃欧洲一般通法也。于政治之上，与支那、日本最为相异。此法滥觞于罗马时代，虽渐变于岁月之流，然每重贸易、会社协同者，毕竟其风俗也。夫支那、日本之民，以向来农耕自给之风习，政治之主义者乃修身，不重财产，故于立法，缺张目之主义；于民权、物权，不仅如耳旁

之风，反以抑压其权者为变风移俗之模范。是故论政治国安者，无心于财产；君子小人者，判然若居于不同世界，是以渐趋于贫弱矣。夫东、西二洋悬隔，致民生习惯之异趣，则政治面貌之所异，其所当然也。而今世舟楫相通，贸易交际，为保其国权而护其国益，国民上下合一，首重财产，以致富强之事，不可不予留意。故有立法权由此而生焉。（《实记》第二卷）

他指出，欧洲的政治体制拥有深刻的历史背景，这一背景源于重视贸易的"公司协同之风俗"，同时强调了这和"东洋"之间的差异。

议会上院之议员，皇族、贵族及僧正官者是也。夫英国之贵族，出席上院，且掌立法之权者以世袭，此乃豪族政治风习犹存之所故也。是谓美风者，英国人之守法精神浓于他处也。盖贵族者，执国会之权，乃议会兴起之根本，更于昔日，令英王约翰一世被迫誓约，以复权门，民权亦复。此所谓议会之下，贵族其权惟永之端绪矣。（《实记》第二卷）

久米邦武在此处关注到英国议会政治中贵族的存在，对贵族的角色予以积极肯定的评价。他的这一见解，又与日后在日本制定宪法并开设议会之前重新调整贵族制从而成为贵族院前身这一问题有所关联，值得玩味。

正如对贵族制的关注中所显现的，对久米邦武而言，欧美的政治体制是和日本的政治今后应面向何方这一点有着直接关系的切身问题。与之相比，张德彝的立场并未表现出这种切身之感，只是在进行客观叙述：

记：合众国自乾隆四十年苦英苛政，叛而自立，于今百年。化三十六邦，民主其国。公立统领一人为首，在位限以四年，每年公

> 俸银二万五千圆，副统领佐之，每年公俸银六千圆。统领四年，任满集众议之，众以其贤则再留四年，至多不过十二年，否则推其副者为正，副者不协人望，则另行推举。凡国人年至冠时，皆有荐举之权，其举法系众人书其所举之人，投诸瓯内，毕则启瓯，择其多者立之，或官或民，不拘资格，其退位之统领与庶民同。议事厅之正副首领与各绅士，亦由公举，而议事厅又有上会堂、下会堂之别。国有大事，则集众议，先呈下会堂，择其善者转呈上会堂，末则公递于统领，若统领不允，则仍交上会堂再议，如仍执议不移，则统领亦从焉。(《汇编》第一册)

关于美国的政治体制，张德彝作了具体介绍，但不见特别评论。这一倾向在讲述英国政体的部分时也同样如此：

> 记：英国自国王以至庶民，同姓婚嫁，叔娶寡嫂，均不禁，所禁者同胞兄弟姊妹而已，亦间有私娶者。今君主与其夫同姓人也，君主庄重仁慈，臣民爱戴，自居孀后，非公事不出，持躬俭约，独宿深宫。凡军国大事，以及庶政细务，皆由议事厅会议，君主不允，入堂再议，多者三次，难与主意不合，亦必俯如所请。或云世子无才，君主百年后，恐效合众，而立伯理玺天德焉。(《汇编》第一册)

此处张德彝介绍到，英国的婚姻习俗中，同姓之间亦能成婚，实际上英国女王也是和同姓之人结的婚。和久米邦武相比，张氏表现出对这些婚姻习俗的浓厚兴趣。与忌讳同姓婚姻的中国相比，英国的同姓婚姻显得十分新奇。而久米邦武对此全无兴趣，因为同姓婚姻在日本一样广为流行。而问题在于，作为儒学者的久米邦武，几乎没有意识到中国和日本在这方面的不同。这一点留待后文讨论久米邦武的东亚认识时再述。

尽管如此，两人都对以美、英为首的强国表现出强烈兴趣，这种倾向在张德彝处尤为明显：

> 初俄罗斯小国也，唐以前属匈奴，懿宗时始立成国，其后之乱不一。至康熙四十三年，有君名比德尔者，以国人不明耕种，不善使船，少年发愤，乃改变名姓，往荷兰暨别国学诸般技艺，及学业成始归本国。励精图治，育人材，设学校，开垦田地，通商掘矿，以富国。训练士卒，制造船炮，以强兵。几二十年遂成霸业，北极三洲之地，皆为所有，现在泰西诸国，号召小邦者，惟英吉利、法郎西与俄罗斯也。土地又以俄罗斯为最，斯为最广，以度数论，俄倍于中华者五，其他各国有倍于中华者，亦有不及中华者，皆称王。（《汇编》第一册）

张德彝描述了欧洲三大国家，并和中国的大小作了比较。这样的比较之所以成为可能，是因为中国就领土面积而言是非常大的国家；这也成了中国人的世界观中出现"中国 VS 世界"这一构图的原因。与之相比，正如田中彰所注意到的，久米邦武对欧洲的小国也表现出很大兴趣：

> 夫美国，已论于前篇，乃欧洲之开拓地也；盖英国，世界之贸易场也；又号欧洲之大市场者，法国是也。如此三国，地广民多，故常以其营业之力，遍达于天下，乃雄国也。此昭然若揭者，观其记录可以知之矣。我日本以其地民物产，较之三国，未必甚逊。然其民着眼甚小，于协同处，耐久心薄，故乏其营业之力。至于国势，不敢和三国相抗矣。既巡毕三国，又历一二小国，比利时、荷兰是也。观此二国，地广民众间，仅似我日本筑紫一岛（筑紫岛指今天的日本九州——作者注），湿野瘠薄。然介于大国之间，保全自主权利，其营业之力，反超大国之上。其独据欧洲之枢要且入

天下贸易深者，无不依其人民之勉励和协也。予之感触，较之三大国，尤为切身。(《实记》第三卷)

久米对小国的兴趣亦基于彼时其对日本的认识：日本不仅落后于欧美诸国，较之清国也无外乎小国。虽然他对小国的兴趣"尤为切身"，但众所周知，此后的日本彻底抛弃了作为小国的道路，并走向了大国化的方向。

3. 宗教

关于欧美的宗教，即基督教和天主教，两人都有数次提及。因为他们敏锐地感觉到，在宗教所具有的意义上，东西方之间差异甚巨。首先来看久米邦武：

《圣经》，西洋经典也，乃人民品行之基。较之东洋，其浸渍民心者，有如四书；为男女所重视者，有如佛典。欧美人民之尊《圣经》，其盛大流行，岂东洋可比乎？盖人民敬神之心乃勉励之根本，品行之良乃治安之原素，国家富强之因，犹出于此……故于西洋，凡言国土民情者，必详述其宗教；外国人至其地者，必问崇何教、信何神。若无宗教之信，则必视其为丧心之人、狂野之民，以至谢绝交际。……西洋人民，以各文明相竞；而其所尊重者，新旧约书也。然予阅之，荒唐之谈而已。天发声而死囚活，此何异于谵语之疯癫。以唱彼异端，罹磔刑之人为天帝真子，恸哭跪拜。予讶其何以生泪。欧美各都四处，以血淋死囚之悬于十字架者图绘，高挂于堂壁屋隅，如过墓地，若宿刑场。是不以为怪，则何谓怪乎？然西洋人民，反以东洋之无此物者以为怪，通人达士者，亦怂恿悬挂此物不止。此为何意？究其根本，乃敬神之诚，踏修身之实。夫西洋之民兴，持竞励之心而互为协和也。故宗教者，以形状论说，实难辨讼，惟顾其所谓实行如何而已。夫东洋儒学，修身之学也；释教，一宗教也。此二者乃国治之原素，久染人心。今顾其人民之所实信实行，较之西洋，孰为深浅？四书六经，行于我日本，及二千年也。然可读解之士人者，不过稊米之于太仓也。……近来欧洲之学者，力主"道德哲学"，观其要点，不过基督教之拔萃而已。使西洋人民之品美风婉者，若弃此教，则无他可从。夫如东洋，若弃彝伦纲常，则无他可从是也。西人近来多译儒书，反复讲究。其曰孔子，诚实笃行之人；明善之要，乃与基督教相互发明者多，故为他教所不及也。或以此为"道德哲学"，谓其与宗教旨趣相异，有大益于国之风教者。然东洋既行之教，人皆弃守，更美于他国笃行之教，纷纷改宗。其意中之教，如购商货，何益于事乎？（《实记》第一卷）

一方面，久米邦武感受到欧洲基督教的宏大，同时也觉其异常；另一方面，他印象深刻地叙述了基督教作为宗教的社会意义。相对地，他也对"东洋"提出批评：虽然存在即便在欧洲都受到关注的儒学，却对其不甚知之，反而有弃守之举。

此处值得注意的一点是，他意识到基督教是"道德哲学"（moral philosophy），并将其类比为东亚儒学。这一认识令人联想到日后日本强调国民道德的必要性时重新关注儒学并最终制定《教育敕语》的过程。另一处值得注意的，是久米邦武对儒学现实的认识：他认为东亚正在抛弃儒学。但正如后文所述，张德彝的看法则完全相反。因此，久米邦武对儒学的认识与其说符合整个东亚的情况，不如说是来源于日本的现实，这一问题是和身为儒学者的久米邦武的认同有所关联的。

而张德彝对天主教、基督教则表现出强烈批判的立场。为了对抗它们，他推崇儒学。此处试举两例：

午后有法国二主教来拜，一名巴贝多，一名夏达类，与庆霭堂畅谈良久甚欢。后巴问彝系何教，彝曰儒教。问何不奉天主教，彝曰孔门乃中国之本教，故不敢改。问究以何教为上，曰某国人似

173

当以某国本教为上，且二教多同少异。彼云："二教所异者多矣，君不知天主生已一千八百七十一年，今之奉教者，已有数国之多乎？"彝言："此说固是，然孔子生已二千余年，并无主教传播异邦，而今崇奉者，亦有数国之多乎？"二人无言辞去。(《汇编》第二册)

张德彝认为和天主教、基督教相比，儒学在很早之前就已经存在了，并以儒学之普及国外并非通过传教士的活动这一事实来强调儒学的优越性。他的想法在以下场合同样如此。这是在受到巴黎的大商人沙邦萧的招待时所发生的故事：

（沙邦萧）有戚友数人，中有姓穆名雅者，余未详其姓字。谈及吃斋一事，众云："伊等虽奉天主，向不守此俗规，以巴里居民论之，吃斋者不过十分之二三而已。"穆云："伊父母虽奉天主，而伊自有生以来，并未恭谒教堂。且云天主教之神父，名为行善，诚心向化者，固不乏人，而淫人妇女、骗人财产者，亦复不少。故见幼女美而富者，必设法诱其出家，入堂后女为其私，财为其用。而其教人之语，皆一人之私言，考之于书，毫无所据。人之受害者，指不胜屈矣。而国家纵其传教外邦，营谋财帛播弄是非。欧罗巴自古争战，率由此等人而起也。"伊问中土儒教何如，明遂告以修齐平治之道，众皆唯唯叹赏。并云："中国孔圣之道，闻于海外，鲜有驳其非者。据洋文所译，虽不得其详细，而其梗概，早令远人敬服矣。某等不敢遽云儒教，而所遵行每多吻合，因天主真经之言，多与孔子之言符也。苟国家不使其人之道其所道，非天主之真道者，游行天下，则中外讵不和睦而安定哉。"(《汇编》第一册)

张德彝批判性地看待基督教的理由在于，儒学先于基督教兴起，而且不借助传教士的活动也能流布海外。这与作为儒学者的久米邦武对现实中儒学的悲观态度形成鲜明对比，这一差异也导致了前述阪本英树的见解，即认为中国仍然受儒学拘束，而日本当时早已能脱离儒学。这种认识虽然不无道理，但需要重新思考日本能轻易舍弃儒学这一事本身所存在的问题。这一问题会在讨论久米邦武和张德彝的自我认识及对东亚的认识时再次涉及。

4. 欧美整体文明

以上述从侧面对欧美的诸般认识为基础，接下来将考察两人如何认识欧美文明的整体。首先来看久米邦武。他对于欧美文明特征的观察，即便从今日看来亦令人叹为观止：

> 总论欧洲之政治，则全然异于东洋。夫欧洲人之性禀，皆具会社团结之风，是为全东洋人种之所无。故细析之，则欧洲政俗，大至一国之政体，分为州，为县，为郡，小至村邑，其组织者，无不以会社之性也。由此推之，立一族之产，亦若会社。是欧洲人者，穷会社连结之风矣。公举首长，共和之制见；以之世袭，君主之制立。虽其体面殊异，不过于会社，小异大同者而已。夫定首长而委之以行政之权，与社中公举、开其议会而执立法之本者，本为上下一般之风尚。首长若力大，则公司甘受其压；若会社多其职员，则首长亦牵制于其强力。故曰专治，曰君民同治，曰共和，虽体面大异，实不过小异大同而已。此等异同，毕竟依人民之习而生，故言统治者，从其惯习，不矫揉抑制，此乃欧洲政治之大要也。故有法国乍变，遂成共和；英国之君民同治，乃贵族政治其风存于州郡者是也；日耳曼之专制，若依其法规，尚宽其参政之权焉；美国之共和，若循其法则，则其发论之自由者，狭小也；梅格稜堡之民，无力于立君民同治之制；俄国之民，于选举权议政之智识处，未达也。然其政治之所归宿，无不出自结成会社之风矣。（《实记》第五卷）

久米邦武认为欧美文明的基础在于"公司团结"的风气，家族和政治体制都在这种风气下成立。这一观察显示出其超越对欧美文明单纯表面化的理解，并想要从原理上加以把握的态度。而且这一观察颇为切中要害，作为初次接触欧美文明之人的感受而言，令人称奇。

与之相比，张德彝的欧美文明观则有着更强烈的否定性。首先是关于"进步"——可以说这是欧美文明的核心概念——这一概念，张德彝表述如下：

> 记：泰西于千年前，人多美古，如华人之慕三代。因当时心多朴实，俗尚敦丽，名曰金世。继而人心不古，名曰银世。后因渐流浇薄，远不如古，名曰铜世。至今千载，世风日降，暗而不明，则曰铁世。今西人谓，今胜于古，遂无慕古之心，仍袭用铁世二字。其意以为铁之为用甚广，车有铁道，船有铁轮，制器有铁机，医病有铁水，无一而非铁世界矣。(《汇编》第二册)

此处能感受到张德彝揶揄地看待欧美之进步概念的视角。而在根底上支撑着他的立场的，便是以下引文中与"礼"相关的中国和欧美之间的差异了：

> 是日午后，有法人严布尔者，与彝言："君来此已三次，以我国教化比之，贵国似稍逊之。"彝诘其说。彼曰："我国男妇老幼相见，皆以接吻为礼，非为教化之国耶？"曰："若以接吻而言，我国父母之哺婴儿，往往有之，此系喜爱之意，不知贵国以接吻为何礼？"彼曰："此系恭敬之意也。"彝曰："若以此为恭敬，则不如我国之跪拜为合宜矣，再予之三次航海，虽不多见，少有所闻，以我国教化比之，贵国亦似稍逊之。"彼请其说，彝曰："父母生子，原望奉养终身，不意贵国之人，毕婚后，即分居而另立门户，双亲虽老视若旁人，子不侍父母，媳不奉翁姑，岂非少经教化者乎？"

其人大惭，面赪而退。(《汇编》第二册)

对于欧美的相互关系，张德彝也洞察到权力政治的一面：

今合众国丁韪良冠西先生所译之《万国公法》，于泰西各约备志之。夫布敦所争者丹国之土地，丹微不与之争。英国与丹国，曾结秦晋之好，英国世子妃，丹后之所出也，英国竟坐视其辱，不为之援，英亦寡情哉！法与敦唇齿之邦也，唇亡则齿寒，其为之排难解纷，阳示恤邻之义，阴图取利之谋，使不瓜分土地。仗义直陈，则成固足以救其灾，败亦可以固吾圉也。以大局观之，泰西各国无非合纵连横，时合时离互相吞并，其势比之战国无殊。(《汇编》第一册)

关于欧美的国际政治之现况，久米邦武并非不知情。不过按久米的如下记述，很难否认他比张德彝更为积极地看待欧美文明：

文明国之讲兵，与蛮民之嗜武者，其事相似，其主意则反之。盖蛮民之好武，在于国内相斗；文明国之讲兵，在于防御外寇。昔商鞅治秦，使民勇公战而怯私斗者，是蛮夷稍进，服国规之所故也。……夫一国四面濒海，无海陆受敌之切迫，于本国治安处，不须无用军备，此实乃国之幸焉。无外敌之切迫，仍同族相戮，若南洋群岛之蛮夷，政令行于凶器之下者，于文明国讲兵之主意，最为违背也。讲兵之人，不可不知此辩。(《实记》第二卷)

由此，久米邦武区别开文明的武力与野蛮，指出日本应当向着追随欧美文明的道路发展：

观博物馆，于其国开化之推移，触目感心。盖国之兴时，若观

> 其理蕴内面，断无偶然而兴者，必有顺序。先知者传后知，先觉者唤后觉，以渐进化，此所谓进步也。进步者，非谓舍旧图新也。故国之建立，自然结习，循其习性，美自研出。知之开明者，自有其缘由；依其缘由，发成其善矣。而瞭示其顺序者，莫善于博物馆也。(《实记》第二卷)

久米邦武和张德彝在对待欧美式的"进步"概念上存在明显差异。中江兆民曾作为随行的留学生参加了岩仓使节团，他在日后曾批判使节团的欧美文明观，认为其"初惊、次醉、终狂"。这一评价虽稍显苛刻，但其所指出的一面也确实存在。

(二) 从欧美观到自我认识、东亚观

体验欧美文明、加深对欧美文明的认识，这一过程对久米邦武和张德彝而言，也是重新认识自身文明的过程。就久米邦武而言，存在着介于世界观和自我认识中间的、用"东洋"来表现的东亚观的问题。不过这种东亚观在张德彝身上并不太明显。以下讨论也将包括这一问题。

1. 久米邦武

久米邦武的自我认识的特征在于，在对比西方和"东洋"后，将自己视为"东洋"的一员。

> 东洋之不及西洋处，非谓才劣，非谓智钝，乃于济生之道，用意薄浅，每每度日，以高尚空理以为故也。何以证之？夫东洋产物，制于其民众手技，风韵高尚，经验奇拔，受西洋之珍重者，可谓才优敏机，营思活泼也；又谓强模拟之精神，具应变之智慧，是为智敏也。或西洋人民，营生百事，皆屹屹刻苦之余，开理、化、重三学，以此为基，研究助力器械，施省力、集力、分力、均力之术，助其拙劣不敏之才智，积其利用之功，以致今日之富强。……量三千年前之古代，东洋之生理始发，化治水、火、木、金、土、

谷,盛正德、利用、厚生之道,以之为政治家之要领,名曰九功。生理稍进,营业之精神顿息,以五行之说,性理之谈,陷九功于五里雾中,不知推考余理,至今犹迷不悟。故东、西洋之开化者,非乾坤之别;厚生利用之道,岂可谓东西异理乎?(《实记》第二册)

上述认识将东西方的差异定义为类型上的差异,但并不将其视为绝对;这对于确认前述日本应当走的欧美化之路是行得通的这一点而言,也是必须要有的认识。同样地,对于东西方在政治上的差异,久米邦武也通过对比来展开论述:

> 欧洲人种之概称者,或白人种,或高加索奄人种也;亚细亚洲人种之概称者,或黄人种,或蒙古利奄人种也。夷考此二种人种之性情,白人种情欲念炽,热衷宗教,欠自制之力。概言之,多欲之人种也。黄人种情欲念薄,强矫正性情之力,概言之,寡欲之人种也。故于政治之主意,互不相通。西洋行保护政治,东洋行道德政治。大体如此相反者,百般异其趣也。(《实记》第五册)

像这样,久米邦武对比东西方,言及双方各自的特征。他以道德政治来举论东亚政治的特征,这一点与他的东亚认识有所关联,值得注意——因为正如后文所述,张德彝全然没有表现出这种认识。然而,虽然上述引文中的"东洋"分明包括了日本,但久米邦武偶尔会提及"东洋"和日本的差异,或者日本在"东洋"中的独特位置。以下引文便是典型的例子:

> 东洋之俗,自古主道德政治,厚生利用,以正德幅饰之,此乃三代政治之本领。溯及当时,夷考之,治铁之业凤兴,鉴铸鼎镬,槌锻斧锯犁锹,造刀刃针钉,四口之家若无铁者,生活困顿而已。其利已著,然中世退步之属,盖非他故,只因误认工艺之业为奢靡

之淫巧，不知原来工于足民之用、增国之力处乃必要之职，只疲于
人力而怠于物力矣。……东洋之铁利，非后于西洋。《禹贡》时已
有镠铁之贡；四千年前，铁之见于支那也。……本邦之冶铁，稍后
自朝鲜传入其术，时乃应神天皇治世，犹是罗马之盛时。其后以之
发明，作甲兵之术，于护国处堪当大用，冶铁之业遂为众民之所著
目，刀刃精工者，可云冠于天下。……夫日本人民，幸其冶铁冠绝
东洋，位居上等，且技长而物丰。（《实记》第三册）

久米邦武反复强调其日本观，即虽然日本从前从中、韩两国处学
来不少，但如今已凌驾于此两国之上，因此充分具有接受西洋文明的
资格。

将日本视为"东洋"的一员，却在另一方面认为日本和"东洋"不
同——众所周知，这可以说是近代日本独特的自我认识。在久米邦武这
里，其痕迹也清晰可见。

那么，在区分日本和中、韩两国之时，久米邦武以何为据呢？笔者
对他的中国观、韩国观产生兴趣，奈何在《实记》中却几乎未见相关叙
述。久米归国时虽经停香港和上海，但在这一部分记述中也完全没有关
于中国和中国人的具体叙述。唯一能展现其中国观的，是在论述荷兰之
后的部分文字：

其人民之勉强俭勤，推为天下富国之一。以荷兰人之心，住支
那之野，或于东方可生数百荷兰国亦未可知。顾我日本，亦比于荷
兰之勉欤？抑或类于支那之惰欤？（《实记》第三册）

较之荷兰人，久米邦武暗喻中国人懒惰。考虑到前述引文中他夸
耀日本的制铁技术高超这一点，可以说在他的认识中，中国的技术落后
是源于懒惰。不过仅凭《实记》无法知晓这一中国观以何为据。接下来
将要讨论的张德彝，他第二次被派遣时首先经停日本，留下了许多有关

当时见闻的记录。然而久米邦武虽也经停中国，却完全没有具体提到中国，较之其对欧美的兴趣，可以说中国对他而言是索然无趣的。无论如何，与张德彝十分具体的日本观相比，只能说久米邦武的中国观是极为抽象的了。

2. 张德彝

下面探讨张德彝的自我认识。首先要指出的一个特征是，与久米邦武不同，"东洋"这一认识框架本身对张德彝来说并不存在。以下逸事清楚地展现了这一点：

> 同舟有日本人橘正者，言语温和，颇知礼义。问庆应四年，南北两部之名，曰："所谓南部者，乃萨侯、长州侯、土州侯、备中侯、艺州侯，其余小藩数诸侯称之天兵。所谓北部者，乃仙台侯、会津侯、米泽侯、南部侯等，此具魁者也。"问当年南北孰胜，曰："北部乞和事平，自是改庆应为明治。"问此时仍官恒为官、民恒为民否，曰："敝国六百年来皆尚封建之制，四年和议以后，厘为郡县，自是又易一景象也。"又言："贵国与我国同为亚细亚人，且唇齿相依，宜共为保护，以固疆域。"彝曰："唯。"（《汇编》第二册）

这是张德彝第三次前往欧洲时和同船的日本人——名为橘正——的对话。他们就明治维新和废藩置县进行了对话；当橘正向张德彝呼吁同为亚洲人的"联合"时，张德彝虽给出了肯定的回答，但让人感觉这是在进入某些意料之外的话题时感到困惑的状况下才发出"唯"这一略显冷淡的回答。较之《实记》，"航海述奇"的一大特征在于有很多原封不动地记述对话内容的部分。尤其是对于日本，张德彝借助与日本人的对话谈及诸多方面：

> 早与日本人谈，据云，日本自开国以来，不设科取士，无论文武，皆系世袭，更有捐纳虚职，官恒为官，民恒为民，官与兵皆

佩刀，极其尊贵，民见市肆有佩刀者，则俯首长跽。(《汇编》第
一册)

该对话作为张德彝第一次访问欧洲时的记录，发生在明治维新以
前。日本不存在科举制，社会地位依世袭决定，因此官僚和庶民的地位
也没有变化；还有官员带刀等场面，这些都对他的日本观产生了负面影
响。接着引文中出现了关于日本服饰的内容，与"草底木履"即"下
驮"(传统的日本木屐)相关联。张德彝将日本文明比喻为下驮，也许
这一比喻是根据当时所获的情报而来的。关于日本人的服饰，值得注意
的另一处是《三述奇》中所见的故事。因彼时乃明治维新以后，故他所
遇见的日本人身着洋服。其中名为建野乡三的日本人批评张德彝穿着传
统服饰，张德彝回答说应当向西洋学习的是"轮机火器"，没有必要连
服饰都换成西式。这很好地展现了他针对想要追随西式的日本人的批判
性立场。那么他对日本的这一印象源自何处呢？以下对话中或可见其
端倪：

是夕复与同舟日本五人挑灯共话，……皆强记善谈，有问贵
国兵舰之数，彝对以东南海面，炮船无算。有问孔夫子之胤若何，
曰："千余年来，已封为世袭衍圣公，实海内师表。"有问贵国皆
奉儒教否，曰："儒教如日月经天，高古不磨。间有奉他教者，不
过亿万中之一二而已。"彝问日本所奉何教，彼云："我国有国教，
而以儒教为翼，昔时，愚民崇信佛教，今皆废之。"问国教系何教
门，彼曰："忠于君，孝于亲，自是天下之公法。"问忠、孝二字，
不知由何教所传，彼曰："皇祖皇孙，授受心传，施之于政，载之
于书。"又问皇祖皇孙，原系何教，彼曰："皇祖谓天御中主神，为
我国开辟之租，皇孙谓其子孙相继受统者。"彝以言涉妄诞，乃书
曰："夫既知忠于君孝于亲，即系儒家。贵国由君至民所读者，我
国之四书五经也。公言国民皆知，理或然矣。不知贵国先王施之于

政，截之于书，其书若何，可与庶民读否？"其人不答而去，众皆悄然。(《汇编》第二册)

由上可知，张德彝在得知儒学虽然存于日本，但只是一个辅助角色，除此以外另有国教这一点之后，提出了和国教有关的问题，而日本人的回答模棱两可，这让他感到"妄诞"。张德彝的日本观，大致通过和日本人的这一形式的对话得以形成，并将日本视作与中国相异的国家。这和久米邦武所认为的日本属于"东洋"却不是"东洋"的认识构成了表里关系。

张德彝对盲目追随欧美文明的日本持批判态度，以至于对欧美文明本身也持批判态度：

> 饭后有洋人讷武英者谈云："今日本国学习各国文武兵法，效验极速，贵国亦宜有备，方可无虞，即以诸公所着鞋底论之，足见其蠢笨不灵矣。"彝曰："即以鞋底观人，其真假虚实，亦可略见一斑。贵国鞋底，必先薄而后厚，虽厚亦只四分之一。日本鞋底，前后实而中空，虽实不足四分之一。皆不如我国鞋底，首尾一律，以之待人，亦必始终如一，不致易辙改弦也。"其人不答而去。(《汇编》第二册)

上述场景所描述的，是某西洋人将中国和日本相比较，并以鞋底为喻批判清国保守时，张德彝对此以讽刺话语加以反驳的画面。张德彝反击道：日本文明正如"下駄"，没有内涵，西洋文明也不如中国文明。而这一批判在遇见"西化"的中国人时就更变本加厉了：

> 登楼忽见一人，黑发黄面，貌如亚细亚人。明以为日本使臣，及谈始知系上洋人，来此已七载矣。询其何干，云学习传教。曰："汝尚欲回中土乎？"曰："然。""然则汝发已剪，何得回耶？"曰：

"蓄之今令长可也。"伊又云："公等旋归，可将西国风俗政事之善者，以劝华人之不善，不数年间华人必效西国矣。"明言："汝既中华人，当晓中土事，夫各国皆有善政美俗，以彼移此，尚有宜与不宜，况中国历来数千年，古圣先贤所遗嘉言懿行，不可胜数，何必取彼数百年之善政，以易我数千年之善政乎？然则汝知中国有孔圣乎？"曰："知。""汝知大清国有同治皇帝乎？"曰："知"曰："汝既知则吾告汝，但恐汝皆忘却也，夫大清国之禁律，男子剃发长服，今汝已剪发异服，则吾不以华人视汝矣，必以为欧罗巴及阿美利加者也。然汝学习传教将何为？"曰："必得其真实善道，以劝我华人同登善道也。"曰："予惜汝何其愚哉！夫所谓真实善道，非尔所知。耶苏者，距生于一千八百六十年前，汉平帝之世，彼有善言教化西土，欧罗巴各国人民咸被其泽，世奉其教。孔子生于耶苏五百五十余年前，在周之世，所遗嘉言懿行，传流教化亚细亚各国及附近岛屿，如日本、琉球、安南各国人民咸被其泽，世尊其教。汝亚细亚人也，何弃此而彼归哉？然则汝先祖即天主教乎？"曰："非也。""汝父为天主教乎？"曰："亦非也。"曰："然则汝之随天主教也，非为行善乃取利耳，汝今为取小利而乱大义，忘却尔祖尔父。汝死后将何以见尔之先代祖宗乎！尔之祖父亦必不以汝为其子孙矣。嗟乎嗟乎，亡羊补牢未为晚也。"其人大惭。（《汇编》第一册）

此处，张德彝使用了"亚细亚人"这一例外的表述。只不过，这一"亚细亚"指的是中国文明，尤其是位于它核心的、儒家所影响的区域。故这一表述可视为带有浓厚的传统华夷观的概念。

三、从"和魂洋才""中体西用"到"东道西器"

作为表现中、日和欧美文明相遇时基本立场的措辞，"和魂洋才"

和"中体西用"被广泛使用;在韩国,与之类似的措辞是"东道西器"。上节讨论的久米邦武、张德彝的欧美观和自我认识中,与这些概念相通的部分也多有展现。本节通过重新思考这些概念来考察如下问题:从现在的时间点来看19世纪后期东亚和欧美的相遇,能推导出什么意义?

首先来看日本的"和魂洋才"。日本在"和魂洋才"之前存在过"东洋道德、西洋艺术"。不消说,这是以对比的形式来表现东西方的措辞。如前所述,久米邦武谈到东亚的共同点是道德;就这一点而言,不妨说他也是站在"东洋道德、西洋艺术"的立场上的。尽管如此,"东洋道德、西洋艺术"在日本逐渐消失,代替它的"和魂洋才"则普及开来。为何会出现这种变化呢?窃以为其原因有二。

第一,"东洋道德"这一措辞本身存谬。因为将东亚的共同点指定为道德,这是日本所独有的现象。当然,东亚重视道德政治即德治,这是不争之实。不过德治并不是简单的理念,需要由通过科举被认定为有丰富儒家知识的人——他们立即被视为具备很高的道德能力——来负责政治;只有具备这样的体制,德治才得以成为可能。然而在中、韩两国得到实践的这种体制,正如张德彝的记录所示,在日本从未存在过。仔细想来,任何一个社会都存在按照其自身方式所形成的道德,但把这一道德和东亚的专卖品一同说成"东洋道德",这一口号或者说久米邦武的言论其本身,都是日本所特有的现象。所以,从道德中寻找东亚的特色,并认为日本也共享着这一特色——这种认识本身便是缺乏现实根据的。也正因此,对日本来说,既然找不到和"东洋"的接点,就从和"东洋"不同的日本固有特性中去寻找其认同感,这也就不足为奇了。代替"东洋"的"和"(日本)登场的理由即在于此。

那么,日本的固有特性从何处寻找呢?这一问题与"和魂洋才"在日本出现的另一个理由有所关联。久米邦武强调,日本的特性是技术上的优越性,这一看法和说"西洋艺术"时的艺术(技术)一脉相承,可以视其为一种寻找日本和欧美的共同点的态度。久米邦武的这一立场,与在明治维新初期天皇的存在尚不明显的现象相关,又与进入19世纪

80 年代后明显地从天皇的存在中寻找日本固有特性这一状况有所区别。

不过正如张德彝在旅行时和同船的日本人的对话中所出现的，在这一时期也已有以"国教"来确保日本固有特性的人了。只是"国教"的内容含糊，无法在逻辑上加以说明，只能看作张德彝口中的"妄诞"了。如果不像久米邦武一样来寻找日本和欧美的共同点，而是想要寻找不同于欧美或中、韩的日本固有特性的话，结局只能是推崇国教或体现国教的天皇了。于是，"魂"这一没有实体的概念取代了与"道德"这一具体行动如影随形的相关话语——这一现象出现的理由也在于此。

因此，"和魂洋才"的口号强调日本一国模式下的认同，同时也将它的根据放在了暧昧模糊的位置。因为认同的内涵如此含糊，所以日本能比中国更容易接纳西洋文明。20 世纪以接受西洋文明为最大的课题；而时过境迁的今天，对于日本应当追求的认同，除了"和魂洋才"以外，还能用什么措辞来表现呢？

下面来看"中体西用"。正如其所示，"中体西用"作为张德彝通过对比来理解中国和欧美的立场，表现出其"东洋"或东亚观的阙失。此处还展现出其对"中体"的深信不疑；而儒学就位于"中体"的核心当中。不过和日本不同，他对儒学的这份信赖有着足够的历史证据。即便是张德彝这一出身统治阶层但未参加科举的人，也对儒学有着全面的信任，这一点令人印象深刻。

迄今为止，立足于"19 世纪范式"的研究当中，通常把像张德彝这般的立场看成所谓洋务运动家们的共同立场，并认为该立场有其局限性。而作为克服洋务运动局限性的运动，变法派和革命派成了被讨论的对象。如此看来，变法派和革命派可以看作代替"中体西用"在追求"西体西用"吗？也不尽然。由于对"中体"的深信不疑，19 世纪中期以来的中国对此的处理并不会像日本那样含糊，变法派和革命派应当是被视为开始追求接受欧洲文明的、新的"中体中用"的一个过程。

不过另一方面，"中体西用"的口号仍和"和魂洋才"一样，从一国的立场展现了面对欧美文明时的态度。对于在本国和他国眼中都是大国的中国而言，也许很难期待它拥有作为亚洲或东亚的一员来寻找认同的姿态。

以上考察了 19 世纪后期中、日两国如何应对欧美文明。以上述考察为前提，从 21 世纪的当下出发，又应如何看待这一过程呢？此处想要关注的是"东道西器"这一措辞。"东"可以是"东洋"的"东"，也可以指代朝鲜——例如在说"东国"或"吾东"之时。但是，即便是后者，因为它的意思是指作为体现"东洋"的"道"之存在的朝鲜，所以当然能视其为以东亚为前提的。自不待言，此处所说的"道"不是像久米邦武一样单纯意味着道德，而是拥有着更广泛的含义。

问题在于，19 世纪后期的韩国在寻找自身认同之时，所提出的为何不是"中"或者"和"，而是"东"？窃以为，这表现出韩国和中国一样对东亚的"道"的一种深信，同时不将其看作自身固有之物，而是看作东亚的共同点。

此次共同研究的核心概念之"柔韧的主体性（Flexible Identity，译者注）"，只有在 19 世纪后期所谓的一国模式认同的确立这一范围内才可能存在。从这个意义上来说，"东道西器"若要作为建设民族国家的标语，只能是一个脆弱的标语。但窃以为，如今为了探索超越一国认同的"媒介"认同，却需要这一柔韧的主体性。因此，有必要从新的角度重新反思"东道西器"这一口号。19 世纪后期为何在韩国提倡这样的标语？此后这一标语被赋予了何种意义？此问题留待日后另述。

第十一章　作为"儒家式近代"的东亚"近世"[1]

一、"东亚近世论"的问题所在

以"近世"的历史分期概念来理解从 16 世纪到 19 世纪中期的东亚，这可以说是近来学界的普遍倾向。众所周知，在中国史研究当中，很早开始就有主张想要设定"近世"这一时段。其中的典型例子是将宋代以降理解为近世的内藤湖南、继承其观点的宫崎市定、视唐代中期以降为"early modern"的费正清等。[2] 此外，在日本史研究中占据定论位置的，是以丰臣、德川政权时期作为"近世"的历史分期，这亦是无人不晓之事。

近来的"东亚近世论"受到中国史和日本史研究的历史分期之影响，但因其完全不存在一国史的历史分期，从这一点而言，它是一种和以前的"近世论"有所区别的独特理论。由于岸本美绪很好地归纳总结了"东亚近世论"的观点，且在学界引起重大反响，此处将主要讨论岸本的观点。其大致内容如下。[3]

第一，将 15 世纪至 19 世纪的三百余年视为一个时期，其中以 15 世纪至 16 世纪为初期、18 世纪至 19 世纪为末期——这一主张在东亚、

---

[1]　本章韩语译文曾由金度亨（韩国）译出，日语原文收录于《岩波講座東アジア近現代通史 I：東アジア世界の近代》（东京：岩波书店，2010 年）一书中。
　　　* 本书在参考韩语译文的同时，直接译自日语原文。——译者注
[2]　[日]内藤虎次郎：《支那论》（东京：文会堂书店，1914 年）；[日]宫崎市定：《东洋的近世》（大阪：教育タイマス出版社，1950 年）；John K. Fairbank, *East Asia: The Great Tradition*, Houghton Mifflin, 1960。
[3]　[日]岸本美绪：《東アジア東南アジア伝統社会の形成》（《岩波講座世界歴史 13》，东京：岩波书店，1998 年）。

东南亚史研究中颇具人气。这一时期可以被理解为始于交易激增和社会变动、讫于欧洲的正式到来的一个周期变化。

第二，在16世纪前后的变动期兴起了诸多势力，他们所完成的统治体制创造出了时至今日该国的地理、民族等框架，也形成了当下被认为是各地区"传统"的生活方式和社会组织。

第三，这一时期可以进一步分为四大时期：明初形成的朝贡秩序开始解体的时期（至16世纪70年代）、新型军事势力成长并挑战朝贡秩序的时期（至17世纪30年代）、社会的流动状况与中国的明清鼎革一起结束的时期（17世纪80年代）、安定的社会状况中形成各地区的传统社会的时期（至18世纪末）。东亚及东南亚地区共享着这种膨胀与收缩的律动。

岸本还提到，是否将这一时段称为近世，这并不是那么重要的问题。岸本的立场并不像之前活跃的历史分期论一样，试图将某一时段定位于已知发展路径中的某一位置，或者通过确认必然的法则来预测未来。她所表现出的姿态是，历史研究的目的在于通过理解多种社会自我个性的样貌来拓展视野，使得面向不确定未来的想象力得到启发。而且她也明确说明，之所以特别关注近世，是因为对于这一地区受到世界史的冲击后所产生的秩序及共同现象等，相关的原理性思考至今在某种意义上仍有提出问题的能力。

"东亚近世论"舍弃了一国史模式的历史分期，而且自觉地批判想要以欧洲的历史经验为基准来理解东亚的方法，对此必须给予高度评价。但同时，在关于对过去的世界史认识范式进行批判这一方面，其局限性也十分严重。能展现该局限性的便是"近世"这一称呼了。如前所述，设定近世这一时段的理由，是因为认识到它是具有和中世、近代相区分的独特个性的时段。近世这一概念告诉我们：就算是立足于古代、中世、近代的历史三分法，但因其容纳度不足，才会产生单独设置近世这一时段的结果。另外，正如在笔者和岸本的著作中所能见到的，如若在欧洲史研究中也设定近世，那么由于其变成了世界史范畴的历史分期，它与过去看待世界史的方式的根本上的差异将会被抹平。

然而更为根本的问题在于，近世的前提是"它并非近代"。即使可以积极地评价近世东亚的各种变化，并将其理解为世界史上的共时性（岸本）或先进性（笔者）的一种表现，但由于近世终归是前近代范畴，近代始于欧洲的冲击这一过去的框架本身依然没有动摇，因此，不得不说当下的"东亚近世论"，只把到19世纪中期为止的时期置于视野之下，而关于之后的时期，也只不过是把"传统"视为东亚接受欧洲近代的基础而已，没有对近代史观重新进行检讨。笔者在接受"东亚近世论"成果的同时，想提出如下主张来作为克服以上问题的方法：迄今为止被理解为东亚"近世"的时段应被看作"近代"。

笔者以前曾提出"东亚早期近代论"，关于这一点想要多提一句。"早期近代论"的着眼点在于强调通常所说的东亚的"近世"和"近代"的连续性；"早期近代"一词如若译成英语，也只能和"近世"一样写作"early modern"。再加上提出"早期近代论"之时，有关近代的根据也极不充分，故笔者正对此加以反省。也因此，本章也含有对"早期近代论"的自我批判之意味。

笔者在本章中的观点主要有以下几点：1. 近代这一概念本来是指和"现在"有直接联系的时代，历史分期上最核心的意义在于"近代以前"和"近代"的区分；2. 以迄今为止的范式不可能理解中国的历史与现在，需要用新的"儒家式近代"的范式来重新加以审视；3. 应当准确理解朱熹思想——它能典型地呈现出"中国式近代"，而后者正位于"儒家式近代"的核心位置——的近代性所在；4. "中国式近代"在明代得以确立，但它的基本结构从19世纪开始一直维系至今；5. 必须基于"儒家式近代"的概念，从根本上重新探讨深受"中国式近代"影响的东亚各地区的历史。本章的目的在于，通过探讨以上观点，来促使过去的东亚历史观在根本上实现范式转换。

二、朱熹与"中国式近代"

（一）"近代"的核心含义

在论述为何要将过去被视为东亚近世的时代看作"近代"之前，首先需要对近代的概念作一些事前考察。这也有助于理解后文所提出的"儒家式近代"概念的含义。

当下所使用的"近代"一词，是在 19 世纪末到 20 世纪期间作为英语"modern"等的译名而被创造出来的。"modern"的词源是拉丁语的"modernus"，它最早出现在公元 5 世纪的最后十年间，指的是基督教成为国教以后的、和过去的罗马帝国时代相区别的时代，即"现在的时代"。[1]换言之，"modern（近代）"的原本含义是"现在"，或是和"现在"有直接联系的时代。"儒家式近代"中的"近代"也是在这一含义下所使用的。

众所周知，欧洲将文艺复兴之后的时代视为新时代（modern）；与此同时，产生了近代是光辉的古代（古典古代）之复活这一历史意识，并形成了古代、中世、近代的历史分期。因此，古代、中世、近代这一三分法的成立，与当时欧洲对"现在"的认知密不可分。笔者之所以使用源自欧洲的"近代"概念，是因为将近代视为和"现在"有直接联系的时代这一立场，能体现历史学最根本的存在意义。即是说，"历史"这一知识生产活动，并不是要在从过去开始的时间单调进程中去理解"现在"，而是只有通过认识到"现在"产生于过去的某一时间点，"历史"才开始得以成立。如果不这样，仅仅是将"现在"理解为过去的延长，那么"历史"便没有了存在的必要。换言之，历史研究最重要的是要区别"近代"和"近代以前"。

---

[1] ［德］H. R. Jauss 著、［日］轡田收译：《挑発としての文学史》（东京：岩波书店，1999 年）。

从这一立场出发，面对当下所通行的——将古代、中世、近代的三分法或加上近世的四分法套用到东亚历史上——历史分期法，必须从根本上加以重新探讨。因为三分法是和欧洲对于"现在"的认识有紧密关系的；而在同样的意义上，对东亚历史也采用三分法——加上近世论的话是四分——的做法，这与"现在"的相关认识之间又有何关联？对于这一点需要重新提出质疑。迄今为止包括"东亚近世论"在内的历史分期论，难道不都是仅仅依据欧洲的三分法依样画葫芦而来的吗？这一疑问始终在笔者头顶上盘旋。

此处要先明确的是，以下所论述的"儒家式近代"，不仅关系到"近代"和"近代以前"的分界线，也是一个要求重新探讨从"现在"出发要以何种视角来理解东亚历史整体的、与历史整体的再反思相关的概念。

（二）对中国的认识问题

此处提出"儒家式近代"这一概念的最大动机，与如何认识中国的历史和现在这一问题有所关联。当今中国在经济、政治、军事等领域都正在大国的道路上昂首阔步，在不久的将来或将成为世界第一的经济大国。这本身可以被视为回到了18世纪末为止的局势，并不那么令人惊讶。问题是尽管有这样的经济飞跃，但中国政治和社会面貌着实与众多发达国家有着极为不同的一面。

在迄今为止的认识——基于近代化论、世界体系论、马克思主义等——当中，如果近代化继续前进，任意一个社会基本上都会发生趋同现象（同质化）。当然，除了趋同以外，近代化本身所产生的异质化现象（复数的近代）也受到了关注。但在趋同和异质化的框架中来认识当今中国，这真的可行吗？虽然中国本身也在"现代化"这一口号下努力吸收着众多发达国家的制度，但这看起来并非易事。

岂止如此？在被称作全球化的今天，居然出现开始关注"全球中国化"的现象。这一现象反映出，在以全球标准的名义意欲解散所有中间团体——包括民族国家在内——的这一动向中，千年以来保持着没有中间团体这一特征的"中国现象"反而正在变得普遍。与那霸润指出了这一状况，并用"世界终于追上了中国"来加以描述。[1]无论如何，可以确认的是，作为认识当今中国的框架，过去的诸般理论都不够充分。相较于其他问题，"儒家式近代"这一概念最想要关注的，便是重新认识如上中国之现状以及其发展到今天的历史过程。

（三）朱熹思想的近代性

在"儒家式近代"这一概念中，充当其根基部分的是朱熹思想的近代性。关于朱熹或者朱子学，迄今为止的研究成果蔚为壮观，此处按下不表。尽管如此，坦率地说，笔者对迄今为止朱熹、朱子学的相关研究一直抱有某种隔靴搔痒之感。到目前为止，笔者在自己提出的"小农社会论"和基于此的"东亚早期近代论"中，只将朱子学在极其适合小农社会的意识形态这一层面上加以定位。这也是因为笔者对朱子学还差一点"领会"。

笔者不以思想史见长，自知没有资格在前人研究面前班门弄斧；但私底下自己找寻上述感受出现的原因时，也发现了一个重要的问题所在。前人研究与其说是对朱熹的思想本身的研究，不如说是对朱子学的研究。换言之，问题在于他们所采取的方法，即以后人所整理的朱子学这一宏大的思想体系来理解、分析朱熹本人的思想。然而，正如垣内景子和木下铁矢所提到的，[2]朱熹绝不是朱子学者；而迄今为止的研究，几乎从未把朱熹本身的思想活动放在朱熹所处的那个时代的现实当中来加以把握。

此处笔者想要关注的是木下铁矢的研究。木下的朱熹研究被整理为

[1]　［日］与那霸润：《中国化論序説　日本近代史への一解釈》（《愛知県立大学文学部論集》第 57 号，愛知：愛知県立大学，2008 年）。

[2]　［日］垣内景子：《心と理をめぐる朱熹思想構造の研究》（东京：汲古書院，2005 年），第 155 页；［日］木下铁矢：《朱熹再読：朱子学理解への一序説》（东京：研文出版，1999 年），第 9 页。

《朱熹再读》和《朱子学的位置》，其观点的核心部分在笔者看来，是对经营社仓经验的分析，以及指出了这一经验与朱熹思想的划时代转变有密切关系。虽略显冗长，但因其重要性，仍援引木下的文字如下：

只要按照魏元履的方式，在那里储备的谷物就是"里之名士"和"常平使者"交涉而得的"官米"；如此一来，那些设施终归只是作为"国家、皇帝"等保护者单方面分配"恩惠"时所用的设施而发挥作用，因而不以在民众中所存在的、适应其运转的、自立的伦理意志为前提，也没有培育出那种意志。即是说，魏元履的设施并未开拓出"民间"这一公共空间。

在这里，正如自古以来的言论中所示，民众只不过是心存感激的、如字面那样消费"恩惠"的一种存在。

另一方面，朱熹的"社仓"以年为单位，按夏、冬节律进行出贷与归还。社仓并不是备荒的藏储之地，反而是作为从根本上支撑当地生计的"协同融资合作社"制度在发挥作用。朱熹说"社仓"不是为了"市井惰游辈"，而是为了"深山长谷、力穑远输之民"。朱熹还说，因为"山谷细民，无盖藏之积"，"社仓"出贷的对象，正是时而遭受凶年却仍不弃农事，为维持生计每日辛苦劳作的"细民"。而从"细民"的角度来看，由于自身的贷出与偿还支撑着"社仓"，反过来这也成为支撑他们自己第二年生计的"资本"，也会令其意识到，按时偿还是对包括自身在内的地区众多家庭生计的一种相互扶助的责任和义务。借由这一途径，在当地社会培养起了与日常生活有直接联系的相互信赖，以及适应这一相互信赖的伦理意志；如此一来，"民间"这一公共空间在事实上便开始存在了。……

换言之，只要那样的伦理意志在当地社会已经潜伏并有所流露，就能看到"社仓"的成功。乾道四年（1168）冬，朱熹碰上"民愿以粟偿官，贮里中民家，将辇载以归有司"一事，意识到眼前生龙活虎的"民"身上所潜在的可能性；他是不是从这里获得了"感知"并以此为基础而创建了"社仓"呢？[1]

木下在理解朱熹的社仓所具有的划时代意义之后，将其划时代性解释为和"物权"意识世界相对的"债权"意识世界的全新性。木下注意到，在社仓的运转中朱熹所获得的"感知"，和他所谓"确立定论"的时期相重合。木下对此提出的见解如下：

> "债权"的感知赋予了债主、借方双方一种义务，即使得物权中的物资向另一方"移动"。债权意识的关键不是被吸收、固定在物权之中，而是破除物权意识，激发双方互负义务地使物资向另一方"移动"的意志。如此一来，物资的物权行为在时空间上就都明显地展开了动态的意识世界。……
>
> 关于"社仓"的内容如果可以像上面那样归纳，那么可以说，"社仓"的经营目标，与朱熹的哲学——视"天理流行"为根本事实，以"感应"（自我感应、对他人的感应）为基础，将世界和人理解为"变易（化）之场"——蓝图，以及其伦理——强调要持续地激发某种意志，其作用在于阻止人沉溺在"私欲"当中——蓝图，分明都是一脉相承的。……
>
> 有趣的是，朱熹创设"社仓"之前在崇安县的经验积累时期，和以所谓的"确立定论"而被广为人知的朱熹思想划时代的转轨时期是相重合的。……
>
> （"确立定论"以前——引者）"旧说"中"动"的世界限于"已发"；"未发"是所谓的神圣领域，它和"动"的世界相隔绝，"未尝发"即没有向"动"的世界打开，且连对其的观察也都被切断。而"新说"当中，不停歇地进行着所谓"生生流行，一动一

---

[1]　[日] 木下铁矢：《朱子学の位置》（东京：知泉书馆，2007年），第543—544页。

静"的"感应"的"动"的世界，将"未发"这一关闭的神圣领域纳入其中，"未发"就此被打开。[1]

木下指出，前述创设"社仓"时朱熹所获得的"感知"，与对于"已发""未发"的理解变化有着密切关系，并说道："我认为朱子学滥觞于此。"将这一时间点视为朱熹思想划时代的转折点，而这一转折的结果便是"朱子学"的形成。上述木下对朱熹的认识，和迄今为止例如丸山真男的认识，有着百八十度的不同。即是说，木下是以动态的世界为前提，来描绘其中以坚强意志来应对现实的朱熹之形象的。

那么，朱熹这一思想转变是以何种现实认识为基础的呢？木下将其看作对中国现实的极为深刻的危机意识。木下援引宋元丰四年（1081）宋夏战争中宋朝败北后程氏兄弟中某一人的话语，[2]对程伊川、朱熹面对如此现实是如何应对的这一点，论述如下：

> 自己所属的集团，即和"夷狄"对抗的"中国"集团，丧失了作为过去框定其底下各单位集团的集体这一坚固性，大范围扩散以至于动荡得无法控制，随着其形态变得来历不明，人们也不过问自己所属集团"中国"的命运，而以旁观者自居。针对这一状态，他们（指二程与朱熹——译者注）的对策是，将"识祖"这一人之所以为人的存在理由（raison d'être）作为根本，再次框定"家族"这一单位集团，并使人们意识到"义理"与"礼仪"。而具体的方法，便是程伊川的"家礼"了。

> 自不用说，"家礼"的方向一路延至之后的朱熹《家礼》，包括朱熹在内，……不能忽略这一做法的基础，即对自身所属的"中国"集团现状的一种深刻的危机意识。[3]

---

[1] ［日］木下铁矢：《朱子学の位置》，第546—549页。
[2] ［日］木下铁矢：《朱熹再読：朱子学理解への一序説》，第349—350页。
[3] ［日］木下铁矢：《朱熹再読：朱子学理解への一序説》，第351—352页。

在笔者看来,木下的理解可以解释为:过去"框紧"的封建制变为"松动"的郡县制,是危机的根本原因所在,而对它的重整则是二程和朱熹的课题;重整的第一步便是《家礼》的编撰及其实践。此处需要注意的是,朱熹"重整"中国社会的方向绝非通过复辟过去的封建时代来实现。

众所周知,在中国,讨论体制形态时,长时间以来是在"郡县"和"封建"的框架中展开的。对于讨论秦汉以降的"郡县制"和之前的"封建制"孰优孰劣这一问题而言,尽管被儒家奉为理想的三代是"封建制"时代,但包括朱熹在内的肯定"郡县制"的意见是占据压倒性优势的。[1]窃认为,这是源于一种根深蒂固的拒斥感,其所抗拒的是像封建时代一样以共同体为基础的社会结构。朱熹编纂《家礼》,欲将"家"这一单位放置在社会根基之处。不过《家礼》所设想的家,是共享高祖的小集团,并不是像明代以后开始形成的宗族那样大规模的父系血缘集团。

程伊川和朱熹重视家礼的另一重要原因,同时也为木下所重视的,便是母权意识所导致的政治混乱这一问题了。他们认为,唐宋期间在中央政界所引发的政治争斗,很多都是围绕着帝位争夺而展开,其原因在于女性的政治参与。因此,他们想要破除母权意识并凿进父权意识的楔子,其表现便是对父系血缘的重视。[2]即是说,他们消解掉母子间的自然关系中所形成的意识,欲以父子间的意志关系为基础来构想社会秩序。所以,木下的这一理解,从根本上颠覆了迄今为止对儒家和朱子学的一些共识。

过去一般认为,儒家、朱子学将父子关系作为一切人类关系的基础,视其为自然关系。然而木下认为并非如此,母子关系才是自然的,

---

[1] 张翔、[日]园田英弘:《封建·郡県再考——東アジア社会体制論の深層》(京都:思文阁出版,2006年)。

[2] 关于孔子重视父系的立场以及为何必须要那样做这一问题,木下引用了明清史专家牟润孙的研究加以论述([日]木下铁矢:《朱子学の位置》,第285—288页)。在思考孔子和朱熹重视父系这一问题,进而思考儒家和东亚的性别(gender)问题时,窃以为木下的观点是十分重要的。

父子关系是意志关系，因此，朱熹等人之所以以父子关系为基础来构想社会秩序，是因为这和社仓一样，被视为是坚强的意志关系的基点。换言之，过去被看作儒家和朱子学的前近代性之象征的、重视父系血缘而轻视女性的这一性质，应该说它是"儒家式近代"其本身的产物。

前文已述，朱熹的目标，正如木下所明确指出的，是以"债权"式的感知为基础，在民间创造出"公共空间"，以此适应社会动态的活力后再形成秩序。可以说，朱熹思想的近代性旨趣即在于此。

（四）朱熹的思想蓝图和中国社会之间的共鸣关系

笔者将朱熹的思想视为近代产物，这一观点不仅立足于其思想蓝图中的近代性，也是由于他所描绘的社会形象和明清时代中国的社会现实十分接近的缘故。迄今为止关于明清中国的研究成果不胜枚举，但都是以欧洲的近代为基础，描绘着无法判断是前近代还是近代的、独特的社会国家形态。在19世纪以降与欧洲相关的知识传入的过程中，如此中国社会之形态逐渐自觉领悟到自身较之欧洲社会的独特性质。其中，费孝通和梁漱溟对中国社会的认识可谓典例。

费孝通作为中国的社会人类学开拓者，认为中国社会不似西洋社会的团体格局，而是差序格局。[1]所谓的团体格局，是由明确划分范围的各层团体所构成的社会，从家族直至国家都拥有相同结构，社会则作为这些团体的集聚体而得以成立。与之相比，中国从家族开始，它的范围和成员就伸缩自如，社会是作为以自身为中心的网络的连结点而得以存在：

> 不像团体中的分子一般大家立在一个平面上的，而是像水的波纹一般，一圈圈推出去，愈推愈远，也愈推愈薄。在这里我们遇到了中国社会结构的基本特性了。我们儒家最考究的是人伦，伦是什

---

[1]　[日]岸本美绪、[日]宫嶋博史：《世界の歴史12：明清と李朝の時代》（东京：中央公论社，2008年），第469—472页。

么呢？我的解释就是从自己推出去的和自己发生社会关系的那一群人里所发生的一轮轮波纹的差序。[1]

另外，在20世纪30年代开展过乡村建设运动的梁漱溟，也在接触中国乡村实际状况的过程中，提出和费孝通相似的见解：以欧洲为集团社会，以中国为伦理社会。梁漱溟口中的伦理社会，按海部岳裕之见，是"一种互尽义务的关系网，这一互尽义务包括：构成社会的个体，对向四方延伸的各种伦理关系负有义务；和这一个体拥有伦理关系的其他个体也对他负有同样的义务"[2]。费孝通和梁漱溟在中国社会中发现的秩序形态，可看作朱熹眼中民间社会所拥有的可能性的现实版；可以说，朱熹时代尚在萌芽的社会秩序，在之后得到了发展。

"法"的形态也清楚地展现出中国社会和欧洲社会相比时的独特性。寺田浩明作为中国明清时代法制史的研究者，在讨论中国法律形态时主要着眼于清朝。[3]他认为，"传统"中国的民事裁判以给予当事者"符合情理的解决"为目的而展开，但因为每个个案纷争的情由千差万别，"符合情理的解决"的标准也只能根据每个案例而出现无限种可能。虽然这只能依靠审判官的考量，但并不是说其解决只能听凭审判官的恣意。人们似乎无论面对哪种案例，都会认为理应存在"谁都认可的一种正确性（天下公论）"；判决当中所寻求的，正是这一种天下公论，而不是审判官的恣意：

诚然，就其应对方法、判决内容来说，此处所采取的是一种

---

[1] 费孝通著、［日］鹤间和幸译：《乡土中国》（东京：学习院大学东洋文化研究所调查研究报告第49号，2001年），第23页。此处译文参考自生活·读书·新知三联书店1985年版《乡土中国》（第25页）。——译者注

[2] ［日］海部岳裕：《梁漱溟の理》（《东洋文化》第90号，东京：东京大学东洋文化研究所，2010年），第200页。

[3] ［日］寺田浩明：《伝統中国法の全体像——非ルール的な法というコンセプト》（《比較と歴史の中の日本法学——比較法学への日本からの発信》，东京：早稲田大学比較法研究所，2008年）。

无限的"个别主义"式的思考方式；但就其判决的社会共同层面来
说，则又抱有如下出人意料的一般性想法：认为每个个案都分别
存在着一种全天下都认可的正确性（公论），而正确的审判则是在
讲述这一公论。可以说，正是这一普遍主义的要素，使得在现实
当中，只不过从某个人口中没有前提地说出来的一种个别主义的判
断，结果成了社会全体所共有的、关于正确或正义与否的一种判
决，即形成了法律。[1]

寺田口中的普遍主义的公论以及对每个个别主义案例符合情理的判
决这一构图，与伊川以及继承伊川的朱熹的"理一分殊"极为类似。寺田
进一步提到，从地方官到皇帝的这一系列官僚机构的存在，是支撑上述公
论的后盾。首先在地方上，向唯一存在的科举官僚打官司（指在裁判过程
中控诉），若不服地方官的判决，则向上级官员申诉，而位于这一官僚机
构最上层的便是皇帝。然而，即使是皇帝，如果其言语持续地伤害到公
论的话，另一主体出现以取而代之接受天命的"革命"逻辑也会随时待
命。所以，虽然是皇帝，但这一地位的赋予并不是天然的、不言自明的。

此处所描绘的法律形态有别于欧洲式的法律，因此，以欧洲式的标
准来判断是前近代还是近代，这一判断本身便不成立。所以 19 世纪末
以来直到今日，虽然中国也在谋求引入欧洲式的法律，但尚未获得令人
满意的成效，窃以为这种状况在某种意义上是理所当然的。而在后现代
状况之下，欧洲式的法律形态愈发显露出其自身的局限性，[2] 可以说中
国式的法律形态反而变得引人注目。

---

[1] ［日］寺田浩明：《伝統中国法の全体像——非ルール的な法というコンセプト》（《比
較と歴史の中の日本法学——比較法学への日本からの発信》），第 584—585 页。
[2] 有关后现代的法律秩序，村上淳一有如下论述："当今的社会秩序，只能作为从一时
的、多样化的价值和生活样式的混沌中析出之物而得以存在。平衡状态即使可以达成，
也会立马崩溃，只能等待下一轮析出。欧美诸国——尤其是因为含有各式各样的种族
要素——已经不可能再重现安定生活世界中的伦理性了。"（［日］村上淳一：《法の歴
史》，东京：东京大学出版会，1997 年，第 180 页）这段话和寺田所描绘的"传统"中
国中的法律形态极为相近。

同样的情况也出现在如黑田明伸所描绘的中国货币的形态当中。黑田明伸将在中国货币制度中起作用的基本力学关系看作"两种动机之间的均衡:一是来自王朝一侧的动机,它想要维持空间上的划一性和时间序列上的一贯性;一是来自社会一侧的动机,它对地域多样性和根据状况出现的可变性抱有向往",并从"自律的特殊性和他律的统一性这一看似矛盾的两个矢量的奇妙统合"中,寻找中国货币的性质。黑田的这一认识,和寺田所描绘的传统中国法律的形态十分类似。此处黑田所说的来自社会一侧的"自律的特殊性",指的是"依托自律性秩序来创造出当地通货",由此确保地域流动性(地域流动性是指实现某一空间单位中库存的销售可能性的总体;黑田认为地域流动性才是一切货币制度的根基)。与之相比,欧洲则"依赖他律性秩序,以信用交易等来替代并节省货币使用",并以此来确保地域流动性。黑田的上述认识,和费孝通、梁漱溟对中国社会的认识是一脉相通的。[1]

作为另一个能展现出明清时代中国社会后现代状况的事物,可举土地所有形态为例。关于明清时代"所有"的存在形态,岸本美绪有如下引文论述。[2] 当被问及在明清时代的中国,人们所拥有的是对象物本身还是应以其他观念来表现的事物时,寺田浩明有关"业"的论说颇具高见。按照寺田的研究,在明清时代的土地法秩序中成为交易对象的并不是作为实体的土地,而是作为经营收益对象的土地(业)。如果同一块土地上稳定地形成了种种收益行为,然后分别单独进行交易的话,同一块田地上可能存在复数的"业主"。

　　同一块土地上种种"所有"相互重叠,这一状态或许让人想起近代一元化所有权成立以前,封建制度下的"多层所有权"。可

---

[1] [日]黑田明伸:《貨幣システムの世界史:非対称性をよむ》(东京:岩波书店,2003 年)。

[2] [日]岸本美绪:《土地を売ること、人を売ること:所有をめぐる比較の試み》([日]三浦彻等编:《比較史のアジア 所有・契約・公正》,东京:东京大学出版会,2004 年)。

以说，和固定的身份制度相结合的"多层所有权"，对拥有上级所有权的领主和拥有下级所有权的农民双方而言，都成了妨碍自由经济活动的桎梏。然而应该注意的是，在中国，这一所有权的多层性与其说是对所有者的自由经济活动施加了限制，不如说正如"因为人民能自由地缔结包含任何内容的契约，可见有种种私法关系的存在"（《台湾私法》）这句话所指出的，它在"自由"的民间惯例中扩展开来。当时并不存在对土地自身的排他性的所有权观念，这产生了流动的土地市场，使得在土地上所形成的种种收益行为作为可以处置的单位被不停地买卖。只要该流动性不引起什么社会问题，人们的"自由"契约关系大体上是被政府承认的。……

所谓的"所有"，在指代人和物的关系的同时，也是如何相互调整人物关系的、人和人的关系的问题。在中国，这一人和人的关系与其说是本人所拥有的、个体平等间的关系，不如说是在开放扩散的人伦关系的网眼中的人的相互关系。谁都无法从那个网中获得自由，或者说，是接受或强或弱的他者的制约的同时，在该范围内进行相当自由的活动。而这个活动是以"良好秩序"为目标，依靠"全方位调整人际关系"的官民行为来得以支撑的。[1]

此处所描绘的"所有"形态，和木下所指出的"债权"意识是一脉相通的。即是说，不是作为"物权"来拥有"所有"的对象，而是为了让尽可能多的人享有从土地中获得的收益，在一块土地上存在着复数的"业主"，他们的立场基本上是对等的。

中国这一土地上的权利形态，在日本于19世纪末以后侵占中国领域内的某些地区并引入"近代的"土地所有制之际，成了一个大问题。为了确立"近代的"土地制度，必须遵守一物一主的原则，即一块土地

---

[1] ［日］岸本美绪：《土地を売ること、人を売ること：所有をめぐる比較の試み》（［日］三浦彻等编：《比較史のアジア 所有・契約・公正》），第29—30页。

的所有人规定为一人，而"业"的存在与之相抵触。岸本所引用的《台湾私法》，是台湾处于日据时期期间，日本对台湾地区的旧习、法律形态等的调查结果报告，其中也将"业"的形态视为一种问题。[1]此后不论是"关东州"还是伪满洲国，在日本所侵占的地区扩大的过程当中，都面临过同样的问题。而日本的基本方针，则是将"业"的土地关系看作前近代不合理的关系，并以一地一主的原则决定其所有者，承认排他性的土地所有权。

基于这一方针，日本试图强制性地确立"近代的"土地所有制，但也由此引发了各种问题。[2]"业"的形态是基于让稀少的土地能尽可能多地为人所利用这一目的而形成的，而"近代的"土地制度妨碍了这个目的，在土地资源利用方面简直是作为负面因素在起作用。

这一现象要求我们重新讨论对欧洲式近代的认识。即是说，不应该像通常的印象一样将欧洲式的近代作为解散共同体并析出个人的过程来理解，而应将其理解为是以共同体为基础所构筑的。与之相比，关于如何不依靠共同体来建构社会这一课题，中国自宋朝开始就拥有千年以上的应对经验，"业"的形态就是针对此问题的应对良策。在欧洲和日本，由于"近代的"土地所有权的排他性——木下口中的物权意识的产物——的缘故，引发了许多社会问题；而"业"先一步实现了"现代的"土地所有制这一在完成对所有权的社会制约的过程中所形成的制度，可以说它原本就是后现代的一种产物。

（五）理解中国的新范式以及对"近代"中国的认识

笔者至此所提出的——应当用近代的概念来认识被视作"传统"时

---

[1]　[日]西英昭：《臺灣私法の成立過程：テキストの層位学的分析を中心に》（福冈：九州大学出版会，2009年）。

[2]　[日]江夏由树：《関東都督府及び関東庁の土地調査事業について：伝統的土地慣習法を廃棄する試みとその失敗》（《一橋論叢》97-3，东京：日本評論社，1987年）；及其关于伪满洲国地籍整理事业的研究（《（一橋大学研究年報）経済学研究》第37号，东京：一橋大学，1996年）。

代的、鸦片战争以前的中国——观点，与上文所述的中国的社会形态问题一起，还包含着一个围绕中国的国际关系方面的问题。该问题具体留待日后另述，而其中最基本的观点在于：经过了南宋末期朱熹的登场以及蒙古帝国这一辽阔开放的体制的建立后，明朝，作为对该开放体制的"反动"一派，其王朝之建立即象征着"中国式近代"的成立。从国际关系角度，也能够将后蒙古帝国时代视为与之前有实质性区分的时代。[1]以上述有关中国的"儒家式近代"为前提，笔者想要对"近代"（按照过去的历史分期）以后的中国再多花一点笔墨。

鸦片战争以后的中国，从洋务运动开始到当下的改革开放，在吸收欧洲的思想、科学技术以及国家社会体制之长后，处在不断的变革之中。然而，尽管已有将近150年的努力，这一过程仍被视作处于进行时。这种观点基于如下认识：虽然鸦片战争以前的中国存在着"前近代""传统时代""封建专制时代"等五花八门的名称，但它终究是一个比欧洲落后的社会。

然而，如果按照笔者的立场，将明朝之后视为近代，视为是和欧洲的"近代"所对等的时代的话，"近代"中国就将会被描绘成全然不同的景象。对欧洲式近代的吸收在中国是如此艰难，这绝不是因为中国落后，而是因为在中国已然存在别的近代，即否定共同体等中间团体的存在的"中国式近代"，它无法接受以共同体为基础的欧洲式近代。而欧洲式近代在全球化的理念中，在想要否定包括民族国家在内的一切中间团体的形势下，面临着如下课题：以赤裸裸的个体为基础，如何能够形成社会秩序？然而，这一课题实际上是中国已然苦恼了千年以上的问题。当然，不能说中国已找到解决问题的钥匙；努力从多角度吸收源自欧洲的制度、法律等方面的经验，这对中国而言是必要的。但另一方面，欧美和日本诸国借鉴中国的历史经验，这亦是十分切实的当代课题。从这个意义上而言，"中国式近代"和欧洲式近代之间得以对等地

---

[1] ［日］杉山正明：《モンゴル帝国ろ長いその後》（东京：讲谈社，2008年）。

展开讨论，这一状况是否是近来才形成的呢？

三、东亚的"儒家式近代"

如前所述，在理解中国之时，也同样有必要从"近代"这一立场重新理解过去所谓"近世"时代中的东亚。因为在"中国式近代"得以成立的明朝初期，朝鲜和越南也确立起以朱子学为理念的国家体制。关于东亚的"儒家式近代"，限于篇幅，此处只能略作阐述。

思考东亚的"儒家式近代"这一问题之时，有必要从两个角度加以考察。第一个角度是前文根据木下的观点所述及的问题：朱熹的思想在中国以外的地区是作为何种思想而被吸收的？朱熹目睹的现实终归是中国的现实，因此，中国以外的地区的人们若想要吸收朱熹的思想或朱子学，从一开始便不可能在和中国的现实关联中对其产生理解。特别地，当人们在现实社会生活中缺乏对朱熹思想根底中"债权"社会关系的感知时，不得不说，想要对其产生理解便无异于痴人说梦了。

这一点不仅局限于像朝鲜和越南一样将朱子学作为外来思想吸收时的情形，也许在中国也有可能发生相同的问题。因为在朱熹的思想作为朱子学而渐成体系的过程中，朱熹的现实感知在何种程度上为后世的人们所共享，这是应当另外斟酌的问题。反而是否可以认为，是极富动态的朱熹的思想蓝图，在作为朱子学这一体系的思想被加工的过程中渐入静态，由此进入明代以后才可能获得作为国家理念的地位的？在这个意义上，朱熹之后的中国思想史也可以视作通过对朱子学的批判，在事实上重新确认朱熹的原有观点的一个过程。[1]

这一问题先搁置不谈。如果在其他东亚地区，缺乏像中国那样市

---

[1] 以王阳明为例。关于《大学》中的"格物致知"一词，王阳明对朱熹将"物"理解为"事"的理解路径选择无视并加以批判；但正是由于这一误解，却使得其具有了作为朱熹思想的继承者的意义。（［日］木下铁矢：《朱熹哲学の视轴——统朱熹再读》第七章，东京：研文出版，2009 年）

场经济高度发达的条件，且未曾留意到朱熹思想的动态的一面，仅仅关注其隶属于朱子学体系的性质的话，由此出发所构想出的社会形象势必会截然不同。就连丸山真男对朱子学的理解当中，也可以发现一些典型的蛛丝马迹。[1]因此，思考东亚的"儒家式近代"的问题之际，以吸收了朱熹或朱子学的哪一方面为基准，对包括中国在内的地区展开比较讨论，这是很有必要的，而"债权"意识便会成为这一比较讨论中的关键。

如果说第一个角度是朱熹思想中很难被接受的部分的话，那么另一个角度便是：尽管如此，通过对朱子学的吸收，在东亚范围内出现了不得不被理解为是"近代"的一些现象。尤其是在引入了科举制并采用了官僚制体系的朝鲜和越南，这些现象尤为显著。

笔者从这两个角度理解东亚的"儒家式近代"之后，迄今为止对朝鲜时期的科举样貌和与此关联紧密的两班的存在形态问题，还有对身份制的独特面貌问题，以及土地所有和身份的分离问题，等等，都在一定程度上做了推进的工作。[2]此外，关于木下口中的"债权"意识的问题，笔者也十分关注朝鲜时期，尤其是朝鲜后期如雨后春笋般出现的各式各样的"契"的存在。

虽然日本没有吸收科举制和官僚制的统治体制，但其同样存在很多应从东亚的"儒家式近代"这一视角出发予以讨论的问题。如宫崎市定早先所指出的"在日本中世的近世要素"或"中世的近世"等问题就属

---

[1] 丸山真男和司马辽太郎被视为很大程度上影响了日本对朱子学的理解的人物。而关于这一点，木下抛出了疑问，即此二人是否从未读过朱熹的"社仓记"（［日］木下铁矢：《朱子——「はたらき」と「つとめ」の哲学》，东京：岩波书店，2009 年，第 2—3 页）。

[2] 拙稿：《关于朝鲜时期的身份、身份制概念》（《大东文化研究》第 42 辑，首尔：成均馆大学大东文化研究院，2003 年）；《土地大帐的比较史：量案、检地帐、鱼鳞图册》（［韩］韩国古文书学会编：《东亚近世社会的比较：身份、村落、土地所有关系》，首尔：慧眼出版社，2006 年）；《朝鲜时代的科举——全体像とその特徵》（《中国：社会と文化》第 22 号，东京：〔日本〕中国社会文化学会，2007 年）；《朝鲜后期统治阶层的再生产结构：比较研究的初步探讨》（《韩国史学报》第 32 辑，首尔：〔韩国〕高丽史学会，2008 年）。

于此类。[1]笔者虽不赞成像宫崎一样以一国史模式进行历史分期,但他所指出的问题,在之后的日本史研究中是否并未得到过正式的讨论呢?

如果从"儒家式近代"这一立场来理解东亚历史的话,那么和中国的情形一样,对于过去所谓的19世纪以来的"近现代史",也就不得不加以反思了。以朝鲜史为例,对其"近现代史"的认识应是:在"儒家式近代"这一历史基础之上,通过日本受到了欧洲式近代的深刻影响,进而在1945年以后,受到美国式近代这一欧洲式近代的变型产物之影响——如果将朝鲜民主主义人民共和国包括在内,或许也应说受到了苏联式近代的影响。同样地,也可以这样去理解越南和琉球(冲绳)。既往遭受负面评价的这一历史经验,在21世纪的今天反而有必要从积极意义的层面重新加以认识;同时也必须看到,缺乏或者只拥有一部分这一历史经验的日本的难度之大。

最后,与此处所提出的具有实验性质的"儒家式近代"这一概念一样,窃以为"伊斯兰式近代"这一概念也能够成立。由此出发,印度式等其他的近代概念或许也可以相应地诞生。无论如何,在讨论这些多样化的近代概念的过程中,欧洲式近代必须要被相对化。如果这些多样化的近代概念之共存是当下的状况的话,那么人类的未来是否就取决于能否创造出从那些近代概念出发的超越近代的新理念,以及能否构建出基于新理念的社会呢?

---

[1] [日]宫崎市定:《アジア史概説》(东京:中央公论社,1987年)。

第十二章　读历史学家的小说：黄皙暎之《沈清》[1]*

一、货币与女性

迄今为止，对于历史研究与历史小说之间的关系可谓众说纷纭。历史研究需要以史料为基础，但历史小说既允许设定以虚拟人物等来架构的世界，又以真实还原历史现实为目标。与历史相关的文学作品比历史学的作品更具趣味性，其原因就在于它跨越了历史学者因史料匮乏无法逾越的部分，并拥有重新建构历史的特权。但该特权如果以完全脱离事实的状态肆意行使的话，只会让人觉得荒诞无稽。能避免这一情况的，就只有像历史学者一样，对相关史料拥有足够深入的了解才行。

黄皙暎的小说《沈清》，其魅力正在于作者拥有不亚于历史学家的渊博学识。该作品将 19 世纪中期发生在东亚的大小事件，或作为背景音乐贯穿沈清的人生道路，或作为主要旋律直接激起沈清生活的万丈波澜。作者对于作品中所出现的国家地区，如中国的南京和镇江、中国台湾的基隆和淡水，以及新加坡、琉球、日本的长崎等，都有深入的了解，这使得这部作品极具魅力，也让身为历史学者的我感慨不已。尤其是以 19 世纪为背景而规模如此宏大的历史爬疏可谓前所未见，这不禁令我感叹：历史研究恐怕也只能落后于文学作品了吧！

小说当中，主人公沈清之所以能穿行于如此广阔的地域，是因为这

---

[1]　本章曾受编辑部之托刊载于《历史批评》第 67 辑（首尔：历史批评社，2004 年）。
　*《沈清》是黄皙暎（韩国）2003 年出版的长篇历史小说，曾连载于《韩国日报》。小说以卖淫女沈清的人生经历为主线，展现了 19 世纪东亚的近代化进程。"沈清"一名取材自朝鲜古典小说《沈清传》。——译者注

些地区之间存在一定的联系；而促成这种联系的媒介，便是地区间的商品流通以及货币的存在。

作品中出现了种类繁多的货币，例如"马蹄银""西洋银币""贸易银""一两金币的小判"等；而且其中提到，鸦片也曾拥有货币的职能。货币流动的反向是商品流通，与商品同步或远早于它的则是女性的流动——这或许正是这部作品前半部分的核心内容。作者在"作者寄语"中指出，作品中的女性迁移现象，与（韩国）20世纪70年代的近代化浪潮中离开农村并涌向首尔的女性迁移现象是相同的；而问题在于，该现象至今仍然在持续着。

举例而言，在日本东京的新宿、上野等繁华地段，20世纪80年代放眼望去都是韩国女性；及至90年代，东南亚、俄罗斯的女性明显增多；最近则是中国女性占大多数。作者指出，卖淫，作为催生了性之商品化的基本要素，恰恰是存在于将一切事物商品化的近代资本主义之下的。这一认识本身无可厚非，但对于被逼卖淫的女性而言，其动机大部分与沈清一样，是为了父亲或者兄弟，即为了维持家庭生计。对于这一点，是否应该从不同的角度来看待呢？

作者认为，沈清为了盲父卖身是源于封建的忠孝道德，这与将沈清买下的商人们的利润追求有着本质的区别（前近代与近代）。但果真如此吗？对于像沈清这样生活在社会最底层的人们而言，"家庭"这一对道德提出要求的组织形式，其普遍存在的时间并不是很久。按最近的研究，以非两班阶层的常民而言，由夫妇与子女所构成的家族能成为持续性的组织，这要到18、19世纪才变得可能。即是说，在此之前，就像奴婢——就16世纪而言，该群体大约占全体社会成员的30%—50%——这一典例中所见，尚且存在许多无法形成家庭的人；而即使形成了家庭，其结构也十分脆弱，不过是随时都可能解体的组织而已。我认为，家庭组织的一般化现象与随之而来的家长制的强化现象，在进入20世纪后才有所深化。

因此，就卖淫得以产业化的背景而言，若从小家庭或者直系家庭在常民阶层中也已然建立这一点来看的话，确实存在着家族史上划时代的一种变化。一般而言，所谓的近代一直被视作个体解放的时代。换言之，一般认为，在此之前被束缚于村落或是家庭、亲戚之类的共同体中的个人，到了近代才实现了个体解放。如果说在东亚或韩国，近代以来的家庭组织得到了强化，那么此处就浮现出对家庭的不同认识了。即是说，对家庭的重视在这期间一直被视为凸显着前近代性质的现象。我反而认为，在东亚，近代化、资本主义化以及家庭组织的强化等现象一直是互补的，不能单纯地将这些现象视为落后的象征。

问题在于，如此家庭思想之巨变，正如作者所言，是"从底部"依靠"百姓的"能力来实现的。换言之，卖淫的产业化，不能单纯地看作是因为"从底部"开始的变革运动的失败而导致的，也应该看作"从底部"开始的这一努力本身所存在的问题。

二、所谓 19 世纪后期的时期设定

刚翻阅《沈清》之时，我笼统地以为该作品的时间背景是 16 世纪或 17 世纪左右。这源于一听到是以东亚为背景写成的"沈清传"时，脑海中便先入为主地认为 16 世纪至 17 世纪的时段是最为合适的。不知是否因为如此，在读完此书之后，我对于作者为何将时段设置为 19 世纪这一点依然心存疑窦。

试举一例。如前所述，我认为沈清之所以能够遍历各地，是由当时国际货币的流通所致；而此书中所提到的货币几乎都是白银。众所周知，白银在东亚地区的大范围流通始于 16 世纪。随着当时美洲大陆与日本列岛大量开采白银，其流通成为可能，并被用于购买亚洲尤其是中国的商品，如茶、蚕丝、绸缎以及瓷器等。为了购买这些当时令世人垂涎的国际商品，白银开始作为全球货币而流通于整个世界，而这才是宣告全球经济诞生的大事件。

但是这种世界货币的流通对于各地区的区域经济而言，既有促进生

产的催化剂作用，又有扰乱其经济秩序的负面影响。因为全球货币虽然集中流向了有望赚取高利润的领域，但对于区域经济秩序的维持却毫无贡献可言。这种现象也曾戏剧性地出现在几年前的所谓亚洲金融危机与韩国 IMF 事件之中。

黑田明伸是日本的中国经济史研究者。按其著作《中华帝国的结构与世界经济（中華帝国の構造と世界経済）》（名古屋：名古屋大学出版会）和《货币制度的世界史（貨幣システムの世界史）》（东京：岩波书店），可知 17 世纪以降，不管是清朝所实施的海禁政策，还是日本德川幕府所实施的锁国政策，都是为了应对 16 世纪时由于白银的大范围流通而引起的区域经济的混乱局面。这种现象在朝鲜时期亦不例外：白银在 15 世纪至 16 世纪持续增产，但及至 16 世纪后期，其产出几近终止。究其直接原因，是在对明朝的朝贡贸易中，白银的负担不断增大。但我认为，在其背景之下还隐藏着想要避开由作为全球货币的白银所引起的国内经济混乱这一动机。因此，17 世纪以后出现了如下现象：从日本对马岛流入的白银在朝鲜国内几乎并不流通，而只是再出口到清朝而已。

无论如何，在东亚地区，白银自 16 世纪开始成为国际结算货币，而 17 世纪后期至 19 世纪中期虽然不同于前，但白银依然继续担当着结算货币的角色。所以我认为，沈清能够游走在东亚地区的原因也正在于此。所谓西洋的冲击，可以看作利用已经形成的东亚的国际性经济圈，并将其向着欧美中心的方向转换的过程。在这本小说中也出现了鸦片作为国际货币的现象，那是英国将产自印度的鸦片作为对中国贸易中所需银元的代替品并使其流通的结果。马克思将 19 世纪中期中国的开港称作"第二个 16 世纪"，这或许是在直接表述 16 世纪与 19 世纪间的连续与断绝。

作者之所以将小说的背景设置在 19 世纪中期，应该是因为重视欧美的存在，并认为其对当今东亚社会的诸多方面有着决定性的影响的缘故。但是我认为，19 世纪以来的东亚具备强烈的、固有的连续性。因此，作家强调与传统的断绝，并且将西洋冲击之前的时期描绘成令沈清深切回忆的时代——对于这一种时期设定，本人深感违和。

三、在东亚中如何定位欧美？

由于作者认为 19 世纪以来欧美的存在起到了决定性作用，故在小说当中，关于近代、近代性的叙述俯拾皆是。例如，沈清第一次看到钟表时发生了如下对话：

> "这叫钟表，转动上面突出的把儿，上弦之后便能一直走了。"
> "这是用在什么地方的东西呢？"
> "这是用来看时间的，对西方人来说当然是非常重要的东西了。"
> 沈清凝视走动着的表针，再次问赫夫[1]：
> "时间？……那是什么东西？"

关于时间，小说中在描写沈清的丈夫詹姆斯时也有如下叙述："在沈清看来，詹姆斯几乎已经成了自鸣钟的奴隶。"

另外，小说中还将近代看作由契约来支配的时代。来看下列对话：

> "这里被雇佣的人们全都与契约绑在一起。"
> 沈清回头看着阿嬷[2]，她像平时一样瞪圆了眼，慢慢点头。这表明，那些话语是发自肺腑的。
> "不管是赫夫老先生还是太太……都算是与契约绑在一块儿的了。"

由上可见，作者认为无论是时间还是契约，都是从欧美被带到东亚

---

[1] 小说中的人物之一，是英国东印度公司新加坡分公司在当地雇用的一名职员。——译者注
[2] 小说中的人物之一，是赫夫派来照顾主人公沈清的中年妇女。——译者注

来的。一言蔽之，即"整个世界都为钱而疯狂"。因此，对于由时间和契约所支配的社会，沈清产生了"这种秩序是谁设立的？"这一疑问。

以上引文均使用对立的眼光来看待前文所指出的前近代与近代，即传统与近代的部分，这与我的立场截然不同。在东亚真的没有存在过时间观念吗？或者是否可以说，前近代周期性的时间观念到了近代以后变成了进步的时间观念了呢？若考虑到东亚劳动历史的特征在于对土地的持续性劳动投入从而提高土地产能的话，那么就算是对于传统时代而言，也不能说只有周期性时间观念在起支配作用。另外，与发展的时间观念有密切关系的还有家族的形成。因此，如果让我来面对质疑"这种秩序是由谁设立的"的沈清的话，我断然不会回答说那是由欧美设立的，或者说"现在全世界都将成为西洋的市场"。

从这一意义上来说，我反而想要关注的部分是附录"作者寄语"中的如下叙述：

> 我脑中浮现出了近代的东亚周边。自中、日、韩三国至菲律宾、印度尼西亚、越南、印度，我的兴趣范围在不断扩大，并且觉得对于这些地区而言，19 世纪是一个重要时期，它们在此期间发生了意味深长的变化。而且，在浏览各种资料的同时，我突然发现，所谓的东洋史，是站在西方的立场上，基于其对东方的偏见而被记述下来的；这样的世界观，也是西方想要将东方拉入由其称霸的世界市场这一执拗意志的一种表现。

换言之，若想不站在西方的立场上看所谓的"东洋史"的话，就要追溯回 16 世纪才可以。从这个意义出发，我最近提出过要将 16 世纪以后视为东亚的近代这一主张。[1] 就这一点而言，我与作者之间不存在任

---

[1]　参考拙稿：《如何理解东亚的近代化、殖民地化？》（［韩］林志弦、［日］李成市编：《超越国史的神话》，首尔：humanist，2004 年）。

何分歧；但从《沈清》中，似乎可以窥见作者好像并未能完全克服自身从西方视角出发的立场。

四、为何是沈清？

作者为何选择了沈清作为主人公呢？在思考这个问题之时，负责撰写"解说"部分的柳湝善有如下评论，值得参考：

> 在各种因素当中，有一个核心因素促使《沈清》变得伟大，那便是它丰富地重释了《沈清传》以及积极地运用了《沈清传》中的情节。可以说，如果《沈清》没有以《沈清传》的情节为基础的话，那么这个女人的人生历程中就确实包含过多的历史与时段了。将一个平凡的女性讲述者或者实际人物挪到正面并横穿整个东亚近代化过程，这很明显会使得偶然性与充实度都大打折扣，很可能成为有失偏颇的部分。但是《沈清》通过大量借鉴《沈清传》这一多少有些非现实的、空想的文本，反而得以自由穿梭于现实与幻想、历史与虚构之间，使得丰富的内容能够高密度地被压缩到一个作品当中。

以上引文中，对于作者为何选择了沈清作为主人公，为何想要描绘 19 世纪中期，可以说给出了十分清晰且出色的解释。不过也可以认为，在写这一主题的小说之时，作者也找不出比沈清更为合适的主人公了。即是说，在作者眼中，如果想要让韩国读者将 19 世纪发生在东亚的"意味深长的变化"当作切身问题去关注的话，只能借助沈清这位女性。可能如果将小说的背景换至 16 世纪或 17 世纪的话，完全可以在韩国找出除了沈清之外的其他主人公。不过就算如此，若只看将 19 世纪中期作为背景这一情况的话，是否除了沈清之外，韩国就没有其他主人公了呢？

窃以为，作者将沈清设定为主人公的背后，还隐藏着一种固有观念，即一味地将朝鲜时期视为闭关锁国时期。众所周知，韩国与日本的历史教科书中都写到，19 世纪中期的朝鲜王朝坚持"锁国政策"。"锁国"一词诞生于 19 世纪末的日本，是志筑忠雄在翻译德国人凯普菲尔[1]的书籍时，为了标识当时的日本情况而创造的。但是，就算是在此之前的日本，也没有将禁止与西方诸国间交往的政策看作"锁国"，更何况是朝鲜时期的韩国呢？将朝鲜时期的外交政策视为"锁国"政策，这一立场很明显来自明治维新以后的日本；且其中还隐藏着如下用意：塑造出朝鲜政府顽强抵抗日本的开国要求的形象。而日本的这一立场，不过是对欧美的所谓文明之传播、文明化过程的强迫开国要求的全盘吸收而已。不得不说，这一"锁国"概念在韩国学界的滥用现象已然成为一个问题。

那么朝鲜时期真的是锁国的时期吗？我想借此介绍一项有趣的研究成果——《朝鲜后期对清贸易史研究》[2]。书中提到，由于 1720 年之后清朝与日本之间开启了直接贸易，朝鲜的对清贸易走向下坡，这一现象直到 18 世纪后期，在家参栽培的普及和红参制造技术的发达的情况下才开始有所缓解；及至 18 世纪末，朝鲜政府开始实施包制制[3]，红参成为官方承认的对清贸易品，其贸易量也呈现出指数级增长的景象。此外，书中也极富趣味地展现了在这一过程中，中央政府与地方官、译官、汉城的京江商人[4]、开城与义州商人等之间，围绕着红参贸易的主导权而展开激烈角逐的情形。

---

[1] 凯普菲尔（Engelbert Kämpfer, 1651—1716），国内有的人翻译为甘弗或卡姆培夫尔，医生、博物学家，出生于德国莱姆葛。1690 年，他在巴达维亚作为一名外科医生参加了荷兰东印度公司赴日本的贸易代表团，在日本度过了两年（1691—1692），并留有《日本志》，这正是志筑忠雄所翻译的书。——译者注
[2] ［韩］李哲成：《朝鲜后期对清贸易史研究》（首尔：〔韩国〕国学资料院，2000 年）。
[3] 1797 年，朝鲜政府官方允许了与清朝之间的红参贸易，此类红参被称为"包参"。政府以司译院经费筹措为名对包参的贸易进行课税，与此相关的诸条规定即为"包参制"。——译者注
[4] 京江商人是指朝鲜后期在汉江一带从事运输大同米以及其他各种商业活动的商人，亦作"江商"。——译者注

上述现象与19世纪后期以来所谓的自由贸易的性质相比虽然有所不同，但是也可以从中发现其与开港之后所出现的现象之间存在共同的一面，比如围绕着对外贸易，为了出口而开始了商品作物的栽培，以及其加工业的发达、政府的关税政策、商人间的主导权斗争、开城商人对于红参制造的技术垄断等。将朝鲜时期视为锁国时代的这一视角，若从过度评价开港期前后的变化这一角度来看的话，是与站在西方立场的视角有着不少相通之处的。而且自1876年所谓的开港以降，朝鲜的贸易量虽然比日本要低，但较之中国却是急速增长的，如此事实也暗示了，应该对所谓的锁国时代这一视角重新加以审思。

如上所示，《沈清》试图批判所谓西方中心主义的立场，但这一批判给人一种意犹未尽之感。可能这一现象不只是作者的问题，也有我们在潜意识中严重囿于欧洲中心主义的缘故。因此，我们不得不重新掂量要克服这一问题的难度。

五、比小说更加多重复杂的现实

这部小说的主题之一是沈清精神世界的成长。尤其是小说中沈清在琉球与长崎时以直接卷入当地政治风波的人物形象登场的部分，便是与之相关的典型例子了。所谓的政治风波，是指琉球和日本的开港问题。关于这一部分，小说中出现了不止一处的史实错误，这也影响了小说整体的趣味性，读来甚觉可惜。

小说当中，沈清来到琉球后，由于和宫古岛的岛主丰见亲和利结婚而被卷入了琉球的政变：由于琉球政府在开港上的政策变动，加之当时统治琉球的日本萨摩藩藩主岛津家因权力更替也出现一系列政策变化，种种原因之下，沈清的丈夫倒台并去世。在这一故事中，我无法理解的部分在于，将丰见亲和利设置成了宫古岛岛主。

以宫古岛为中心的宫古诸岛，以及以石垣岛为中心的八重山诸岛，是琉球王国中独具特色的地区。这一地区之前是由不同于琉球王国的其他独立政治体构成的，直到 16 世纪以后才开始接受琉球的统治。因此，之后其所受到的统治甚至比琉球王国的中心冲绳诸岛地区都更加严酷。尤其是被称为宫古上布或者是八重山上布的人头税，其负担十分沉重。可以说，宫古、八重山等先岛地区，陷入了相当于琉球王国殖民地一样的处境。若考虑到宫古岛的这一历史地位，作为岛主的丰见亲和利与居民的关系想必也是十分复杂的。因为从琉球国王的立场上看，宫古岛岛主扮演着对岛上居民实行严酷统治的角色。故受到萨摩统治的琉球，同时也统治着先岛地区，其历史现实正是如此多重而复杂。

不仅如此，岛津入侵琉球一事也存在着无法单纯以"岛津 VS 琉球"来理解的一面。因为对于琉球的统治阶层而言，岛津的入侵打破了琉球原先在对中国贸易的不振中备受折磨的局面，也在一定程度上保障了自身地位。而《沈清》当中并未充分地顾及这一形势，只是刻画出了单纯凸显萨摩藩与琉球矛盾一面的对立格局。

如上所示，统治的结构通常是多重性的，这是分裂政策的产物。因此想要从底部克服这种统治之时，十有八九会遭遇瓶颈。作者甚至关注到了宫古岛，这显示了其异于常人的历史嗅觉；但同样地，其叙述上的单一化也不免留有遗憾。

我的大学前辈中有人来自石垣岛。该前辈经常开的玩笑中有一句话至今令我印象深刻：他说自己要学习四种日语。即是说，先学习八重山地区的方言，高中入学之后又学习冲绳本岛的方言，进入大学之后学习京都方言，然后再学习标准日语。正如这一玩笑中所见，先岛地区的语言与冲绳本岛的语言互相完全不通；而冲绳方言和日本其他地区的语言之间也有如隔山。《沈清》中只出现了中文、英语和日语（标准），而完全没有顾及内部的方言问题。由于这部小说的时期设定是在所谓的国语形成之前，如果在语言问题上也略施心思的话，其故事应该会更加立体。

以上是我在阅读此小说时的一些零碎感受与想法。鉴于我的韩语能力有限，不免存在一些误解之处。不过，对于作者黄皙暎的"我想说，这一地区人们的人生没有白费。不，即使是白费的又怎样呢？只能从头再来了"这句话，我深有同感，故本章只是对"从头再来"时需要深思的若干问题聊抒己见而已。

第四部

为了 21 世纪的东亚学和韩国学

第十三章　东亚世界中的韩国学

一、批判"区域研究"

"东亚研究"一词，英语一般译作"East Asian Studies"，它在作为区域研究的一个分支方面具有很强的性质。与之相比，笔者认为"东亚学"和作为区域研究的东亚研究不同，反而是站在批判区域研究的立场之上的。

众所皆知，区域研究这一学科诞生于20世纪的美国，旨在对不列入19世纪欧洲学科研究对象的、非欧美地区的现实展开研究。今日所见的诸多学科诞生于19世纪的欧洲，隶属于社会科学的政治学、经济学、社会学以及人文学科的分支历史学等，均是以欧洲和欧洲人首次移居、建设的国家为研究对象的。与之相比，研究非欧美地区的学问则出现了新的以"文明区域"为对象的东方学和以"非文明区域"为对象的人类学。如此一来，19世纪欧洲的学科中各自的研究区域被鲜明地区分开来。区域研究正是原封不动地被安放在这样的基本框架中，为了从美国的世界战略角度出发分析非欧美地区的现实，从而获取在拟定有效政策时所必要的信息而成立的。[1]

然而，分析多样的非欧美地区的现实并获取有效的政策性情报，这并非易事。因此，为了克服这一困难，其对策不是别的，正是罗斯托（Walt W. Rostow）的"近代化论"。这一论调舍弃了非欧美地区的多样

---

[1]　关于这一问题，参见拙稿:《如何理解东亚的近代化、殖民地化?》（［韩］林志弦、［日］李成市编:《超越国史的神话》，首尔: humanist，2004年）。

性，旨在通过设定能从数值上掌握的几个指标，来测定各地区的"发展阶段"，并从中导出有效政策。[1]

时至今日，"近代化论"分明早已破产，但欧美的大学、研究所中依然延续了对非欧美地区的研究体制。"东方学研究所""东方学院""亚非学院"等名称便清楚地显示了这一点。这些学院和研究所的设置与历史学院、哲学系、文学系等相分离，因为他们不认为对非欧美地区的研究具备普遍性。

如果作为区域研究的东亚研究亦如是，那么东亚学便处于对它的批判立场了。通过内在地研究东亚地区，重新探讨诞生于欧洲的当下的学科分类其本身，这才是东亚学的基本目的。

试举简单一例：儒家是否是宗教的问题。问题一出，基督宗教式的宗教概念一般就成了前提。同样地，至今为止朱子学研究中重点讨论的问题无非是理气论，但这只不过是因为朱子学的一部分理气论具有和欧洲式哲学方法的亲近性，才引起了许多研究者的关心。这充其量只是拆分了朱子学的综合体系后，只取其一进行研究罢了。

毋庸赘言，这种现象不只局限于儒家、朱子学的研究。下面将探讨在历史研究领域中，迄今为止的东亚史研究是如何从欧洲的角度，即不是从东亚内在的视角出发而进行的。

二、东亚史研究中的欧洲中心主义

迄今为止的韩国史、东亚史研究中，欧洲中心主义的立场究竟何其普遍，相关例子并不难发现，其中典型的一例便是历史分期的问题，尤以"中世"[2]抑或"封建制"的问题最为严重。此处所谓的封建制问题，

---

[1] Walt W. Rostow, *The Stages of Economic Growth: A Non-Communist Manifesto*, Cambridge University Press, 1960.

[2] 韩语中的"중세"一词，其对应的汉字为"中世"。约定俗成，它在指代欧洲时，通常译作"中世纪"；而在指代东亚等非欧洲地区时，译作"中世"。——译者注

是指欲将描述欧洲中世纪社会体制的"feudalism"之译名"封建制"也应用于理解东亚历史的一种倾向。在日本，这一倾向在日俄战争前后首先作用于对本国的历史研究当中，20世纪30年代以后也逐渐蔓延至韩国史、中国史的研究领域，至今仍有不少拥趸。[1]

当然了，对于将封建制的概念应用于东亚史一事，此前也存在过批判和抗拒，但彼时代替封建制的却是"中世"这一概念——欧洲中世纪仍成为一般性的默认前提。

历史分期问题之于历史研究的重要性自不待言，而其中，中世或封建制等欧洲式的标准通行于世，教科书和一般概论性书籍中也反映出这一点。通过内在地理解东亚史、韩国史来克服当下东亚社会所存在的问题并开拓未来，这一过程需要一些必要的历史认识；然而上述现象对这一历史认识的形成而言是一种阻碍。因此，为了具体探讨世界史、东亚史、韩国史的历史分期问题，此处拟对韩国高中的"（韩）国史""世界史"的教育课程解说、教科书，以及韩国史相关的概论性书籍略作考察。

从1997年以来实施的第七次教育课程——利用韩国教育人力资源部的官方网站能够看到此次教育课程的解说书册——来看，高中社会科目以培育"向着信息化、世界化、开放化社会变革"中所要求的具有新兴素质的市民为目标，同时倡导"重视人的尊严性和自我实现、与他人的互动，体验对他人的关心；必须注重通过对传统文化的理解来树立文化认同，恢复共同体意识"。继而提到，（韩）国史教育的性质为："确认我们民族的传统，培养积极参与民族史演进的精神。因此，为了正确理解我们民族的历史，不仅仅要从民族史的角度，需要从世界史的角度

[1] 关于日本的封建制论和韩国的封建制论，参考拙稿：《日本"国史"的成立和对韩国史的认识——以有关封建制的讨论为中心》（［韩］金容德、［日］宫嶋博史等共编：《近代交流史与相互认识1》，首尔：高丽大学亚细亚问题研究所，2002年）、《日本史·朝鲜史研究中的"封建制"论：1910年～1945年》（［韩］金容德、［日］宫嶋博史等共编：《近代交流史与相互认识2：日帝强占期》，首尔：高丽大学亚细亚问题研究所，2007年）。

有机地理解我们民族的面貌。"

为了践行此处所说的民族史层次和世界史层次间相互的有机理解，在高中的（韩）国史教科书中，"Ⅲ. 统治结构和政治活动"的每章第一部分都概述了相应时期的世界史。来看其中的"中世"部分："高丽作为新的统一王朝，具有重大的历史意义。高丽王朝的建立，意味着我国历史从古代社会到中世社会变迁的内在发展。高丽以新罗末期六头品的知识分子和出身豪族的人为中心而建立，比骨品制为主的新罗更加开放，统治体制的建立也朝向了实施科举制等提高效率性和合理性的方向。尤其是思想上接受了儒家的政治理念，能够脱离古代的性质。"这段话将高丽的建立视为中世的开端，接着便叙述了同一时期的世界史：

> 10世纪初的中国，正是唐朝灭亡后进入五代十国兴衰的时期，彼时士大夫这一新兴统治阶层开始发展壮大。宋朝平定了五代的混乱局面，并构建了中央集权的皇帝独裁体制，强化了科举制度，确立了以文官官僚为中心的文治主义体制。……这一时期，体系化的朱熹朱子学对中国和以我国为首的周边诸国产生了重大影响。……9世纪中期，日本天皇的权力被削弱，地方豪族占有庄园，通过雇佣武士开始形成特有的封建制度。……另一方面，因为日耳曼民族的迁徙，西洋从古代社会转入了中世纪社会。……在欧洲形成了封建制度，王权弱化，地方分权体制得以实现。封建制度的经济单位是贵族和骑士所领有的庄园。耕作庄园土地的农民大体上是无自由身的农奴，他们隶属于领主（庄园主人）和其土地。

这里应当指出的是，世界史中的"中世"，其标准十分模糊。例如在中国，为何宋代以降能被看作中世，学界始终语焉不详。同样地，就高丽时期而言，吸收儒家的政治理念被视作中世的象征；但反过来，即便只是单纯地接受了这一观点，也同样能举出疑问：儒学在中国被奉为政治理念是在汉代，那么在其之后的时期能被看作中世吗？再者，虽然在与中国的比较当中明确揭示出了欧洲和日本的封建制，但就中国和其他地区而言，则完全没有以像封建制这样明确的概念来设定中世。所以，高丽王朝的建立何以能被视作中世的开端？即便说书中所提出的"开放性""效率性""合理性"等词可以作为中世的标准，但这一标准是否是世界史所共有的？这些问题同样模棱两可。

"近世"的情况也不例外。"（朝鲜王朝）政治结构的构建，是向着防止权力集中并提高行政效率的方向的。选拔官吏时，较之血缘和地缘，更重视能力，并开放言路以牵制垄断权力的行使。同时以六曹为中心分担行政以提升效率，使得政策的协商和执行过程中的有机连接成为可能。朝鲜王朝相比于高丽王朝，展现出了更高一层的发展面貌，脱离了中世社会并迈进了近世社会。"朝鲜王朝的建立被视作近世的标志，接着又对世界史作了如下说明：

> 14世纪后期，中国建立明朝，传统的汉文化得到恢复。明朝确立了强大的专制皇权，市民文化得以发展。15世纪初，明朝对外扩张，国威一直远扬到印度洋和非洲东海岸。……
>
> 14世纪，日本建立了室町幕府，至15世纪中期进入战国时代。16世纪后期，战国时代的混乱局面得以搁置，但对朝鲜半岛的侵略却失败了。新的幕府在江户建立后，由此确立了集权的封建制度。这一时期的日本实现了和平与安定，有了很大的发展，特别是与荷兰展开交流，吸纳了西方文化。……
>
> 另一方面，从14世纪至16世纪，欧洲中世纪的封建社会瓦解，新的近代社会和近代文化开始萌芽。这一时期兴起的文艺复兴、新航路的开辟和欧洲版图的扩大、宗教的改革等，都是暗示着近代启航的重大动向。

由上可见，关于近世的部分，书中提到欧洲是将其视为近代的开端，但在中国史部分却丝毫未见其言及明代之后为何是近世。同样地，在韩国史部分，只提到朝鲜王朝比高丽王朝"发展阶段更高"，但没有阐明要将朝鲜王朝视作近世的依据为何。另外，关于日本，其中不仅使用了"封建制"这一概念，还特别点明了日本与欧洲的交流，引人瞩目。

就高中（韩）国史教科书的构成来看，可发现如下几点特征：第一，将韩国史分为古代、中世、近世和近现代，但其历史分期的依据不甚明了；第二，在中世部分仅用"封建制"这一概念来理解欧洲和日本，与之相比，没有明确说明"中世"在其他地区的特征为何；第三，不得不认为，其历史分期的标准来自欧洲；第四，就韩国史的历史分期而言，仅能看出其一国史的叙述角度，丝毫未见中国史、日本史或东亚史整体的历史分期的理解维度。

历史分期以欧洲为标准，这在世界史的教育课程解说和教科书中也十分明显。高中的世界史由如下 9 个部分构成：1. 时间、空间和人；2. 文明的黎明和古代文明；3. 亚洲世界的扩张与交流；4. 欧洲的封建社会；5. 亚洲社会的成熟；6. 欧洲近代社会的发展与扩张；7. 亚洲世界的近代发展；8. 帝国主义和两次世界大战；9. 战后世界的发展。引人关注的是，此处相当于中世部分的是 3 和 4，欧洲的封建社会则单独列为一篇。

不妨来看将欧洲的封建社会单列成篇的依据为何。首先，关于"欧洲世界的形成"这一包含在第 4 篇中的主题，书中指出："对于近代以来主导世界的欧洲世界，对其形成过程和文化要素加以学习，这在理解现代世界时也将十分奏效。"而对于"中世纪欧洲社会的变化"这一主题，书中又指出："考虑到在历史学习中对于变化的认识是非常重要的课题，本主题的意义十分重大。"由此解释了为何欧洲在书中拥有"特权"。

以这一教育课程解说为前提，和同一时期的亚洲相比，高中世界史教科书分配给欧洲中世纪的分量要多出许多。而且，与（韩）国史教科书不同的是，世界史教科书没有对欧洲以外地区的前近代史作任何历史分期，故这样的内容构成给人一种似乎世界史从始至终都是以欧洲为中心发展而来的印象。

如上所见，现行的韩国高中历史教育中，欧洲中心主义根深蒂固。撇开教科书不谈，再来看看学界中所盛行的韩国封建制论。至今有许多观点，都想将封建制这一概念套用到韩国史上来，此处介绍一则代表性事例——韩国历史研究会编写的《韩国历史》一书。该书将南北国时期[1]至朝鲜时期这段时期视为中世，并主张韩国的中世是封建制社会。具体如下：

> 本书当中，中世被描述为封建社会成立、发展、解体的一段历史。然而"封建制（feudalism）"这一术语是引自欧洲历史的概念，所以在将它应用到我国历史的情形时，不免伴随着诸多混乱。一些研究者主张将封建制的概念严格限定在法制史或社会史的范畴内加以运用；也有不少人指出，这个概念不适用于我国历史。不过，本书中所使用的"封建制"概念，乃立足于社会形态理论，即将封建制理解为是人类历史发展的普遍阶段。
>
> 封建社会一般被理解成以生产过程中具有个人性质的小经营和基于此的封建大土地所有制为经济基础而形成的社会。不过即便是同样的封建社会，根据民族和地区的不同，必然具有其特殊性。欧洲的封建社会以"领主—农奴"制和分权制的政治形态为特征；反过来，亚洲的封建社会则以"地主—佃户"制和中央集权制的政治形态为特征。但是，越过这种一般类型的区分，在考虑普遍性和特殊性的情况下，要具体阐明某一国家的历史当中中世的起点与基本的土地所有关系时，这项工作往往伴随着许多争论和困难。
>
> 若以上述情况为基础来考察我国的中世社会的特征的话，首先

---

[1] 在韩国学界的历史分期中，将 7 世纪后期至 10 世纪前期的时期称为"南北国时期"。当然，国内外学界对于这一分期的称谓尚存争议。——译者注

可以指出的是，它是以地主制和身份制为基础的。……

以这样的地主制和身份制为基础，在政治上，从中央政治组织、地方制度和军事制度等角度来看，形成了中央集权体制；借由官品和官职体制等，统治阶层在庞大的官员组织中得以形成。而在思想及统治理念方面，佛教和儒学提供了普遍的世界观和封建的统治秩序法则，十分兴盛。[1]

由上可知，该书的立场在于，以基于小经营的大土地所有的存在和身份制这两个标准作为封建制的一般内容，并试图在韩国史中发现这两个标准。自不必说，这一标准是考虑到欧洲的封建制而设立的，此处即浮现出了典型的欧洲中心主义，因为这一态度试图将近代以来逐渐统治世界的欧洲的历史发展模式套用到近代以前的时期。然而，近代以来逐渐统治世界的欧洲，在前近代也能看作比其他地区领先吗？若不是，那么该如何构思近代以前的世界史？其中的韩国史又该如何定位呢？

三、为了东亚史中的韩国史

（一）几个作为问题的前提

像上文所探讨的历史研究、历史教育中的欧洲中心主义，如果想要克服它们，并从真正意义上的内在视角来理解韩国史的话，那么首先必须要考虑几个问题：1. 在历史研究中有举足轻重地位的比较史学的方法问题；2. 历史分期中的空间范围问题；3. 如何理解中国史演进的问题。

就第一个问题而言，上文所见的中世或封建制之类的历史分期概念便是以比较史学式的分析为前提的。即是说，作为与其他地区的历史相比较的结果，将韩国史的特定时期视作中世或者封建时期。但诚如已

---

[1]　［韩］韩国历史研究会编：《韩国历史》（首尔：历史批评社，1992 年），第 68—69 页。

指出的，其比较的标准是欧洲。不过另一方面，这种方法作为比较史学的方法是否正当，有待商榷。法国中世纪史学家马克·布洛赫（Marc Bloch）认为，历史研究中存在两种比较史学的方法：一种情况是没有任何直接关系的两个社会中出现相似的现象，另一种情况是相互存在影响关系的两个社会中出现相似的现象。布洛赫指出，比较史学的研究中往往不太区分这两种情形，但其实对此必须要严格加以区分。在前一种情况下，出现相似现象的理由，只能从像人类精神的基本同一性这样的一般普遍的现象当中去寻找，这对于历史研究而言并无多大助益；而后一种情况才更可能凸显出比较史学的研究意义。[1]

如果按照上述布洛赫的观点，那么以欧洲为标准将中世或封建制的概念套用到韩国史身上，这无疑是属于前一种情况，只能是一个无法适用严格意义上的比较史学研究方法的领域。因为至少不会有人说，在16世纪之前，欧洲和东亚或者朝鲜半岛之间有直接的相互影响关系。

关于这一点，应当注意的另一个问题是日本的封建制问题。如上所见，韩国的历史教育中对日本也使用了封建制的概念。可能这种理解基本上也能反映出日本国内的主流看法。然而令笔者百思不解的是，为何会认为在与欧洲没有直接关系的日本，会形成与欧洲类似的封建制呢？随着在日俄战争中取得胜利，日本作为所谓的世界列强之一登上了历史舞台；而日本封建制论，作为这一时期为了主张日本和欧洲历史的同质性而被"发现"的理论，从一开始就是一种带有很强烈的意识形态的历史认识，是展现了日本史研究中"脱亚"倾向的一种主张。[2]如果不考虑承认苏式的"世界史的基本法则"，那么就必须从根本上重新审视日本封建制论。

第二，关于历史分期中的空间范围问题。我们有必要意识到，欧洲

---

[1]　［法］马克·布洛赫著、［日］高桥清德译：《比較史の方法》（东京：创文社，1978年），第6—10页。

[2]　参考拙稿：《如何理解东亚的近代化、殖民地化？》《日本"国史"的成立和对韩国史的认识——以有关封建制的讨论为中心》。

的历史分期是以欧洲整体为对象的。例如，当马克思将古典古代的、中世纪封建的、近代资本主义的生产方式看作世界史发展的渐进过程时，绝不是以特定的国家为对象来设定上述历史分期的。所谓的"世界史的基本法则"，是指任何国家都同样经历过的历史发展，但这毫无历史根据。

不仅是马克思，当代历史教科书中的欧洲的历史分期，也是以全欧洲整体为范围而设定的。但其中只有对韩国史的历史分期，是从一国史的模式来设定的，其理由何在？所以，韩国史的历史分期，也同样必须以东亚整体的历史分期为前提。尤其是高丽王朝和朝鲜王朝的建立时期绝非偶然，彼时正值东亚整体的历史变动期。若考虑到这一点，是不是韩国史的历史分期才是东亚整体历史分期的核心问题呢？

第三，关于理解中国史的演进过程的问题。首先可以说，这是与东亚整体的历史分期相关的最重要也是最难的问题。（韩）国史教科书中没有任何划定就将宋代之后视为中世，将明朝之后视为近世，这即反映了学界的一种现象，不无片面理解的部分。然而无论如何，中国史历史分期的含糊，是造成韩国史、东亚史历史分期模棱两可的最大原因，也是韩国史、东亚史在世界史中所占据的位置变得不清不楚的根源所在。

（二）具体的方向

那么为了扭转这一现实，进而内在地理解东亚史、韩国史，必须要解决的问题是什么呢？

首先，关于中国史的演进过程，需要以"10世纪到18世纪（或至少到16世纪），中国是世界上最先进的社会"这一史实为基础来进行历史分期。中国在唐朝中后期开始陷入混乱的局面，后经由宋朝重归一统，进入新的文明阶段。代表性的事例有宋学与集其大成的朱子学的发展，科举制的确立，能力主义的官吏选拔制度的确立，以及随之而来的身份制解体，农工商业的飞跃发展，商品货币经济的发达，等等。

较之中国，同时期的欧洲则是十分落后且不发达的社会。欧洲的封建社会，作为在古代帝国崩溃过程中出现的分权化的一个事例，被视为具有与其他地区相同的性质；但中国宋朝以降的集权官僚统治体制是比之更难实现的体制。[1]就算如此还是要以欧洲封建社会为标准来划定中国史、东亚史的话，那无疑就大错特错了。

韩国高中世界史教科书中只出现了对宋学即朱子学的极为简略的叙述。对于为何宋学这一思想运动兴起于该时期，这一运动所面临的课题是什么，等等，均未加说明。朱熹不啻为中国历代最伟大的学者和思想家，在这里却比欧洲近代的启蒙思想家更遭冷遇。这可以说是典型的欧洲中心主义。

关于封建制，还要指出的一点是，欧洲的封建时期是持续不断的战争和内乱的年代。在这一局面下如何能动员所有国民投入战争？对这一点的追求过程便是欧洲的近代化了。所谓的近代民族国家，也可以说它是作为对上述课题的回应而出现的一种体制。这一问题与今日的学校教育中所强调的和平问题有着密切联系：如今的教育中，对于15世纪到19世纪东亚所维持的和平——当然，16世纪末到17世纪前半期是例外——完全不予评价，反而高度评价欧洲封建制度，这一态度需要我们重新加以反思。

另外，新的文明阶段为何在宋朝之后的中国兴起？特别是以士大夫这一非世袭的阶层为中心的体制为何能持续近千年？如此等等都是亟待日后阐明的十分重要的课题。

其次，就韩国史研究而言，如何理解中国史的演进过程将会起到关键性的重要作用。自不用说从韩国史本身的成立开始，其历史发展就深受中国影响，尤其到了朝鲜时期，较之其他时期受到了更多影响；而彼时作为学习对象的中国文明，正如前文所述，是世界上首屈一指的。明朝社会的发展水平在诸多方面都令朝鲜时期的社会望尘莫及，要原封不动地照搬中国模式并非易事，自然不得不在种种修正的过程中加以吸

---

[1]　关于像中国这样的官僚制国家体制的形成较之封建制度更具难度这一问题，可参见英国著名经济学者约翰·希克斯（John R. Hicks）的《经济史理论：从市场所见的经济史》（[韩]金载勋译，首尔：明天出版社，1998年）。

收。然而，目前能具体阐明这一过程的研究似乎并不多见。更重要的是，即便是需要如此边修正边吸收，朝鲜为何还是想要如此深入地接受中国模式呢？这一问题也需要同时予以解答。窃认为，韩国史在世界史中的定位，难道不是解决了这两个问题以后才能够变得清晰起来吗？

相关事例可举族谱为例。众所周知，今日的族谱形式始于中国宋朝，并被推广到周边韩国、越南、日本、琉球等多个国家和地区。中国的族谱与存在于世界各地的家系记录相比也显得独具一格，因为大部分家系记录的构成形态中排除了旁系后代，而中国的族谱则以收录所有的旁系后代为原则。

中国的族谱拥有庞大数量的理由即在于此。科举制的确立和随之而来的统治阶层的非世袭化，可以被看作这种特殊形式的家系记录在中国诞生的理由。即是说，即便是科举中举并进入统治阶层的人，后代也无法世袭其地位，所以才出现了宗族，通过形成包括旁系后代在内的亲族集团来使集团成员内部能够持续地输出及第者。因此，族谱与宋代以降的中国社会失去了身份制性质这一点有密切联系。另一方面，在像日本和琉球那样拥有很强的身份制性质的国家和地区，其所制作的也是"族谱"，却是形态上没有记录旁系后代的家谱。

那么，韩国为何制作了与中国形态相同的族谱？当然，韩国的族谱有着与中国不同的特色——特别是 16 世纪之前的所谓早期族谱的情形便是如此，这一点是广为人知的。但重要的是，和中国一样，韩国的族谱中也都包含了旁系后代。如前所述，中国的族谱是与中国社会的非身份制性质有密切关联的家系记录。但是朝鲜时期的社会通常被看作典型的身份制社会，那又为何会编撰与中国形式相同的族谱呢？这个问题可以说是认识朝鲜时期身份制的核心关键，至今却从未有人谈及。[1] 为了能够内在地理解韩国史，改变这种状态是迫在眉睫的课题。

---

[1] 笔者曾撰文试图对朝鲜时期的身份制提出新解。参考拙稿：《关于朝鲜时期的身份、身份制概念》(《大东文化研究》第 42 辑，首尔：成均馆大学大东文化研究院，2003 年)。

第十四章　21世纪的东亚研究以及大学的职责

一、东亚各国的大学编制及其问题所在

如今的大学拥有全世界共有的组织编制。以笔者在职的韩国成均馆大学为例，分为自然科学、人文科学、社会科学三大门类，并在各门类下设置多种学科。学科设置在每个国家或同一国家内的不同大学间虽有若干差别，但都大同小异。自不必说，这样的大学组建方式是在近代以来接受欧洲教育体系的过程中出现的。

沃勒斯坦（Immanuel M. Wallerstein）指出，19世纪的欧洲出现了新的学问体系[1]：在设定自然科学、人文科学、社会科学三大领域的同时，人文科学形成了历史学、东方学、人类学三个分支学科，社会科学则形成了政治学、经济学、社会学三个分支学科。当今的大学正是依据起源于近代欧洲的这一学问体系而组建的。

本章试图追溯大学的成立过程，以探讨如今大学编制的问题所在；也希望探讨21世纪的大学，尤其是东亚的大学应当朝着何种方向发展。同时，与被视为20世纪新兴的所谓区域研究的学术领域问题一起，对成均馆大学东亚学术院应当朝着何种目标前进这一问题加以讨论。

（一）与传统的断裂

19世纪末到20世纪初，名为"大学"的组织在东亚各国纷纷成

---

[1]　Immanuel M. Wallerstein, *Unthinking Social Science: The Limits of Nineteenth Century Paradigms*, Polity Press, 1991. 日译本参见［日］本多健吉、［日］高桥章译：《脱＝社会科学——九世紀パラダイムの限界》（东京：藤原书店，1993年）。

立，不过在成立过程中却隐含着如下问题：第一是与传统学问和教育的断裂，第二是人文科学和社会科学间的断绝。当然，除此之外还有自然科学独立门户这一问题，不过本章对此不作讨论。

首先说到与传统的学问和教育体制相断裂的问题，日本东京大学便是典型的例子，因此笔者拟对其经纬稍作详谈。[1]

1877 年设立的东京大学，可以说是东亚最早的近代大学。在其创立之前，于 1870 年设立了被称作"大学"的机构。这一"大学"以德川幕府的教育机构"昌平黌"——又名昌平坂学问所，设立于 1797 年——为其本校，并成为核心部分；同时，又将"蛮书调所"（1857 年设立）设为其南校，将继承"种痘所"谱系的医学校（1868 年）设为其东校。一开始，本校当中重视"皇学"，即有关神道的研究；从西方引入的各种学问，也被设想为由"皇学"来引领。

但是，在本校的国学者、汉学者、洋学者之间发生了激烈内斗，最终本校于 1871 年遭到废止。结果，代替"大学"并于 1877 年设立的东京大学，只继承了南校后身之东京开成学校，以及东校后身之东京医学校。因此，可以说东京大学只继承了德川幕府末期时成立的研究欧洲学问的机构，而没有继承昌平黌的传统。

只不过，在东京大学里并非不存在日本研究。继承东京开成学校后所设置的文学部，其中就有日汉文学科，另外 1882 年也新设了作为文学部附属设施的古典讲习所。尤其是古典讲习所，作为以继承 18 世纪以来的国学传统为目标而创立的机构，从它有志于历史、文学、语言学等的综合教育的意义上来说，值得关注。[2] 而作为该所中心人物的小中村清矩，本身也是一位国学者。但是，古典讲习所一开始是以确保日本国学研究后继有人为名目从而获得政府认可的，所以与其说它是常设组

---

[1] 关于东京大学的成立过程和初期历史，参见［日］寺崎昌男：《（增补版）日本における大学自治制度の成立》（东京：评论社，2000 年）。

[2] 关于古典讲习所的历史，参见［日］藤田大诚：《近代国学の研究》（东京：弘文堂，2007 年）。

织，不如说从最初就具有临时性组织的性质。其后在东京大学改编为帝国大学的过程中，古典讲习所被废止，这之后由国史系、国文系分别承担起日本研究的任务，这样的体系基本维持至今。

　　另一个与传统相关的重要问题是儒学的教育、研究的问题。如前所述，德川幕府时期的儒学教育机构昌平黉的传统已然中断，但从19世纪70年代后期开始，却掀起了所谓儒学复兴的浪潮。这一浪潮与构建近代民族国家时意识到国民道德的重要性这一点有所关联，在此期间，元田永孚还被重用为天皇亲信。[1]对儒学的重视很快以《幼学纲要》的形态具体转化为在初等教育中对儒家道德教育的重视，不过东京大学却走向了与初等教育不同的方向。

　　伊藤博文对东京大学的发展方向产生了决定性的影响。他在1879年论及高等教育的基本方针时，强调必须排斥儒学，以西方学问为中心。即是说，他认为学习汉学的人有喜好谈论政治的倾向，为使大学不出现这一弊端，他力陈应当学习"工艺技术、百科之学"。[2]伊藤的想法随着东京大学改编为帝国大学而成为现实；而且这不仅仅局限于东京大学，也极大地影响到全体日本的大学。所以在日本，儒家道德教育在初等教育中得到重视；而与之相反，在高等教育中则形成了与传统相断裂的、以西方学问为中心的体系。[3]

　　以上所见日本的现象，也同样见于中国和韩国。中国最早的近代大学北京大学，其前身是1898年清政府设立的京师大学堂。在义和团运动的混乱局面下，京师大学堂陷入了无异于停办的状态；辛亥革命以后，其作为研究、教育欧洲学问的机构焕发新生，同时也更名为北京

［1］　元田永孚（1818—1891）是日本明治年间的思想家、儒学家，信奉朱子学，曾在明治维新后因厌倦熊本藩内分派对立而于1869年退寮并开设私塾。次年，因其所在"实学党"重新掌握藩政主导权，他重回权力中枢，并于1871年出仕宫内省，任明治天皇侍讲。——译者注
［2］　［日］伊藤博文：《教育议》（［日］教学局编：《教育に関する勅語渙発五十年記念資料展覧図録》，1941年），第90—91页。
［3］　［日］寺崎昌男：《（增補版）日本における大学自治制度の成立》，第38页。

大学。

在韩国，因为最早设立的近代大学是京城帝国大学，所以自不用说，它原封不动地采用了日本的大学制度。只是与日本、中国不同的是，朝鲜时期的最高教育机构成均馆被如今的成均馆大学所继承。只不过，要说成均馆大学继承了传统的学问和教育制度，这也仅限于其设置了儒学系这一点上罢了。由于儒学系和东洋哲学系是一个系，它只能被看作继承了儒学的哲学一面而已。仅从哲学的一面来认识儒学，这无疑是从欧洲引入了"哲学"这一学问的结果，故在继承传统的方面自有其问题所在。

如此一来，在东亚，大学的制度是在与之前的传统断裂的状态下起步的，在大学当中所实施的研究和教育当然也只能是从欧洲引入了。前文所述的自然科学、人文科学、社会科学三大部门的设置，也是跟随着欧洲的脚步。在这里，笔者还想指出另一个能展现出与传统学问相断绝的典型现象——图书的分类方法。

图书如何分类并不是一个简单的技术性问题，而是涉及学问的体系化以及支撑它的思想、世界观的问题。日本的井波陵一用"知识的坐标"这一令人印象深刻的用语来表述图书分类法。[1]正如"知识的坐标"这一用语所示，图书分类在整理知识时发挥了坐标轴的作用。

众所皆知，四部分类是东亚世界传统的图书分类方式。自汉代的《七略》开始，中国的图书分类拥有悠久历史，至隋朝完成的以经、史、子、集四类为标准的四部分类，成为自此之后分类的规范。不仅在中国，四部分类在东亚的周边地区也被吸收，直至19世纪为止一直作为共同的图书分类法而受到广泛认可。

四部分类把由儒学经典及其注释所构成的经部置于最前端，由此可见儒学的特殊地位。其次是史，即历史也是颇受重视的。四部分类清楚地反映了传统时代东亚的世界观，也展现出知识、学问的分类体系

---

[1]　参见［日］井波陵一：《知の座標　中国目録学》（东京：白帝社，2003年）。

（hierarchy）。

　　类似的现象也见于伊斯兰社会。具体来说，10世纪后期制定的《目录书》中出现了"十部分类法"，这成为此后伊斯兰社会图书分类的标准。十部分类也以"启示经典"为始，启示经典指代伊斯兰教、犹太教、基督教等的圣典。或许印度也存在其固有的图书分类方法也未可知。不论如何，世界各地独自存在的图书分类法在近代以后都被欧洲的"十进分类法"取代了。

　　当下韩国、日本的图书馆按照各自的韩式、日式十进分类法来为大多数图书分类，这两种分类法是以1876年制定的杜威（dewey）十进分类法为基础，参酌韩国、日本各自的具体情况而拟定的。而前近代的书籍，特别是汉文书籍，则仍依照传统的四部分类，并与其他书籍分隔开来。

　　中国的情况有些许不同。清末梁启超等人曾尝试新的图书分类，但未能取得令人满意的效果。中华人民共和国成立以来制定了单独的分类法：1973年制定的《中国图书馆图书分类法》（今称"《中国图书馆分类法》"，译者注），以22个类目所构成的基本大类为依据。这一分类在最前端设立了与马克思主义、列宁主义、毛泽东思想等相关的类目，可将其看作继承了四部分类中经部所曾占有的"特殊位置"。不过除此之外的分类方法与十进分类法差别不大。因此，可以说它带有位于传统的四部分类和十进分类中间的折中性质。[1]

　　总之，东亚在吸收欧洲学问的过程中，图书分类法也发生了巨大变化。而且这不仅是图书分类的变化，也带来了知识体系、世界观的改变，乃至整个坐标轴的改变。在此过程中，过去的书籍被单独分类，在图书馆中也被放置于其他场所，可以说这正是象征着知识断绝的一种现象。

---

[1]　关于各种图书分类的历史，参见［韩］郑驼谟：《图书分类法概论》（首尔：韩国学术情报，2005年）。

（二）人文科学和社会科学间的分离

接下来探讨随着 19 世纪欧洲学问体系的引进而产生的第二个问题——人文科学和社会科学间的分离。

在欧洲所形成的人文科学和社会科学中，如前所述，前者被设定为历史学、东洋学、人类学三个分支学科，后者被设定为政治学、经济学、社会学三个分支学科。此处应当注意的是，分支学科不只是简单的学问分类，作为其研究对象的地区也会有所不同。东洋学的研究对象是欧洲地区以外被认为存在古典文明的地区，人类学的研究对象是被认为不存在古典文明的地区，而除此两者之外的剩余四个分支学科则都以欧洲地区为研究对象。换言之，欧洲以外的地区没有被列入历史学和社会科学的研究对象行列。其理由在于：（于欧洲视角来看，）欧洲以外的地区是缺乏历史的地区，即看不到历史发展的地区，同样也是社会科学的方法论不能适用的、没有形成市民社会的地区。

然而东亚地区在引入起源于欧洲的学问并设立大学的过程中，人文科学领域出现了如下现象：人文科学被分成了哲学、史学、文学三个领域，且如前述的东京大学一样，其中对本国的研究占据主要位置。不仅如此，还设置有中国哲学、韩国史、日本文学等学科，并形成了推进相关研究和教育的体系，这在欧洲的学问体系中简直无法想象。

与人文科学相比，社会科学领域的情况则有所不同。政治学、经济学、社会学当中，与欧洲的相关研究占据主流位置，而与本国相关的研究则萎靡不振，这种状况持续了很长时间。二战后美国获得了霸主地位，作为其世界战略的一环，需要针对世界各地区现状的知识储备以及以之为基础的政策研究。为此，作为学术领域的区域研究（area studies）便应运而生了。其方法论的前提是，以欧洲为一般社会，以欧洲以外的地区为特殊社会。对经济学领域中所谓的"不发达经济论"的研究，以及对发展中国家的研究，等等，便明显地表现出这种倾向。正如从英国伦敦大学典型的 SOAS（亚非学院）中可以看到的，迄今为止，在欧美的大学中，对于亚非地区的研究是在和常规的学院、学科相对独立的机构当中进行的。

如此一来，我们在吸收欧洲学问的过程中，不仅接受了人文科学和社会科学的区分，而且人文科学领域中对本国的研究按各国的方式各自占据其位；相反，社会科学领域中对欧洲的研究则占有压倒性比重，结果出现了人文科学和社会科学互相分离的新问题。这一历史过程的影响波及至今，特别是在社会科学领域，尤为严重。社会科学至今仍然接受着欧美的理论并以此为基础来研究本国，带有明显的"进口学问"的性质。

当然人文科学领域并非没有问题。我们必须反省哲学、史学、文学三分法这一分类本身，以及在方法论中原封不动地照搬源于欧洲的方法论这一点。尤为明显地暴露出方法论问题所在的，便是史学和哲学领域了。

在史学领域中，迄今为止仍占据主导地位的是以欧洲的历史分期为前提来研究本国史的方法。因此，以奴隶社会、封建社会等起源于欧洲的概念为标准，并以此来研究东亚历史和社会，或以此试图进行历史分期，如此等等的做法大行于世，由此造成了许多混乱局面，其中最为典型的莫过于封建制问题了。关于中国封建制的开始时间，有人认为是战国时代，有人认为是明末清初。单单是对于封建制的开始时间，就存在着 2000 年的见解差异。这种状况也发生在韩国史领域和日本史领域当中。窃以为，这应当归咎于试图以源于欧洲的封建制度概念为标准来理解东亚历史这一从根本上发生错误的方法。

同样地，"哲学"历来不存在于东亚，这一学问领域囊括了比史学和文学更多的难题。迄今为止的东亚哲学研究中，朱子学研究占据了压倒性的比重，这是因为朱子学的理气论更容易适用于欧洲的哲学方法。然而如前所述，儒学和朱子学不是只有哲学的一面，也具有宗教、政治、经济等多方面的内容。面对这样的儒学，相关研究却被哲学系所独占，这难道不会以偏概全吗？

轻视乃至无视儒家的宗教一面——关于这一现象，与之有着不可分割的关系的便是宗教学的问题了。关于儒家是否属于宗教的这一提问本身便很好地展现了这一点。当今意义上的"宗教"一词，源自19世纪后期日本将"religion"的译名标为"宗教"，其后该词也传播到了韩国和中国。这不仅仅是翻译的问题，还极大地影响到了东亚的宗教本身。因为在构成宗教的两个要素，即非语言的习惯行为"practice"和概念化的信念体系"belief"之间，后者在欧洲的基督宗教中占有极大比重。结果，不具有体系性的"belief"的宗教便不能被视作宗教，或者应被视作落后宗教，这一想法已渗透到东亚的世界当中。

为应对如此欧洲式宗教认知的传入，哪怕是到当时为止，在日本也还分为许多宗派；作为不具备统一实体的佛教开始形成了作为宗教的自觉并开始进行教理研究。而在大学当中，宗教学在哲学系占据一席，并以教理研究为主；与之相比，与"practice"相关的部分则被弃置一旁。日后随着民俗学的兴起，民俗学随即承担起了这部分研究。也正因为受到这样的影响，直至今日，日、韩两国的大学当中，除了佛教系大学和基督教系大学之外，针对本国宗教的研究在宗教系当中一直处于边缘地带。[1]

二、与传统的断裂为何应当被视作问题？

如上所述，近代以来东亚各国接受了欧洲的学问和教育体系，在这过程中与传统发生了断绝。那么，与传统的断裂为何能成为一个问题？窃以为，最大的原因在于，东亚社会很早就在许多方面超前地实现了欧洲到近代才实现的变化，因此通常被认为是传统的事物在近代以后也延续了其生命力，故具有了现实意义。换言之，相较于其他地区，东亚社

---

[1]　有关近代日本宗教概念的形成过程，参见［日］矶前顺一：《近代日本の宗教言説とその系譜》（东京：岩波书店，2003年）。

会在传统和近代的连续性上更为显著；而在正确理解这种连续性时，当下的学问体系和大学制度变成了一大障碍。所以在思考 21 世纪大学的地位和职责时，意识到这一点是非常有必要的。

那么所谓的东亚的传统和近代的连续性具体是以何种现象为根据的呢？以下对此略作概观。

（一）中国

正如宋代以降的中国被称作近世或者早期近代（early modern）一样，与同时代的其他社会相比，可以说宋代以降的中国形成了独特的国家与社会，和 16 世纪至 17 世纪之后在欧洲开始形成的近代社会有许多相似之处。科举制的确立和以之为基础的官僚制国家体制的建立便清楚地展现出了这一点。无需赘言，科举制这一制度无关出身阶层和身份，只通过考察个人能力来选拔官僚。该制度始于隋朝而成于宋朝；在此之下，中国的统治阶层无关乎身份制，是依靠能力选拔而得以形成的。[1]

凭借考试来选拔官僚的体系直至近代才在欧洲得以实施；但在中国，宋朝时就已经确立了这一体系。然而科举制绝非能轻易实施的制度。科举制的实施必须具备若干条件。谁都可以参加科举考试，这一理念并非纸上空论；为保障现实当中科举制的实行，需要有发达的印刷技术和书籍的广泛普及。宋代以降印刷术的发达，明朝以来书籍出版量的几何级增长等现象，都是科举理念走向现实的重要条件。

为了考试的公平公正，阅卷标准必须明确。而充当官学的朱子学满足了这一条件。在宋朝，考察儒学相关知识的科举考试分明存在着其自身的标准，但阅卷标准却并不明确，所以阅卷标准随着统治者的更迭而改变的状况反复出现。元代以降，自 1315 年重开科举后，朱子对儒学经典的解释被确立为阅卷标准，这一标准直到清末科举废止为止一直得

---

[1]　关于中国科举制的开放性，参见何炳棣著、［韩］曹永禄等译：《中国科举制度的社会史研究》（首尔：东国大学出版部，1993 年）。

以维持。

当然，即便是在中国，科举考试也绝非为所有人提供相同机会。但其他社会中的统治阶层地位是由身份制来决定的，较之这一点，仍然不可否认中国社会的特殊性。随着统治阶层的社会身份不再存在，身份制本身也失去了其意义。这是中国与其他前近代社会的根本性差异；而这一现象得以在中国成为可能，其理由在于市场经济的发达。对前近代社会而言，需要身份制存在的最大原因在于国家以身份制为基础可以组织社会分工。但宋代以降的中国社会就像近代社会一样，可以通过市场经济来组织社会分工。[1]

像这样，为了实施科举从而获得优秀人才，需要多方面的条件加持，而能够支持、拥护这一体制的正是儒学。儒生们纷纷主张，这样的体制才是古代圣人口中的理想体制。宋代以后，儒学革新运动即宋学的萌芽愈发显著，可以说其带有发现和创造传统的性质。在欧洲，有人主张随着近代的到来，能普遍看到对传统的发现和创造；[2]但在中国宋朝，同样能找到与之类似的现象。

就宋朝而言，能清晰地展现出对传统的发现和创造的，无疑是儒学和宗法主义的复活了。众所皆知，在汉朝官学化的儒学自佛教传来之后，其主导思想的地位受到威胁，儒家、佛教加上道教的"三教鼎立"之状况一直持续。宋学运动旨在克服这种状况并重整儒学，这是对儒学的一种重新发现，也是创造儒学的过程。夸张点来说，正是得益于宋学运动，儒学首次呈现出了作为一种思想体系的面貌。对此，与其说是新儒学的诞生，不如说是创造了儒学本身。

宗法主义的复活和随之而来的宗族形成的问题也很好地展现了对于传统的发现和创造。宗法主义是古典中所描绘的王侯一族的内部秩序。

---

[1]　关于前近代的许多社会需要身份制这一说法，参见拙稿：《关于朝鲜时期的身份、身份制概念》(《大东文化研究》第 42 辑，首尔：成均馆大学大东文化研究院，2003 年)。

[2]　[英] Eric Hobsbawm 著、[韩] 朴枝香译：《被创造的传统》(首尔：humanist，2004 年)。

宋代以降，士大夫们开始实践这一秩序，具体表现为宗族的形成、族谱的编撰和家礼的规范化倾向等。或许宗族会被误认为是自古以来的血缘集团，但实际上宗族是宋代之后才开始形成的年轻事物。随着科举制的确立，在社会流动加剧的情况下，宗族作为保障社会的安定与延续的一种组织而得以发展。

（二）韩国

如上所述，宋代以降的中国在诸多方面展现出了独特面貌，而受中国影响最多的便是韩国了。尤其是朝鲜王朝，自建朝伊始，这一影响就直达官方层面，在此过程中创造出了独特的国家和社会体制。[1]

虽然高丽时期已经实施了科举，但科举作为官吏选拔制度，其地位是在进入朝鲜时期之后确立的。然而如前所述，为使科举制度的理念转为现实，需要一些条件。韩国在不充分具备这些条件的情况下吸收了中国的科举制度，因此，其性质必然与中国的有所差异。两班这一阶层的出现和其对科举的垄断现象便清楚地呈现出这种差异性。换言之，科举本来是面向所有人的制度，但在韩国，不仅被属于两班的社会身份集团所独占，且随着两班地位的世袭化，承担统治角色的身份阶层也登上了历史舞台，这种现象与中国截然不同。

像这样，虽然朝鲜时期建立了与中国相同的体制，希望实施科举并由科举中所选拔出的官僚来承担统治任务，但现实中却形成了另一个面目全非的社会。不过，也不能因此就说韩国社会像其他地区的前近代社会那样，是由身份制来统治的、无流动性的社会。虽然上层精英能轻松地利用科举，但他们也并不能完全垄断及第者的所有名额，寒门之士中举的机会本身终归是存在的。而且，即便是上层精英，为了中举也不得不经历激烈的竞争。从这个意义上来说，与统治阶层地位由世袭来保障

---

[1]　关于朝鲜时期儒家式国家体制的形成过程，参见［瑞士］Martina Deuchler 著、［韩］李勋相译：《韩国社会的儒家式变化》（坡州：acanet，2003 年）。

的许多其他的前近代社会相比，韩国社会仍是不太一样的。[1]

17世纪至18世纪宗族的白热化以及族谱编谱的动向也恰好表现了朝鲜时期的社会特色。韩国形成了比中国更大的宗族；较之中国，其族谱的编谱工作更加活跃，家礼的实践也相对更深入地渗透进社会深层。对于这些现象，必须要与朝鲜时期国家社会体制的特征，尤其是两班这一统治阶层所具有的封闭性和开放性结合起来去加以认识。

（三）日本

如果说韩国是对宋代以降的中国社会变化吸收最多的国家的话，位于其对立面的便是日本了。宋代以后，日本与中国并非没有联系，贸易交流较之唐朝甚至更为活跃，远渡中国的日本僧侣也未曾间断；禅的正式传入，也在日本社会留下深深的烙印。但若说到宋学、朱子学，就要另当别论了。虽然日本在13世纪至14世纪左右已经知道了朱子学的存在，但朱子学并没有极大地影响到日本思想界。况且，日本也完全不存在像中国和韩国那样，试图以朱子学理念来创造国家体制的动向。

这就暗示了，日本并未进入始于宋朝的东亚历史大变动的影响范围。然而迄今为止的日本史研究中，囿于一国史式的思维，不仅对这一点缺乏足够认识，主流声音反而将此作为"脱亚"的一种趋势而给予高度评价。换言之，日本中世的"脱亚"被视为明治维新之后近代化的历史前提而广受（日本相关领域的）好评。

对于这一认知，我们固然不能全盘否定，但问题在于，它只强调日本这一"孤立"所带来的积极一面，相反却忽视了其所带来的消极一面。消极一面的象征，便是武士政权在日本的长期存在，与之相伴的内乱频发，以及如倭寇和壬辰战争这样的对外侵略的举动。

同样地，这样的历史认知所带来的结果，还有不切实际地强调日本之"孤立"，无视其和东亚历史之间的密切关系以及从中所受到的诸多

---

[1]　有关朝鲜时期统治阶层的再生产机制，参见本书第六章。

影响等一系列问题。中世以来日本的许多变化，例如农业生产中的集约型稻作农业的发展、基于棉花栽培而普及的服饰革命、商品货币经济的发展等，这些与东亚的整体趋势之间的联系都被一并忽略掉了。[1]

日本的大学中设有与东亚相关的多种学科专业，不过其中大部分机构都以中国为研究对象。如果说以韩国为研究对象的研究教育机构严重不足是第一个问题所在，那么第二个问题便是：日本没有被包含在东亚当中。如何改变这样的大学体制，这也是21世纪的一大课题。

三、超越"传统 VS 近代"的二分法

最近笔者十分关注韩国的族谱，正在开展相关研究。族谱可能是韩国从朝鲜时期到日据时期所有出版物中占比最高的出版物了。不仅如此，至今每年仍有大量族谱在继续刊发。然而，研究者对族谱却显得漠不关心。也许族谱的关注度如此之低的原因在于，一般都认为，族谱作为前近代文化的遗物，属于一种应当被否定的传统。

但在笔者看来，族谱绝不是前近代的遗物，反而应该说是近代的产物。进言之，族谱是作为旨在否定统治阶层固化并实现新的社会阶级转换的一种装置而得以存续的。所以从朝鲜时期开始直至现在，仍有大量族谱一直在刊行。

族谱这一系谱记录，自中国宋朝开始登场；作为网罗某个个人全体后嗣的记录，它在世界范围内是独一无二的，而它的出现也伴随着中国社会身份制的消除。出现在中国族谱中的人们隶属于各个阶层，职业多样。这一点与其他地区主要记录统治阶层的系谱记录相比，全然不同，是中国族谱的一大特征。这样的族谱传入韩国之后，最初是两班统治阶层的专属物品，但其中逐渐开始有非两班的阶层登场。因为族谱作为家

---

[1] 关于日本社会的"近世化"问题，以及对与此相关的日本史学界研究倾向的批判，参见拙稿：《从和平的视角重看日本的"近世化"》(《创作与批评》第136辑，坡州：创作与批评社，2007年)。

系记录的这一特征，决定了其本来就不存在阻止上述趋势的方法。所有人都拥有了族谱，于是所有人都成了两班——这样的动向从 18 世纪一直持续至今。

从这一立场出发，朝鲜时期，特别是朝鲜后期，其与 19 世纪以来的社会是相连续的。即便如此，迄今为止的学问体系和大学结构，对于认识这一连续性而言，存在着根本上的弱点。以族谱研究为例，朝鲜时期的族谱的主要利用范围仅限于作为家族史和精英研究的资料，并没有被当作能展现国家社会体制的资料而加以利用。更何况，现实当中关于 20 世纪之后族谱的研究也几近空白。

不妨试想一下族谱数据库的工作。自不必说历史学和社会学了，这还需要政治学、经济学——从族谱的出版动态中能敏锐觉察到经济变动——等现有的诸多学科间的跨学科研究与合作。不仅如此，恐怕还应创造出一套现有的学科类别所无法处理的方法论。

此外，为了认识韩国族谱的特征，同样不可或缺的研究方法是将其与中国、越南的族谱以及琉球、日本的家谱等资料进行比较。目前为止，韩国比较研究的主流是与欧洲进行比较，诸如"丁若镛是韩国的卢梭！"之类。但是，东亚的比较研究所需要的不是欧洲，而是一套独特的比较标准。

这样的例子不仅针对于族谱研究，对其他的研究而言亦不例外。成均馆大学的东亚学术院就是为促进这样的研究而设立的。这不单单是以现有学问作为不言自明的前提来促使跨学科的融合，更是将创造适合东亚这一研究对象的新的学术研究方法论作为目标而在不断前进。

参考文献

一、基础史料（按年代先后）

《安东权氏成化谱》（1476 年）

《清州韩氏世谱》（1617 年）

《密阳朴氏族谱》（1620 年）

《甲午谱》（1654 年）

《密阳朴氏族谱》（1662 年）

《光山金氏璿源谱》（1665 年）

《延安李氏族谱——甲戌谱》（1694 年）

《辛巳谱》（1701 年）

《（再校添修）清州韩氏族谱》（1704 年）

《光山金氏族谱》（1715 年）

《延安李氏世谱》（1729 年）

《甲寅谱》（1734 年）

《密城朴氏族谱》（1742 年）

《（三校添修）清州韩氏族谱》（1748 年）

《后甲寅谱》（1794 年）

《簪缨谱》（1820 年左右，韩国国立中央图书馆藏）

《丁未谱》（1907 年）

《万姓大同谱》（1930 年）

《光山金氏族谱》（1939 年）

《辛丑谱》（1961 年）

《姓氏的故乡（성씨의 고향）》（首尔：中央日报社编，1989 年）

《大邱徐氏世谱》（2003 年）

《安东权氏大同世谱》（2004 年）

《国朝文科姓谱》（年代未详，韩国国立中央图书馆藏）

二、朝韩论著

［韩］池承钟等：《近代社会变动与两班（근대사회변동과 양반）》，首尔：亚细亚文化社，2000 年。

［韩］崔永浩：《朝鲜前期科举制度与良人（朝鮮前期 科擧制度와 良人）》，韩国梨花女子大学史学科研究室编译《朝鲜身份史研究（朝鮮身分史研究）》，首尔：法文社，1987 年。

［日］宫嶋博史：《关于朝鲜时期的身份、身份制概念（조선시대의 신분，신분제 개념에 대하여）》，《大东文化研究（대동문화연구）》第 42 辑，首尔：成均馆大学大东文化研究院，2003 年。

［韩］国家报勋处编：《三一运动独立宣言书和檄文（3·1 運動 獨立宣言書와 檄文）》，（韩国）国家报勋处，2002 年。

［韩］韩永愚：《朝鲜时期身份史研究（朝鮮時代 身分史研究）》，首尔：集文堂，1997 年。

何炳棣著、［韩］曹永禄等译：《中国科举制度的社会史研究（中國科擧制度의 社會史의 研究）》，首尔：东国大学出版部，1993 年。

［韩］金弼东：《差别与联合（차별과 연대）》，首尔：文学与知性社，1999 年。

［韩］金仁杰：《朝鲜后期身份史研究现状（조선후기 신분사 연구현황）》，［韩］近代史研究会编《韩国中世社会解体期的诸问题（韓國中世社會 解體期의 諸問題）》（下），首尔：瀚宇（한울）出版社，1987 年。

［韩］金盛祐：《朝鲜中期的国家与士族（조선중기 국가와 사족）》，首尔：历史批评社，2001 年。

［朝］金锡亨：《朝鲜封建时期农民的阶级构成（조선 봉건시대 농민의 계급구성）》，平壤：社会科学出版社，1957 年。

［韩］金兴圭：《政治共同体的想象和记忆——韩国、东亚民族叙事，超越中断的近代主义（정치적 공동체의 상상과 기억 - 단절적 근대주의를 넘어선 한국 / 동아시아 민족 담론을 위하여）》，《现代批评和理论（현대비평과 이론）》第 30 辑，首尔：翰信文化社，2008 年。

［韩］李承和：《延安李氏的司马试和文科试——以榜目为中心的调查（연안이씨의
　　　사마시와 문과시: 방목을 중심으로 한 조사 연구）》，首尔：树根（뿌리）
　　　文化社，2001 年。

［韩］李成茂：《朝鲜初期两班研究（朝鮮初期 兩班研究）》，首尔：一潮阁，
　　　1980 年。

［韩］刘承源：《朝鲜初期身份制研究（朝鮮初期 身分制 研究）》，首尔：乙酉文化
　　　社，1987 年。

［韩］潘炳律：《境外的大同团组织及其活动（해외에서의 大同團 조직과 활동）》
　　　（《韩国近现代史研究（한국 근현대사 연구）》第 28 辑，首尔：韩国近现代
　　　史学会，2004 年。

［韩］宋俊浩：《朝鲜社会史研究（朝鮮社會史 研究）》，首尔：一潮阁，1987 年。

［韩］宋俊浩、［美］Edward W. Wagner：《补注朝鲜文科榜目（조선문과방목）》
　　　（CD-ROM），首尔：东方媒体（동방미디어），2002 年。

［韩］申福龙：《大同团实记（대동단실기）》，首尔：先人出版社，2003 年。

［韩］元昌爱：《朝鲜时期文科及第者研究（朝鮮時代 文科及第者 研究）》，城南：
　　　韩国精神文化研究院韩国学大学院博士学位论文，1997 年。

［韩］张锡兴：《朝鲜民族大同团研究（朝鮮民族大同團 研究）》，《韩国独立运动
　　　史研究（한국독립운동사연구）》第 3 辑，首尔：韩国独立运动史研究所，
　　　1989 年。

［美］Edward W. Wagner 著，［韩］李勋相、［韩］孙淑景译：《朝鲜时期通向成功的
　　　阶梯（조선시대 출세의 사다리）》，《朝鲜王朝社会的成就与归属（조선왕조
　　　사회의 성취와 귀속）》，首尔：一潮阁，2007 年。

三、日本论著

［日］渡边浩：《"礼""御武威""雅び"—德川政権の儀礼と儒学》，［日］笠谷和
　　　比古编《公家と武家の比較文明史》，京都：思文阁出版，2005 年。

［日］宫嶋博史：《朝鮮時代の科挙全体像とその特徴》，《中国社会と文化》第 22
　　　号，东京：（日本）中国社会文化学会，2007 年。

［韩］姜德相编：《吕運亨評伝〈1〉：朝鮮三一運動》，东京：新干社，2002 年。

［韩］姜德相编：《現代史資料：朝鮮（2）》，东京：みすず书房，1966 年。

［日］水林彪：《封建制の再編と日本的社会の確立》，东京：山川出版社，1987年。

［日］塚田孝：《身份制社会と市民社会》，东京：柏书房，1992年。

［美］Michael L. Bush（マイケル・L・ブッシュ）著，［日］指昭博、［日］指珠惠译：《ヨーロッパの貴族—歴史に見るその特権》，东京：刀水书房，2002年。

译者后记

2018 年春，我与另外两位译者甘沁鑫老师和曲向楠老师在韩国首尔弼云洞的"洪建翊家屋"（朝鲜译官高永周宅邸旧址）一起参加"不生荆棘会"读书沙龙，言谈间提到了宫嶋博史先生的这本书。曲向楠老师在韩国成均馆大学时与先生有师生之缘，甘沁鑫老师早年在日本时已久仰先生大名，我则因课业原因拜读过先生的若干专著。三人均为其高屋建瓴的问题意识和潜心钩沉的治学功底深深折服，故一拍即合，决定要将先生的著作译回国内。最终敲定的便是现在呈现在读者面前的这本书。

这本书的韩文名叫作"我的韩国史学习"，该书是宫嶋博史先生治学朝鲜史多年的结晶。宫嶋博史先生最早致力于朝鲜时期农业史、土地调查事业史的研究，之后其研究领域逐渐扩展到朝鲜及近代时期的经济史、社会史、思想史，并站在东亚的高度反思有关东亚史叙述的问题和解决方案。在本书中，宫嶋博史先生提出了两个最为重要的理论：一是"小农社会论"，二是"儒家式近代论"。两个理论包含了先生对"欧洲中心论"这一东亚史认知中迄今仍占主流的理论框架的批判，以及构建理解东亚及韩国史的新框架的尝试。托马斯·库恩（Thomas Kuhn）告诉我们，当旧的观念无法解释新的事实或存在严重矛盾时，就会有重大的变革出现来实现范式转换。宫嶋博史先生很早就注意到日、韩两国相互对立的历史认知有很大一部分原因来自"欧洲中心论"；而在全球化的今天，又需要我们提供一种超越两国对立又同时能重新阐释地区的新理论。宫嶋博史先生的尝试是否能带来范式转换，作为后学的我没有资格妄下论断。但可以肯定的是，先生的问题意识和人文关怀已经对我们既有的认识论和研究路径提出了拷问；而回应的过程，或许就是新范式诞生的过程。

本书的翻译由我们三位译者分章节各自完成，具体分工如下：甘沁鑫老师负责翻译第九、十、十一、十三、十四章；曲向楠老师负责翻译第一、二、三、十二章；我负责翻译第四、五、六、七、八章，以及后续的校对统稿工作。译著能够最终付梓，离不开许多人所给予的理解和帮助。首先要感谢宫嶋博史先生，能够欣然允诺由三个初出茅庐的新人来承担如此重要的翻译工作。另外，山东大学哲学与社会发展学院李海涛副教授肯定了我们的工作，并推动本书入选山东大学"人文东亚研究丛书"；中山大学哲学系吴重庆教授、韩国超越书库（nermerbooks）出版社李载民（音译）社长和中西书局伍珺涵老师为本译著的出版提供了重要帮助；中山大学历史学系朱玫副教授和"不生荆棘会"读书会的学友们都给予我们支持和鼓励。在此，我谨代表三位译者一并深表谢忱。译文中有不尽之处当是译者学力不逮之故，望诸位方家不吝赐教。

宫嶋博史先生曾经发问：今天的东亚三国，如何能够跳出对立认知并营造一个相互尊重、共同学习的研究氛围？这也是留给我们的共同课题。就这一点而言，本书亦可视作东亚三国友谊的象征。愿东亚和平。

戴琳剑
2024 年 3 月于杭城

图书在版编目（CIP）数据

从韩国到东亚：宫嶋博史的东亚史新解／（日）宫嶋博史著；戴琳剑，甘沁鑫，曲向楠译. —上海：中西书局，2024（2025.1重印）

（人文东亚研究丛书）

ISBN 978-7-5475-2247-9

I.①从… II.①宫… ②戴… ③甘… ④曲… III.①东亚—历史—文集 IV.① K310.7-53

中国国家版本馆 CIP 数据核字（2024）第 074962 号

版权合同登记号：图字09-2023-0173号

나의 한국사 공부

By Miyajima Hiroshi

Copyright © 2013 by Miyajima Hiroshi

All rights reserved.

This edition was published by Zhongxi Book Company in 2024

by arrangement with Nermerbooks

edition © 2013 by Nermerbooks

从韩国到东亚：宫嶋博史的东亚史新解

[日]宫嶋博史　著

戴琳剑　甘沁鑫　曲向楠　译

责任编辑	伍珺涵	
装帧设计	梁业礼	
责任印制	朱人杰	
出版发行	上海世纪出版集团	
	中西书局（www.zxpress.com.cn）	
地　址	上海市闵行区号景路 159 弄 B 座（邮政编码：201101）	
印　刷	上海肖华印务有限公司	
开　本	700 毫米 ×1000 毫米　1/16	
印　张	17	
字　数	237 000	
版　次	2024 年 6 月第 1 版　2025 年 1 月第 2 次印刷	
书　号	ISBN 978-7-5475-2247-9/K・457	
定　价	80.00 元	

本书如有质量问题，请与承印厂联系。电话：021-66012351